1001 IDÉES POUR LES FAIRE MANGER TOUTE L'ANNÉE

Camille Depraz

1001 IDÉES
POUR LES FAIRE MANGER TOUTE L'ANNÉE

LAROUSSE

Sommaire

Entrées

POUR 4 PERSONNES
PRÉPARATION : 10 min
CUISSON : 15 min
DIFFICULTÉ : ★
COÛT : €

- 1 gros potimarron de 1,5 à 2 kg
- 40 g de parmesan en morceaux
- 2 cuill. à soupe de crème fraîche liquide
- Sel et poivre du moulin

MON PLUS

J'émiette quelques marrons précuits dans le potage juste avant de servir.

Velouté de potimarron

Goûtez à ce légume méconnu, variété de potiron, au goût de châtaigne.

1 Lavez le potimarron, retirez les graines et coupez la pulpe en cubes sans enlever la peau, qui va fondre à la cuisson et donner du liant.

2 Mettez le potimarron dans une casserole, couvrez d'eau, salez et faites cuire pendant 15 minutes.

3 Prélevez des copeaux dans un morceau de parmesan.

4 Mixez le potimarron avec un peu du liquide de cuisson ; rajoutez progressivement ce dernier pour obtenir un velouté épais. Poivrez, arrosez d'un filet de crème liquide. Répartissez le velouté dans quatre bols et décorez de copeaux de parmesan. Servez aussitôt.

> **C'EST AUSSI BON** avec du potiron à la place du potimarron.

POUR 4 PERSONNES
PRÉPARATION : 10 min
CUISSON : 3 min
DIFFICULTÉ : ★
COÛT : €

Soupe froide de courgette à la menthe

Menthe et courgettes se marient parfaitement dans cette soupe froide.

- 4 courgettes
- 8 feuilles de menthe
- 2 yaourts nature brassés
- 4 cuill. à soupe d'huile d'olive
- 2 pincées de cumin en poudre
- 2 pincées de piment d'Espelette
- Sel

1 Faites chauffer de l'eau dans une casserole. Lavez les courgettes puis détaillez-les en petits tronçons. À ébullition, salez l'eau et plongez-y les courgettes pendant 3 minutes, puis égouttez-les et passez-les sous l'eau froide.

2 Lavez la menthe et séchez soigneusement les feuilles.

3 Mixez les courgettes avec les yaourts, l'huile d'olive, le cumin, le piment, la menthe et du sel. Servez bien frais dans des verres.

MON PLUS

Je décore la soupe de graines de cumin grillées.

POUR 4 PERSONNES
PRÉPARATION : 15 min
PAS DE CUISSON
DIFFICULTÉ : ★
COÛT : €

- 3 concombres
- 1 bouquet de menthe
- 1 tomate
- 240 g de crabe en conserve, poids égoutté
- 1 citron
- 50 cl de lait écrémé
- Sel et poivre du moulin

Soupe froide de concombre au crabe

Cette soupe est tout simplement originale et rafraîchissante.

1 Pelez les concombres, coupez-les en grosses rondelles. Lavez la menthe et effeuillez-la. Ébouillantez la tomate, pelez-la et épépinez-la. Égouttez le crabe. Pressez le citron.

2 Mixez les concombres avec la tomate et la menthe (réservez quelques feuilles de menthe pour la décoration). Ajoutez progressivement le jus de citron et le lait écrémé pour délayer. Salez et poivrez.

3 Versez la soupe dans quatre verres, incorporez les miettes de crabe. Conservez au réfrigérateur jusqu'au moment de servir. Parsemez de feuilles de menthe ciselées.

MON PLUS

Je prépare la soupe plusieurs heures à l'avance et j'incorpore les miettes de crabe au dernier moment.

> **C'EST AUSSI BON** avec du basilic ou de la coriandre, et du poisson fumé à la place du crabe.

POUR 4 PERSONNES
PRÉPARATION : 5 min
PAS DE CUISSON
DIFFICULTÉ : ★
COÛT : €

Gaspacho à la purée d'avocat et au parmesan

Voici une façon très simple de personnaliser un gaspacho tout prêt.

- 1/2 citron
- 1 gros avocat mûr
- 1 cuill. à soupe de crème fraîche
- 1 l de gaspacho en brique
- 40 g de parmesan en morceaux
- Sel et poivre du moulin

1 Préparez la purée d'avocat : pressez le demi-citron, coupez l'avocat en deux et ôtez le noyau. Prélevez la chair de l'avocat à l'aide d'une cuillère et mixez-la avec le jus de citron et la crème fraîche ; salez et poivrez.

2 Versez le gaspacho frais dans des assiettes creuses ou des bols. Répartissez dessus la purée d'avocat.

3 Prélevez des copeaux dans le parmesan et disposez-les sur la purée d'avocat. Donnez un tour de moulin à poivre avant de servir.

MON PLUS

Je relève la purée d'avocat avec une pincée de piment d'Espelette.

TRUC DE CHEF

Utilisez une poche à douille pour déposer la purée d'avocat sur le gaspacho.

POUR 4 PERSONNES
PRÉPARATION : 10 min
CUISSON : 5 min
RÉFRIGÉRATION : 2 h
DIFFICULTÉ : ★
COÛT : €

Gaspacho de roquette

Une source de fraîcheur pour les dîners d'été, à préparer le matin pour le soir.

- 300 g de roquette
- 1 tablette de bouillon de volaille
- 2 cuill. à soupe d'huile d'olive
- 20 cl de crème fraîche liquide
- Poivre du moulin

1 Lavez et essorez la roquette. Reconstituez le bouillon en versant 30 cl d'eau bouillante sur la tablette.

2 Dans une sauteuse à revêtement antiadhésif, faites chauffer l'huile et mettez-y les deux tiers de la roquette. Faites cuire 1 ou 2 minutes, puis versez le bouillon et poursuivez la cuisson pendant 3 minutes.

3 Mixez le contenu de la sauteuse en y ajoutant le reste de la roquette et la crème. Rectifiez l'assaisonnement.

4 Laissez refroidir le gaspacho à température ambiante avant de le placer au réfrigérateur pendant au moins 2 heures. Servez très froid.

> **C'EST AUSSI BON** avec des fanes de radis si elles sont très fraîches.

MON PLUS

Je sers le gaspacho à l'assiette ou au bol avec quelques feuilles de roquette pour décorer.

POUR 4 PERSONNES
PRÉPARATION : 20 min
PAS DE CUISSON
DIFFICULTÉ : ★
COÛT : €

- 300 g de betteraves cuites en sachet sous vide
- 1 tomate de 150 g environ
- 1 grosse gousse d'ail
- 1 gros oignon
- 1 cuill. à café de graines de fenouil
- 2 cuill. à café de crème de raifort
- 1 pincée de piment d'Espelette
- 2 cuill. à soupe de vinaigre de xérès
- 2 cuill. à soupe d'huile d'olive
- 1/2 concombre
- 10 petits cornichons croquants
- Sel

Gaspacho de betterave

Bien corsé et plein de vertus !

1 Coupez les betteraves en cubes. Ébouillantez la tomate, pelez-la et épépinez-la ; coupez-la en morceaux. Pelez l'ail (préalablement dégermé) et l'oignon, émincez-les.

2 Mixez les betteraves, la tomate, l'ail et l'oignon avec les graines de fenouil, la crème de raifort, le piment, le vinaigre, l'huile d'olive, 50 cl d'eau et un peu de sel. Vérifiez l'assaisonnement et réservez au réfrigérateur.

3 Pelez et épépinez le demi-concombre. Coupez le concombre et les cornichons en petits dés de même taille. Répartissez ceux-ci au fond de quatre assiettes creuses et versez le gaspacho dessus. Servez très frais.

ULTRA RAPIDE !

Prenez de l'ail et de l'oignon surgelés émincés.

ORGANISEZ-VOUS !

Préparez ce gaspacho à l'avance et gardez-le au réfrigérateur dans une boîte hermétique.

POUR 4 PERSONNES
PRÉPARATION : 10 min
PAS DE CUISSON
DIFFICULTÉ : ★
COÛT : €

- 400 g de betteraves cuites en sachet sous vide
- 1 petit concombre
- 1 oignon blanc
- 2 oranges non traitées
- 1 cuill. à soupe d'huile d'olive
- 2 cuill. à café de vinaigre de xérès
- Sel et poivre du moulin

Velouté de betterave à l'orange

Un cocktail de vitamines d'une belle couleur.

1 Coupez les betteraves en cubes. Pelez le concombre, coupez-le en cubes. Épluchez et émincez l'oignon. Râpez le zeste d'une orange. Pressez les deux oranges.

2 Mixez les cubes de betterave et de concombre, l'oignon, le jus d'orange, l'huile, le vinaigre, du sel et du poivre. Allongez avec 40 cl d'eau.

3 Versez le velouté dans quatre verres et décorez-le avec le zeste d'orange râpé. Servez bien frais.

⊳ **C'EST AUSSI BON** avec de la ciboulette ciselée pour remplacer le zeste d'orange.

ULTRA RAPIDE !
Prenez du jus d'orange pur fruit en briquette.

POUR 4 PERSONNES
PRÉPARATION : 15 min
PAS DE CUISSON
DIFFICULTÉ : ★
COÛT : €

- 2 bulbes de fenouil
- 1 gros melon (environ 500 g de pulpe)
- 30 cl de jus de carotte, de préférence bio
- 4 cuill. à café de graines de fenouil
- Poivre du moulin

Coulis de carottes et de melon aux graines de fenouil grillées

Un super-concentré de vitamines, original pour une entrée estivale.

1 Lavez et essuyez le fenouil, émincez-le. Pelez et épépinez le melon, puis mixez-le finement avec le jus de carotte et les trois quarts du fenouil.

2 Dans une poêle, faites griller à sec les graines de fenouil.

3 Répartissez le coulis dans quatre bols, décorez du reste de fenouil émincé et saupoudrez de graines de fenouil grillées. Servez bien frais.

ATOUT SANTÉ

Si vous voulez garder intactes les vitamines de ce coulis, préparez-le au dernier moment.

POUR 4 PERSONNES
PRÉPARATION : 10 min
RÉFRIGÉRATION : 30 min
PAS DE CUISSON
DIFFICULTÉ : ★
COÛT : €

- 10 cl de crème fraîche liquide très froide
- 1/4 de chou rouge
- 1 pomme granny-smith
- 15 cl de jus de pomme, de préférence bio
- 1/2 cuill. à café de sel de céleri

MON PLUS

Je saupoudre la chantilly de sel de céleri.

Cappuccino de chou rouge et pomme verte

Une entrée très vite prête qui fera beaucoup d'effet !

1 Placez la crème au réfrigérateur au moins 30 minutes à l'avance.

2 Ôtez les grosses côtes du chou. Lavez-le, séchez-le et émincez-le. Épluchez et épépinez la pomme, coupez-la en morceaux.

3 Mixez ensemble la pomme, le chou et le jus de pomme. Filtrez le coulis obtenu et réservez-le au réfrigérateur pendant 30 minutes.

4 Juste avant de servir, fouettez la crème liquide en chantilly en ajoutant petit à petit le sel de céleri.

5 Versez le coulis dans quatre assiettes creuses, disposez dessus un peu de crème fouettée. Servez aussitôt.

POUR 4 PERSONNES
PRÉPARATION : 15 min
RÉFRIGÉRATION : 20 min
PAS DE CUISSON
DIFFICULTÉ : ★
COÛT : €

- 500 g de céleri-rave
- 1 gousse d'ail
- 1/2 citron
- 4 brins d'aneth
- 150 g de yaourt nature à la grecque
- 1 cuill. à café de moutarde
- 4 cuill. à soupe d'œufs de truite
- Sel et poivre du moulin

MON PLUS

Je prépare le céleri à l'avance, je le laisse mariner dans la sauce pendant plusieurs heures et je garnis les assiettes au moment de servir.

Rémoulade de céleri aux œufs de truite

Voici un classique revisité, avec une touche de saveur fumée.

1 Épluchez le céleri-rave, coupez-le en quatre morceaux et râpez-le finement. Pelez, dégermez et écrasez la gousse d'ail. Pressez le demi-citron. Hachez l'aneth en réservant quelques brins pour le décor.

ULTRA RAPIDE !
Achetez du céleri en sachet déjà râpé mais non assaisonné.

2 Dans un grand saladier, battez le yaourt, la moutarde, le jus de citron, ajoutez l'ail, l'aneth, puis le céleri. Salez, poivrez et mélangez à la fourchette. Recouvrez le saladier de film alimentaire et réservez au réfrigérateur pendant au moins 20 minutes.

3 Au moment de servir, répartissez la rémoulade dans quatre assiettes ou quatre bols. Déposez par-dessus de chaque assiette (ou bol) 1 cuillerée à soupe d'œufs de truite et garnissez avec les brins d'aneth réservés.

> **C'EST AUSSI BON** avec des œufs de saumon ou 120 g de saumon fumé détaillé en petits dés.

POUR 4 PERSONNES

PRÉPARATION : 15 min + décongélation des moules

PAS DE CUISSON

DIFFICULTÉ : ★

COÛT : €

- 150 g de moules décoquillées surgelées
- 200 g de saumon fumé
- 2 cœurs de laitue
- 2 oignons rouges
- 75 g d'œufs de truite
- 3 brins de menthe

Pour la sauce :

- 3 cuill. à soupe d'huile d'olive
- 1 cuill. à soupe de jus de citron
- Sel et poivre du moulin

Salade marine à l'oignon rouge

Servez cette salade légère en entrée pour un dîner tout simple.

1 Faites décongeler les moules. Découpez le saumon en lanières. Épluchez, lavez et essorez la laitue. Pelez les oignons et coupez-les en fines lamelles.

2 Répartissez la salade dans quatre assiettes, garnissez de moules et de lanières de saumon. Parsemez d'œufs de truite, de feuilles de menthe et de rondelles d'oignon.

3 Préparez la sauce : dans un bol, mélangez l'huile d'olive et le jus de citron, salez, poivrez.

4 Arrosez chaque assiette d'un peu de sauce. Servez aussitôt.

> **C'EST AUSSI BON** avec des coques ou des crevettes.

POUR 4 PERSONNES
PRÉPARATION : 15 min
PAS DE CUISSON
DIFFICULTÉ : ★
COÛT : € €

Salade au haddock

Cette entrée peut être servie en plat principal si vous augmentez légèrement les proportions.

- 1 filet de haddock de 400 g
- 1 avocat
- 1/2 concombre
- 10 petits oignons nouveaux
- 12 tomates cerises
- 1 batavia

Pour la sauce :

- 3 cuill. à soupe d'huile d'olive
- Quelques gouttes de jus de citron
- 1 cuill. à soupe de baies roses
- Fleur de sel

1 Tranchez le haddock en fines lanières. Coupez l'avocat en deux, ôtez le noyau, prélevez la chair et détaillez-la en lamelles. Épluchez le demi-concombre, coupez-le en deux dans le sens de la longueur, épépinez-le et détaillez-le en dés. Pelez les oignons et coupez-les en deux. Lavez les tomates cerises et coupez-les en deux également. Lavez et essorez la salade.

2 Préparez la sauce : dans un grand saladier, fouettez l'huile d'olive avec le jus de citron, ajoutez les baies et 1 pincée de fleur de sel.

3 Déposez la batavia dans le saladier, ajoutez les dés de concombre, les lamelles d'avocat, les oignons,les tomates, puis les lanières de haddock. Mélangez au dernier moment et dégustez aussitôt.

> **À SERVIR** avec du pain de seigle.

> **C'EST AUSSI BON** avec de la truite ou du saumon fumés.

ULTRA RAPIDE !

Utilisez de la batavia en sachet, tout épluchée.

POUR 4 PERSONNES
PRÉPARATION : 10 min
PAS DE CUISSON
DIFFICULTÉ : ★
COÛT : €

- 1 bouquet de ciboulette
- 1 bouquet d'aneth
- 1 bouquet d'estragon
- 1 citron
- 2 cuill. à soupe d'huile d'olive
- 150 g de mesclun en sachet
- 16 écrevisses cuites décortiquées en sachet sous vide
- Sel et poivre du moulin

Salade d'herbes aux écrevisses

Fraîcheur, légèreté, vitamines, couleurs et saveurs. Que voulez-vous de plus ?

1 Lavez les herbes, séchez-les bien puis ciselez-les. Pressez le citron.

2 Dans un saladier, fouettez l'huile d'olive avec le jus de citron, du sel et du poivre. Ajoutez le mesclun et les herbes, mélangez, puis disposez la salade dans quatre assiettes. Répartissez dessus les écrevisses. Servez aussitôt.

⊳ **C'EST AUSSI BON** en ajoutant des quartiers de pamplemousse rose sans peau ou des lamelles d'avocat, ou encore en remplaçant les écrevisses par des crevettes roses ou des langoustines cuites et décortiquées.

POUR 4 PERSONNES
PRÉPARATION : 15 min
PAS DE CUISSON
DIFFICULTÉ : ★
COÛT : €

- 1 petit bulbe de fenouil
- 2 oignons nouveaux
- 1 botte de radis
- 1/2 concombre
- 1 poivron rouge
- 12 tomates cerises
- 6 brins de persil plat

Pour la sauce :

- 1 citron
- 1 cuill. à soupe d'huile d'olive
- Sel et poivre du moulin

MON PLUS

Je sers les légumes à l'assiette avec la sauce à part.

Salade de légumes crus

Cette salade est une recette traditionnelle du Liban, appelée « fatouche ».

1 Lavez et séchez tous les légumes ainsi que le persil. Émincez le fenouil et les oignons. Effeuillez le persil et ciselez-le grossièrement. Détaillez les radis et le concombre en fines rondelles. Coupez le poivron en deux, retirez les graines et les filaments blancs. Détaillez chaque demi-poivron en fines lanières. Coupez les tomates cerises en deux.

2 Préparez la sauce dans un saladier : pressez le citron et mélangez son jus avec l'huile d'olive, du sel et du poivre.

3 Déposez dans le saladier tous les légumes préparés et mélangez délicatement. Servez aussitôt.

> **À SERVIR** avec du pain pita doré à la poêle, rompu en petits morceaux disposés sur la salade.

> **C'EST AUSSI BON** avec un poivron jaune.

POUR 4 PERSONNES
PRÉPARATION : 10 min
PAS DE CUISSON
DIFFICULTÉ : ★
COÛT : €

- 50 g de comté
- 50 g de roquefort
- 50 g de cerneaux de noix
- 1 sachet de frisée (soit 1/2 frisée)

Pour la vinaigrette :

- 1 cuill. à café de moutarde
- 1 cuill. à soupe de vinaigre de vin à la framboise
- 4 cuill. à soupe d'huile de noix
- Sel et poivre du moulin

Frisée aux fromages et aux noix

Cette belle entrée d'automne peut être facilement transformée en plat complet vite prêt.

1 Préparez la vinaigrette : dans un grand saladier, mélangez la moutarde avec le vinaigre, un peu de sel et de poivre, puis versez l'huile en filet.

2 Coupez le comté en dés, émiettez le roquefort, concassez les noix.

3 Ajoutez la salade dans le saladier. Mélangez-la pour bien répartir la sauce et disposez dessus les morceaux de fromage et les noix concassées. Servez aussitôt.

⋗ **C'EST AUSSI BON** avec des lardons grillés et des œufs pochés, pour faire un plat complet.

POUR 4 PERSONNES
PRÉPARATION : 20 min
PAS DE CUISSON
DIFFICULTÉ : ★
COÛT : €

Salade de choux aux pousses d'épinards

Voici une salade bien croquante pour l'hiver.

- 1/2 chou blanc
- 1/2 chou rouge
- 20 pousses d'épinards
- 2 carottes
- 1 petit concombre
- 2 brins de persil plat

Pour la sauce :

- 1 cuill. à café de vinaigre balsamique
- 1 cuill. à café de vinaigre de cidre
- 2 cuill. à soupe d'huile d'olive
- Sel et poivre du moulin

1 Lavez les choux et les épinards, égouttez-les et émincez-les très finement. Épluchez les carottes, lavez-les, puis râpez-les. Épluchez le concombre, coupez-le en deux, épépinez-le et détaillez-le en fins bâtonnets (ou en rondelles).

2 Préparez la sauce dans un grand saladier en fouettant les deux vinaigres avec l'huile, du sel et du poivre.

3 Réunissez tous les légumes dans le saladier, mélangez bien et parsemez de persil effeuillé.

> **C'EST AUSSI BON** avec d'autres légumes en fonction de la saison. Vous pouvez également utiliser une autre huile.

MON PLUS

J'ajoute une grosse cuillerée à soupe de raisins secs.

POUR 4 PERSONNES
PRÉPARATION : 10 min
PAS DE CUISSON
DIFFICULTÉ : ★
COÛT : €

- 1 belle salade romaine
- 1 bouquet de menthe
- 125 g de ricotta
- 4 cuill. à soupe d'huile d'olive
- Sel et poivre du moulin

Romaine à la menthe et à la ricotta

Voici une belle salade verte qui peut même remplacer le fromage.

1 Lavez la salade et la menthe. Essorez-les. Émincez les feuilles de la romaine dans le sens de la largeur en lanières de 3 cm. Ciselez la menthe. Répartissez la romaine dans quatre assiettes.

2 Dans un bol, mélangez la menthe et la ricotta, salez et poivrez. Ajoutez l'huile d'olive, mélangez à nouveau et répartissez sur la romaine. Servez aussitôt.

ULTRA RAPIDE !
Utilisez de la menthe hachée surgelée.

⊳ **C'EST AUSSI BON** avec de la feuille de chêne et de la brousse à la ciboulette et aux noix.

POUR 4 PERSONNES
PRÉPARATION : 10 min
CUISSON : 7 min environ
DIFFICULTÉ : ★
COÛT : €

- 4 grosses poignées de mâche
- 50 g de beurre demi-sel
- 2 galettes de blé noir
- 100 g de comté

Pour la sauce :

- 8 à 10 oignons nouveaux
- 4 cuill. à soupe d'huile de tournesol
- 1 cuill. à soupe de vinaigre de xérès
- Sel et poivre du moulin

MON PLUS

Je sers la salade dans des coupes individuelles.

TRUC DE CHEF

Pour obtenir des galettes bien dorées, faites-les chauffer à feu vif.

Salade de mâche au comté et galettes de blé noir

Les galettes de blé noir – ou galettes de sarrasin – apportent un petit « plus » à cette salade toute simple.

1 Lavez soigneusement la mâche et séchez-la. Pelez et émincez les oignons.

2 Préparez la sauce : dans un saladier, mélangez l'huile et le vinaigre. Salez, poivrez, ajoutez les oignons émincés.

3 Dans une poêle, faites fondre la moitié du beurre et mettez-y une des galettes. Faites-la cuire doucement jusqu'à ce qu'elle devienne croquante. Retirez-la de la poêle et posez-la sur du papier absorbant. Procédez de la même manière avec la seconde galette. Ensuite, brisez les galettes en morceaux.

4 Mettez la mâche dans le saladier. Râpez le comté avec une râpe à gros trous, puis mélangez-le à la mâche. Disposez par-dessus les morceaux de galettes. Servez aussitôt.

Un apéro plein d'idées

Choisissez votre ambiance préférée !

Laissez tomber l'éternel duo cacahuètes et noix de cajou !

N°1

Mini-régal sur canapé

Bouchées de chèvre aux olives

Mixez **100 g d'olives vertes** et **100 g d'olives noires** dénoyautées avec **1 cuillerée à soupe d'huile d'olive.** Façonnez des petites boulettes dans **300 g de chèvre frais**, roulez-les dans les olives. Réservez au réfrigérateur pendant 2 heures.

Torsades feuilletées

Découpez 2 rouleaux de **pâte feuilletée** en lanières. Saupoudrez-les de **parmesan**, de **graines de pavot** et de **cumin**, puis torsadez les lanières. Faites cuire sur une plaque de four à 210 °C (therm. 7) pendant 15 minutes. Laissez refroidir.

+ kir ou jus de tomate

N° 2
Tapas festives

Verrines à la tomate

Mixez **1 kg de tomates pelées et épépinées** avec **2 gousses d'ail épluchées** et **1 cuillerée à café de thym** ; versez dans des petites verrines. Découpez des mouillettes dans une ficelle de pain, **huilez**-les et saupoudrez-les de **fleur de sel**, plantez-les dans les verrines.

Tartines andalouses

Coupez une **baguette** en rondelles, toastez-les au grille-pain, puis frottez-les avec une **gousse d'ail** épluchée. Tartinez de **pulpe de tomate** et garnissez d'une lamelle de **jambon serrano**.

+ sangria

N° 3
Bouchées chics

Cuillères de radis noir au tarama

Pelez **1 radis noir**, coupez-le en tranches très fines. Déposez-les dans une jolie cuillère. Décorez d'une noisette de **tarama**.

Verrines d'avocat aux crevettes

Mixez la chair de **2 avocats** avec **1 gousse d'ail**, de la **coriandre**, le **jus de 1 citron**, **1 piment d'Espelette**, du **sel** et du **poivre**. Versez dans des verrines et plantez dans chacune **1 crevette rose décortiquée**.

+ champagne ou vin blanc très frais

POUR 4 PERSONNES
PRÉPARATION : 10 min
PAS DE CUISSON
DIFFICULTÉ : ★
COÛT : €

Salade de trévises et pommes râpées

Beau mélange de couleurs et de saveurs pour une salade à servir en entrée ou bien après le plat principal.

- 4 ou 5 trévises (chicorée rouge)
- 2 pommes

Pour la sauce :

- 3 cuill. à soupe d'huile de noisette
- 1 cuill. à soupe de vinaigre de cidre
- Fleur de sel et poivre

1. Lavez les trévises et essorez-les. Épluchez les pommes et râpez-les avec une râpe à gros trous.
2. Préparez la sauce dans un saladier : fouettez l'huile et le vinaigre avec un peu de fleur de sel et du poivre.
3. Déposez la salade et les pommes râpées dans le saladier, mélangez avec la sauce et servez.

> **C'EST AUSSI BON** avec des endives coupées en lamelles.

MON PLUS

Je parsème la salade de graines de sésame grillées.

POUR 4 PERSONNES
PRÉPARATION : 10 min
PAS DE CUISSON
DIFFICULTÉ : ★
COÛT : €

Champignons de Paris, sauce à la coriandre

Une recette très légère, idéale pour précéder des plats caloriques.

- 1 citron
- 500 g de champignons de Paris

Pour la sauce :

- 2 échalotes
- 1/2 bouquet de coriandre
- 2 yaourts nature
- 1 cuill. à soupe d'huile d'olive
- 1 cuill. à café de moutarde
- Sel et poivre du moulin

1 Pressez le citron. Supprimez les pieds des champignons (gardez-les pour une autre utilisation), puis lavez rapidement les chapeaux (sans les laisser tremper sinon ils deviennent spongieux), égouttez-les puis émincez-les finement au-dessus d'un saladier. Arrosez-les aussitôt avec le jus de citron.

PLAT MINCEUR

Utilisez des yaourts nature à 0 % de matière grasse pour réaliser ce plat en version minceur.

2 Préparez la sauce : pelez et hachez les échalotes, lavez et ciselez la coriandre. Dans un bol, mélangez les yaourts, l'huile d'olive, la moutarde, la moitié de la coriandre, les échalotes, du sel et du poivre. Versez cette sauce sur les champignons et mélangez délicatement.

3 Parsemez les champignons du reste de coriandre. Servez bien frais.

MON PLUS

Je prépare la sauce à l'avance et je la garde dans un bocal au réfrigérateur.

POUR 4 PERSONNES
PRÉPARATION : 15 min
CUISSON : 10 min
DIFFICULTÉ : ★
COÛT : €

- 4 tomates cœur-de-bœuf
- 4 baies de poivre du Sichuan
- 2 clous de girofle
- 100 g de sucre en poudre
- 1 gousse de vanille
- 1 étoile de badiane (anis étoilé)
- Sel

Tomates glacées au sirop vanillé

La chair très délicate des tomates est mise en valeur par une sauce parfumée.

1 Plongez les tomates 1 minute dans de l'eau bouillante et pelez-les. Pilez grossièrement au mortier le poivre du Sichuan et les clous de girofle.

2 Dans une petite casserole, faites chauffer le sucre avec 10 cl d'eau, ajoutez les graines de la gousse de vanille, la badiane, les clous de girofle et le poivre pilés, et laissez cuire pendant environ 10 minutes jusqu'à obtenir un sirop clair.

3 Servez les tomates entières arrosées d'une cuillerée de sirop et proposez le reste du sirop dans une saucière à part.

> **C'EST AUSSI BON** avec des tomates en grappe.

POUR 4 PERSONNES
PRÉPARATION : 10 min
CUISSON : 10 min
DIFFICULTÉ : ★
COÛT : € €

Asperges sauce citronnée

Voici une élégante variante aux classiques asperges à la vinaigrette.

- 1 kg d'asperges vertes

Pour la sauce :

- 4 cuill. à soupe de crème fraîche
- Le jus de 1/2 citron
- 2 cuill. à soupe de parmesan râpé
- Sel et poivre du moulin

1 Épluchez les asperges. Faites-les cuire à la vapeur pendant 10 minutes.

2 Pendant ce temps, préparez la sauce citronnée : mélangez, dans un bol, la crème fraîche, le jus du demi-citron et 1 cuillerée de parmesan râpé. Salez et poivrez. Battez au fouet pour obtenir une sauce bien homogène.

3 Égouttez les asperges, laissez-les refroidir. Servez-les tièdes avec la sauce froide, parsemez avec le parmesan restant.

> **C'EST AUSSI BON** avec la sauce servie tiède.

MON PLUS

Je fais cuire les asperges le matin et je prépare la sauce au dernier moment.

TRUC DE CHEF

La cuisson des asperges à la vapeur leur évite de se gorger d'eau.

POUR 4 PERSONNES
PRÉPARATION : 5 min
PAS DE CUISSON
DIFFICULTÉ : ★
COÛT : €

- 1 gros concombre
- 1 oignon rouge
- 2 yaourts nature à la grecque
- 3 cuill. à café de cumin en poudre
- Sel et poivre du moulin

MON PLUS

Je sers la raita dans des bols individuels.

Raita minceur

La raita, préparation d'origine indienne, salée ou sucrée, est un « must » de fraîcheur.

1 Pelez le concombre, ouvrez-le en deux dans le sens de la longueur et épépinez-le. Coupez la pulpe en dés. Pelez et hachez l'oignon.

2 Dans un saladier, fouettez les yaourts avec le cumin, un peu de sel et de poivre. Incorporez l'oignon haché puis les dés de concombre. Mélangez et réservez au réfrigérateur jusqu'au moment du repas.

> **À SERVIR** avec un curry relevé, et du naan, pain indien.

> **C'EST AUSSI BON** en ajoutant des dés de tomate et de la coriandre fraîche ciselée.

POUR 4 PERSONNES
PRÉPARATION : 10 min
PAS DE CUISSON
DIFFICULTÉ : ★
COÛT : €

- 2 concombres moyens

Pour la sauce :

- 4 cuill. à soupe de sucre en poudre
- 4 cuill. à soupe de vinaigre d'alcool
- 1 bouquet de menthe
- Poivre du moulin

Concombre à la menthe et au sucre

Inattendu le sucre dans cette recette ? Goûtez : vous aimerez !

1 Préparez la sauce : versez le sucre et le vinaigre dans un bol et mélangez jusqu'à ce que le sucre soit dissous. Lavez la menthe, séchez-la et hachez-la finement. Ajoutez-la dans le bol, poivrez et mélangez bien.

2 Lavez les concombres et, sans les éplucher, coupez-les en très fines tranches. Mettez-les dans un saladier, recouvrez de sauce, mélangez et réservez au réfrigérateur.

> **À SERVIR** aussi en accompagnement d'un curry.

> **C'EST AUSSI BON** avec du cumin en poudre à la place de la menthe.

TRUC DE CHEF

Pour couper des tranches fines d'égale épaisseur, utilisez un robot ou une mandoline.

POUR 4 PERSONNES
PRÉPARATION : 10 min
PAS DE CUISSON
DIFFICULTÉ : ★
COÛT : €

- 1 gousse d'ail
- 3 feuilles de basilic
- 12 piquillos au naturel en conserve
- 90 g de fromage de chèvre frais
- 2 cuill. à soupe d'huile d'olive
- Fleur de sel et poivre

Caviar de piquillos et de chèvre frais

Voyage au Pays basque avec cette recette aux piquillos, petits piments rouges en forme de cœur.

1 Pelez la gousse d'ail et dégermez-la. Lavez, séchez et hachez le basilic.

2 Égouttez les piquillos. Mixez-les grossièrement avec le fromage de chèvre, l'huile d'olive, la gousse d'ail et le basilic. Salez avec la fleur de sel et poivrez.

3 Présentez ce caviar de piquillos sur des tranches de pain de campagne grillées.

> **À SERVIR** en entrée, mais aussi en plat, pour un repas rapide, avec du jambon de pays et des crudités, ou des pommes de terre grenailles cuites à la vapeur.

TRUC DE CHEF

Les meilleurs piquillos, vendus en conserve, sont ceux grillés au feu de bois.

POUR 4 PERSONNES
PRÉPARATION : 5 min
PAS DE CUISSON
DIFFICULTÉ : ★
COÛT : € €

- 2 cuill. à soupe d'herbes variées hachées
- 100 g de fromage blanc
- 1 cuill. à soupe de jus de citron
- 1 cuill. à soupe de moutarde à l'estragon ou au basilic
- 400 g de crevettes roses décortiquées
- Sel et poivre du moulin

Crevettes à la sauce aux herbes fraîches

Une entrée légère et toute fraîche à présenter dans des verrines.

1 Lavez, essorez et hachez les herbes.

2 Dans un saladier, mélangez le fromage blanc, le jus de citron, 1 cuillerée à soupe d'eau, la moutarde et les herbes. Ajoutez les crevettes, salez et poivrez. Disposez les crevettes dans quatre verres et réservez au réfrigérateur jusqu'au moment de servir.

ULTRA RAPIDE !
Utilisez des herbes surgelées.

⩾ **C'EST AUSSI BON** avec du fromage blanc à 0 %, 20 % ou 40 % de matière grasse, ou avec un mélange de basilic, d'estragon, de cerfeuil et de coriandre.

POUR 4 PERSONNES
PRÉPARATION : 15 min
PAS DE CUISSON
DIFFICULTÉ : ★
COÛT : € €

- 1 bouquet d'aneth
- 1 citron jaune
- 1 citron vert
- 200 g de haddock
- 3 pincées de quatre-épices
- 4 petites courgettes
- 1 cuill. à soupe d'huile d'olive
- 1 cuill. à soupe d'huile de pépins de raisin
- 10 cl de crème fraîche liquide très froide
- Sel

TRUC DE CHEF

Avant de commencer à fouetter la crème, mettez au congélateur les fouets et le bol que vous utiliserez, et gardez la crème au réfrigérateur.

Courgettes citronnées aux miettes de haddock

Le haddock relève la saveur discrète des courgettes : une vraie réussite !

1 Lavez puis séchez l'aneth, hachez-le grossièrement. Pressez séparément le citron jaune et le citron vert. Ôtez la peau du haddock, coupez la chair en petits dés.

2 Mettez les dés de haddock dans un plat creux avec le jus de citron vert, 2 pincées de quatre-épices et la moitié de l'aneth. Laissez mariner au réfrigérateur pendant quelques minutes.

3 Lavez puis séchez les courgettes, râpez-les grossièrement. Salez-les légèrement et assaisonnez-les avec les deux huiles et la moitié du jus de citron jaune.

4 Fouettez la crème liquide jusqu'à ce qu'elle soit bien ferme, en incorporant petit à petit le reste de l'aneth haché et le reste de quatre-épices.

5 Mélangez le haddock mariné avec les courgettes râpées, puis incorporez la crème fouettée. Répartissez la préparation dans quatre coupes et remettez au frais avant de consommer.

⊳ **À SERVIR** avec des tartines de pain au pavot toastées et recouvertes de crème fouettée à l'aneth.

POUR 4 PERSONNES
PRÉPARATION : 15 min
PAS DE CUISSON
DIFFICULTÉ : ★
COÛT : €

- 8 tomates cerises
- 150 g de fromage frais demi-sel
- 2 cuill. à soupe de tapenade verte
- 1 concombre
- 5 feuilles de menthe
- 1 cuill. à soupe de raisins de Corinthe

TRUC DE CHEF

Pour évider facilement les tronçons de concombre, utilisez un vide-pomme.

Tomates cerises et concombres farcis

Petits farcis d'été bien frais, à déguster en entrée ou à picorer à l'apéritif.

1 Préparez les tomates farcies : lavez les tomates et essuyez-les, ôtez leur pédoncule ; à l'aide d'un petit couteau, découpez la partie supérieure et réservez les chapeaux. Évidez les tomates. Mélangez la moitié du fromage avec la tapenade verte. Garnissez les tomates évidées de ce mélange et remettez les chapeaux.

2 Préparez le concombre. Pelez-le, coupez-le en 8 tronçons. Évidez la partie supérieure de chaque tronçon. Lavez et ciselez les feuilles de menthe. Mélangez le reste du fromage avec les raisins de Corinthe et la menthe ciselée. Garnissez les tronçons de concombre de ce mélange.

3 Disposez tomates farcies et tronçons de concombre sur un plat. Servez bien frais.

POUR 4 PERSONNES
PRÉPARATION : 5 min
PAS DE CUISSON
DIFFICULTÉ : ★
COÛT : €

- 320 g de thon à l'huile d'olive en conserve
- 40 câpres au vinaigre
- 4 blinis
- 1 citron
- Poivre

MON PLUS

Je sers cette crème de thon sur des mini-blinis à l'apéritif.

Crème de thon aux câpres

En entrée, mais aussi à l'apéritif ou en pique-nique, ce plat ultra rapide à préparer est savoureux.

1 Mixez le thon avec 3 cuillerées à soupe de son huile, un peu de poivre et la moitié des câpres. Incorporez le reste des câpres à la crème obtenue.

2 Réchauffez les blinis et servez-les avec la crème de thon et le citron coupé en quatre.

> **C'EST AUSSI BON** avec du pain de campagne grillé.

POUR 4 PERSONNES
PRÉPARATION : 10 min
PAS DE CUISSON
DIFFICULTÉ : ★
COÛT : €

- Quelques brins de ciboulette
- 2 échalotes
- 500 g de lentilles cuites à la vapeur
- 180 g de filets de thon sauce moutarde en conserve

Pour la vinaigrette :

- 1 cuill. à café de moutarde
- 1 cuill. à soupe de vinaigre de cidre
- 3 cuill. à soupe d'huile d'olive
- Sel et poivre du moulin

Méli-mélo de lentilles au thon

Délicieuse entrée d'hiver que vous pouvez servir en plat principal en doublant les proportions.

1 Pelez et émincez très finement les échalotes ; lavez et ciselez la ciboulette.

2 Préparez la vinaigrette dans un grand saladier : délayez la moutarde avec le vinaigre, du sel et du poivre, puis versez l'huile et ajoutez les échalotes.

3 Versez les lentilles dans le saladier, puis le thon avec sa sauce, mélangez très délicatement avec la vinaigrette et parsemez de ciboulette.

⊳ **C'EST AUSSI BON** avec du thon au naturel et du persil pour remplacer la ciboulette.

POUR 4 PERSONNES
PRÉPARATION : 15 min
PAS DE CUISSON
DIFFICULTÉ : ★
COÛT : € €

- 200 g de saumon fumé
- 1/2 citron vert
- Quelques brins de ciboulette
- 2 cuill. à soupe d'huile d'olive

Pour la mousse d'avocat :

- 1/2 citron vert
- 1 petit bouquet de cerfeuil
- 4 petits avocats mûrs
- 3 yaourts nature brassés
- Sel et poivre du moulin

Mousse d'avocat et saumon fumé

Une entrée délicate, à servir dans des verrines pour profiter de ses jolies couleurs.

1 Préparez la mousse d'avocat : pressez le demi-citron vert, effeuillez le cerfeuil, puis coupez les avocats en deux, ôtez leur noyau et prélevez leur chair. Mixez celle-ci avec les yaourts, le cerfeuil, le jus de citron, du sel et du poivre.

2 Mettez la mousse dans un saladier, recouvrez de film alimentaire et placez-le au réfrigérateur.

3 Coupez le saumon fumé en petits morceaux. Pressez le demi-citron vert. Lavez, séchez puis ciselez la ciboulette, mélangez-la au saumon, ajoutez l'huile, puis le jus de citron, du poivre et mélangez.

4 Répartissez la mousse d'avocat dans quatre verres et disposez dessus des morceaux de saumon fumé. Présentez bien frais.

> **À SERVIR** avec du pain de campagne grillé.

> **C'EST AUSSI BON** avec du thon au naturel.

POUR 4 PERSONNES
PRÉPARATION : 10 min
CUISSON : 30 min
DIFFICULTÉ : ★
COÛT : €

- 2 échalotes
- 1/2 bouquet de ciboulette
- 200 g de saumon au naturel en conserve
- 3 œufs
- 150 g de fromage blanc
- 2 cuill. à soupe de crème fraîche
- 2 cuill. à soupe de chapelure
- Sel et poivre du moulin

Terrine de saumon

Voici une excellente terrine pour une entrée d'été.

1 Préchauffez le four à 200 °C (therm. 6-7). Épluchez les échalotes et hachez-les. Lavez et ciselez la ciboulette. Retirez la peau et les arêtes du saumon.

2 Dans un saladier, mélangez le saumon avec les œufs entiers, le fromage blanc et la crème fraîche. Ajoutez la chapelure, le hachis d'échalote et la ciboulette, salez et poivrez. Mélangez bien afin d'obtenir une pâte homogène.

ULTRA RAPIDE !
Utilisez des échalotes hachées surgelées.

3 Versez la préparation dans une terrine allant au four, faites cuire pendant 30 minutes. Laissez refroidir et démoulez sur un plat.

> **À SERVIR** avec une salade de pommes de terre, et en disposant autour de la terrine des tomates cerises et des tranches d'avocat citronnées.

> **C'EST AUSSI BON** avec du thon.

MON PLUS

J'allège ce plat en prenant du fromage blanc à 20 % de matière grasse et de la crème à 15 %.

TRUC DE CHEF

Arrosez la terrine avec un jus de citron dès sa sortie du four.

POUR 4 PERSONNES
PRÉPARATION : 10 min
CUISSON : 5 min
DIFFICULTÉ : ★
COÛT : € €

- 300 g d'épinards frais
- 2 bottes d'asperges vertes (500 g environ)
- 30 g de beurre
- 2 cuill. à soupe d'huile d'olive
- 2 pincées de piment d'Espelette
- 1 cuill. à café de vinaigre balsamique
- Sel

Asperges et épinards en duo

Deux légumes subtils pour une entrée printanière et très légère.

1 Lavez les épinards, séchez-les, équeutez-les. Coupez l'extrémité dure de la tige des asperges, lavez-les, séchez-les, coupez-les en morceaux.

2 Dans une poêle, mettez à chauffer le beurre avec l'huile et faites-y revenir à feu doux les épinards et les asperges pendant 5 minutes en mélangeant sans cesse. Salez, ajoutez le piment et le vinaigre balsamique. Mélangez et répartissez les légumes dans quatre petites assiettes. Servez chaud ou tiède.

> **C'EST AUSSI BON** avec du saumon frais grillé ou encore des œufs pochés, pour en faire un plat principal.

POUR 4 PERSONNES
PRÉPARATION : 15 min
CUISSON : 5 min
DIFFICULTÉ : ★
COÛT : €

- 2 aubergines
- 200 g de feta de brebis
- 1 oignon rouge
- 4 brins de coriandre
- 2 cuill. à soupe d'huile d'olive
- Fleur de sel

Aubergines à la feta et à l'oignon rouge

Vous apprécierez le contraste des légumes chauds avec l'huile froide.

1 Rincez les aubergines, épongez-les et coupez-les en rondelles de 1,5 cm d'épaisseur. Coupez la feta en fines lamelles. Pelez l'oignon et émincez-le en fines rondelles.

2 Dans une grande poêle antiadhésive (ou deux poêles), faites dorer à sec les rondelles d'aubergine 4 minutes environ de chaque côté, jusqu'à ce qu'elles soient brunes et tendres.

3 Répartissez les aubergines dans quatre assiettes et parsemez-les d'un peu de fleur de sel. Ajoutez le fromage, les rondelles d'oignon et la coriandre effeuillée. Nappez d'huile d'olive et servez.

ULTRA RAPIDE !
Prenez des rondelles d'aubergine grillées surgelées.

POUR 4 PERSONNES
PRÉPARATION : 5 min
CUISSON : 3 min environ
DIFFICULTÉ : ★
COÛT : €

- 2 jaunes d'œufs
- 200 g de farine
- 4 cuill. à soupe d'huile d'arachide
- 16 fleurs de courgettes

MON PLUS

Je prépare la pâte à beignets quelques heures à l'avance et je la conserve au réfrigérateur.

TRUC DE CHEF

L'utilisation de l'eau glacée pour la pâte provoque un choc thermique au moment de la friture, permettant aux beignets de gonfler davantage. Si l'eau n'est pas suffisamment glacée, ajoutez des glaçons dans la pâte à beignets.

Beignets de fleurs de courgettes

Ce plat est typique de la Côte d'Azur où les fleurs de courgettes sont vendues sur tous les marchés entre juin et septembre.

1 Environ 2 heures avant de faire les beignets, placez 30 cl d'eau (soit l'équivalent d'un bol) au réfrigérateur.

2 Mélangez les jaunes d'œufs avec l'eau glacée, puis versez la farine tamisée. Incorporez-la très rapidement sans écraser les grumeaux, la pâte doit en contenir quelques-uns.

3 Versez l'huile dans une grande poêle ou dans une bassine à friture et faites-la chauffer à 180 °C ; pour vérifier que la température est atteinte, jetez-y un morceau de pain, il doit roussir en 15 secondes. Trempez les fleurs de courgettes une à une dans la pâte, puis plongez-les aussitôt dans l'huile chaude.

4 Lorsque les beignets sont gonflés et légèrement dorés, sortez-les délicatement et faites-les égoutter sur du papier absorbant. Dégustez aussitôt.

> **C'EST AUSSI BON** avec des rondelles de courgette.

POUR 4 PERSONNES
PRÉPARATION : 10 min
CUISSON : 15 min
DIFFICULTÉ : ★
COÛT : €

- 12 gros champignons de Paris
- 20 feuilles de marjolaine ou d'estragon
- 75 g de fromage frais demi-sel
- 1 œuf
- 100 g de parmesan râpé
- 1 cuill. à soupe d'huile d'olive

Champignons farcis au fromage frais

Servez cette entrée chaude lors d'un repas fin.

1 Préchauffez le four à 210 °C (therm. 7).

2 Lavez et épongez les champignons. Ôtez les queues (gardez-les pour une autre utilisation). Lavez et ciselez la marjolaine (ou l'estragon).

3 Mélangez le fromage frais avec l'œuf entier, le parmesan et la marjolaine. Lorsque le mélange est homogène, garnissez-en les têtes de champignon.

4 Huilez un plat à four. Déposez les champignons farcis dans le plat et faites cuire pendant 15 minutes. Servez chaud.

> **C'EST AUSSI BON** en ajoutant du jambon haché et de la chapelure.

MON PLUS

Je prépare un velouté avec les queues des champignons en les faisant cuire dans un bouillon de volaille pendant 15 minutes et en mixant avec 2 cuillerées à soupe de crème.

ULTRA RAPIDE !

Garnissez les têtes de champignon d'un mélange de fromage frais, salé et poivré, et d'herbes ciselées et servez cru. Vous économiserez ainsi le temps de cuisson.

POUR 4 PERSONNES
PRÉPARATION : 15 min
CUISSON : 5 min
DIFFICULTÉ : ★
COÛT : € € €

Langoustines poêlées, lamelles d'avocat et émincé de fenouil

- 1 fenouil
- 1/2 citron
- 1 avocat mûr
- 12 queues de langoustines décortiquées
- 2 cuill. à soupe d'huile d'olive
- Sel et poivre du moulin

Pour la sauce :

- 1 cuill. à soupe de vinaigre de cidre
- 2 cuill. à soupe d'huile d'olive
- Sel

TRUC DE CHEF

Pour que le fenouil soit bien croquant, mettez-le, une fois émincé, dans une terrine, couvrez d'eau et ajoutez quelques glaçons.

Cette entrée raffinée est idéale pour un dîner élégant.

1 Émincez très finement le fenouil. Pressez le demi-citron. Coupez l'avocat en deux, ôtez le noyau, prélevez la chair et détaillez-la en lamelles ; citronnez celles-ci.

2 Préparez la sauce dans un bol en fouettant le vinaigre, 2 cuillerées à soupe d'huile d'olive et du sel.

3 Salez et poivrez les queues de langoustine. Faites-les dorer dans une grande poêle avec 2 cuillerées à soupe d'huile d'olive pendant 3 minutes en les retournant plusieurs fois.

4 Répartissez harmonieusement les lamelles d'avocat et l'émincé de fenouil dans quatre assiettes. Arrosez-les de sauce, déposez 3 langoustines dans chaque assiette et servez.

⊳ **C'EST AUSSI BON,** mais moins « chic », avec de grosses crevettes roses cuites.

POUR 4 PERSONNES
PRÉPARATION : 10 min
CUISSON : 6 min
DIFFICULTÉ : ★
COÛT : € €

- 12 noix de saint-jacques avec le corail
- 12 très fines tranches de lard fumé
- 50 g de beurre
- 10 brins de cerfeuil
- 2 cuill. à soupe de vinaigre de cidre
- Sel et poivre du moulin

Noix de saint-jacques au lard

Cette jolie entrée au goût subtil est à réserver pour les dîners raffinés.

1 Entourez chaque noix de saint-jacques avec une tranche de lard fumé en maintenant celle-ci avec un bâtonnet en bois.

2 Dans une grande poêle, faites fondre 30 g de beurre à feu moyen et faites revenir les noix de saint-jacques pendant 3 minutes de chaque côté. Poivrez-les, retirez-les de la poêle et réservez dans une assiette.

3 Jetez le gras de cuisson et versez le vinaigre de cidre dans la poêle pour la déglacer. Ajoutez le beurre restant, poivrez, salez légèrement, remuez pour bien mélanger et récupérer tous les sucs de cuisson. Remettez les noix de saint-jacques dans la poêle pour les enrober de la sauce et servez-les dans des petites assiettes, parsemées de cerfeuil.

⩾ **À SERVIR** en apéritif, en présentant une noix de saint-jacques dans une cuillère, ou en plat principal en augmentant les proportions.

MON PLUS

Je les sers sur un lit de mâche en hiver, de mesclun en été.

TRUC DE CHEF

Pour le déglaçage, versez le vinaigre dans la poêle sur le feu, laissez dissoudre tous les sucs puis laissez colorer le vinaigre et enfin faites-le réduire jusqu'à obtenir la consistance voulue.

POUR 4 PERSONNES
PRÉPARATION : 5 min
CUISSON : 15 min
DIFFICULTÉ : ★
COÛT : €

- 2 tomates
- 1 bloc de pâte feuilletée de 300 g
- 2 cuill. à soupe d'huile d'olive
- 1 fromage de chèvre frais de 290 g
- 8 feuilles de basilic
- Sel et poivre du moulin

Mini-tartes à la tomate, au chèvre et au basilic

Maxi-envie de goûter à ces mini-tartes vite prêtes...

1 Préchauffez le four à 210 °C (therm. 7). Lavez les tomates et coupez-les en rondelles.

2 Étalez la pâte feuilletée en un rectangle de 2 mm d'épaisseur et coupez-la en quatre. Roulez les bords et disposez ces parts sur la plaque du four tapissée de papier sulfurisé. Badigeonnez-les d'huile d'olive, puis étalez dessus du chèvre frais et 2 ou 3 rondelles de tomate. Salez, poivrez. Enfournez pour 10 minutes.

3 Sortez la plaque du four, disposez quelques feuilles de basilic sur chaque mini-tarte et faites cuire à nouveau 5 minutes. Servez chaud ou tiède.

⊳ **À SERVIR** avec de la charcuterie.

⊳ **C'EST AUSSI BON** avec de la pâte à pain, de la mozzarella et des lamelles de jambon.

EN VERSION MINI

Réduisez la taille des mini-tartes et vous pourrez les proposer à l'apéritif.

POUR 4 PERSONNES
PRÉPARATION : 10 min
REPOS : 10 min
CUISSON : 10 min
DIFFICULTÉ : ★
COÛT : € € €

- 1 bloc de pâte feuilletée de 400 g
- 180 g de foie gras cru
- 1 grosse pomme
- 1 jaune d'œuf
- Sel et poivre du moulin

MON PLUS

Pour les découpes dans la pâte, j'utilise un bol renversé ou un petit saladier.

Feuilletés à la pomme et au foie gras

Vous pouvez préparer cette entrée chic pour un repas de fête.

1 Préchauffez le four à 210 °C (therm. 7). Étalez la moitié de la pâte très finement et découpez 4 disques de 10 à 12 cm de diamètre.

2 Coupez le foie gras en 4 tranches d'environ 8 mm. Épluchez la pomme, coupez-la en deux, puis détaillez chaque moitié en quatre. Sur chaque disque de pâte, disposez 2 tranches de pomme, face à face, et 1 tranche de foie gras. Salez et poivrez. Badigeonnez le bord du cercle avec du jaune d'œuf.

3 Étalez le reste de la pâte feuilletée ; découpez 4 disques au diamètre supérieur de 1 cm à celui des disques déjà faits. Au centre de chacun, faites un trou de 1 cm de diamètre. Recouvrez chaque disque garni d'un disque plus grand. Soudez les bords et badigeonnez le dessus avec le jaune d'œuf. Dans chaque trou, glissez un petit morceau de papier sulfurisé que vous aurez roulé en cône comme pour une cheminée.

4 Faites cuire les feuilletés au four pendant 8 minutes. Sortez-les et posez-les à l'envers, après avoir retiré les rouleaux de papier sulfurisé, pour que la graisse puisse s'écouler. Laissez reposer 10 minutes puis repassez les feuilletés 2 minutes au four avant de servir.

⊳ **À SERVIR** directement à l'assiette, sur un lit de jeunes pousses de salade.

POUR 4 PERSONNES
PRÉPARATION : 10 min
CUISSON : 10 min
DIFFICULTÉ : ★
COÛT : €

- 4 pommes goldens
- 4 petits saint-félicien
- 8 fines tranches de lard fumé

TRUC DE CHEF

Préparez les pommes au dernier moment afin qu'elles ne s'oxydent pas au contact de l'air.

Pomme Sandwich

Vous serez séduit par cette union de saveurs fumées, salées et sucrées.

1. Préchauffez le four à 180 °C (therm. 6).
2. Coupez chaque fromage en 2 rondelles. Découpez chaque pomme en 4 fines lamelles chacune (ne les épluchez pas) : vous obtenez 16 lamelles.
3. Déposez une tranche de fromage entre deux rondelles de pomme, puis enveloppez chaque sandwich avec une tranche de lard fumé.
4. Déposez les sandwichs de pommes dans un plat à four et faites cuire pendant 10 minutes. Dégustez chaud.

> **À SERVIR** avec quelques feuilles de roquette ou un mesclun.

POUR 4 PERSONNES
PRÉPARATION : 10 min
CUISSON : 10 min
DIFFICULTÉ : ★
COÛT : €

- 400 g de crevettes décortiquées
- 1 citron
- 1 bouquet de coriandre
- 1/2 cuill. à café de paprika en poudre
- 1/2 cuill. à café de cumin en poudre
- 4 feuilles de brick

Bricks aux crevettes et à la coriandre

À servir en entrée, mais aussi à l'apéritif, en coupant les feuilles de brick en huit.

1 Préchauffez le four à 220 °C (therm. 7-8). Garnissez un plat à four de papier sulfurisé.

2 Hachez grossièrement les crevettes au couteau. Pressez le citron. Ciselez la coriandre.

3 Dans un bol, mélangez les crevettes, la coriandre, les épices et le jus de citron.

4 Coupez les feuilles de brick en deux. Sur une demi-feuille, mettez 1 cuillerée à soupe de hachis de crevette et refermez la feuille pour former un triangle, puis déposez-la dans le plat. Recommencez l'opération pour obtenir 8 triangles. Faites-les cuire au four pendant 10 minutes. Proposez bien chaud.

> **À SERVIR** avec une salade verte et une sauce piquante en bouteille.

> **C'EST AUSSI BON** avec du thon au naturel, en conserve.

POUR 4 PERSONNES
PRÉPARATION : 10 min
CUISSON : 15 min
DIFFICULTÉ : ★
COÛT : €

- 2 blancs de poulet (ou 150 à 200 g de restes de poulet ou de pintade)
- 8 abricots secs moelleux
- 1 jaune d'œuf
- 1 cuill. à soupe de crème liquide
- 1 cuill. à soupe d'huile d'olive
- 1 cuill. à soupe de raisins secs
- 1 cuill. à café de quatre-épices
- 1 cuill. à soupe de coriandre finement hachée
- 8 feuilles de brick
- Sel et poivre du moulin

Pastilla minute

C'est une excellente façon de transformer des restes de volaille !

1 Préchauffez le four à 210 °C (therm. 7).

2 Émincez le poulet en très fines lanières. Coupez les abricots en morceaux. Mélangez le jaune d'œuf avec la crème, salez et poivrez.

3 Dans une poêle, faites revenir la viande dans l'huile, ajoutez les abricots et les raisins saupoudrez d'épices, mélangez 2 minutes puis ajoutez hors du feu le mélange œuf-crème et la coriandre.

4 Étalez les feuilles de brick. Déposez au milieu de chaque feuille un quart de la préparation. Repliez la feuille de brick en paquet, déposez chaque brick sur la plaque du four légèrement huilée.

5 Mettez le plat au four pendant 15 minutes environ. Surveillez la cuisson, dès que les bricks sont bien dorées, sortez-les.

> **À SERVIR** avec un mesclun ou une salade de jeunes pousses d'épinards.

TRUC DE CHEF

Avec le blanc restant, préparez des meringues : battez-le en neige, ajoutez 60 g de sucre puis déposez des cuillerées à café sur une plaque de four préalablement huilée, pendant 1 heure à 80 °C (therm. 3).

Vive les classiques !

POUR 4 PERSONNES
PRÉPARATION : 15 min
CUISSON : 10 min
DIFFICULTÉ : ★
COÛT : €

- 4 œufs
- 1 laitue
- 3 tomates
- 2 oignons
- 300 g de thon au naturel en conserve
- 200 g de haricots verts cuits
- 2 cuill. à soupe de petites olives noires de Nice

Pour la vinaigrette :

- 1 cuill. à café de moutarde forte
- 2 cuill. à soupe de vinaigre de vin
- 4 cuill. à soupe d'huile d'olive
- Sel et poivre du moulin

Salade niçoise

Une toute simple représentante de la gastronomie française !

1 Faites durcir les œufs dans de l'eau bouillante pendant 8 minutes. Épluchez la laitue, lavez-la puis essorez-la. Coupez les feuilles et mettez-les dans un saladier.

2 Lavez les tomates, coupez-les en tranches fines. Pelez les oignons, détaillez-les en rondelles et détachez-en les anneaux. Écalez les œufs durs. Égouttez le thon et écrasez-le à la fourchette.

3 Déposez sur la laitue les tranches de tomates, les haricots verts, les rondelles d'oignons et le thon. Coupez les œufs en quartiers, ajoutez-les.

4 Préparez la vinaigrette. Fouettez la moutarde avec un peu de sel et de poivre, délayez avec le vinaigre de vin et versez l'huile d'olive en filet. Versez la sauce sur la salade et décorez d'olives noires.

5 Servez la salade niçoise bien fraîche.

> **C'EST AUSSI BON** en ajoutant des lamelles de poivrons, des filets d'anchois et du riz cuit froid.

POUR 4 PERSONNES
PRÉPARATION : 15 min
CUISSON : 5 min
DIFFICULTÉ : ★
COÛT : €

- 200 g de pousses de haricots mungo (« germes de soja »)
- 1 oignon rouge
- 1 poivron
- 500 g de haricots rouges en conserve
- 300 g de maïs
- 1 sachet de batavia ou 1/2 batavia à laver
- 3 cuill. à soupe de vinaigrette
- 2 blancs de poulet
- 1 cuill. à soupe d'huile d'olive
- 2 cuill. à soupe de sauce soja
- 1 pamplemousse rose
- 1/2 citron
- 1 avocat
- 1/4 de bouquet de ciboulette
- 8 belles crevettes décortiquées
- 2 cuill. à soupe de graines de sésame

TRUC DE CHEF

Faites griller les graines de sésame à sec dans une poêle afin qu'elles dégagent leur parfum et qu'elles soient plus croquantes.

Salade folle

Une folie très raisonnable, qui vous ravira en été.

1 Dans une casserole, portez à ébullition de l'eau salée et plongez-y les germes de soja pendant 1 minute, puis égouttez-les. Pelez l'oignon rouge et émincez-le finement. Lavez le poivron, ôtez les filaments blancs et les graines ; émincez-le finement. Rincez puis égouttez les haricots rouges et le maïs. Rincez et essorez la batavia (si vous n'employez pas celle en sachet).

2 Versez la vinaigrette dans un grand saladier, puis mélangez : feuilles de batavia, haricots, maïs, germes de soja, oignon et poivron.

3 Émincez les blancs de poulet en lanières et faites-les dorer pendant 5 minutes dans l'huile d'olive chaude ; versez la sauce soja et grattez les sucs de cuisson.

4 Pelez à vif le pamplemousse, prélevez-en les segments et coupez-les en morceaux. Pressez le demi-citron. Épluchez l'avocat, coupez-le en cubes et arrosez-les aussitôt du jus de citron. Lavez et ciselez la ciboulette.

5 Disposez dans chaque assiette un peu de mélange de légumes, les dés de pamplemousse et d'avocat, le poulet, les crevettes. Parsemez de graines de sésame et de ciboulette.

> **C'EST AUSSI BON** en ajoutant des aiguillettes de canard et des dés de tomate.

FAITES-LA VOUS-MÊME !

Préparez la vinaigrette en mélangeant 1 cuillerée à café de moutarde, 1 cuillerée à soupe de vinaigre de vin et 3 cuillerées à soupe d'huile d'olive.

POUR 4 PERSONNES
PRÉPARATION : 10 min
CUISSON : 10 min environ
DIFFICULTÉ : ★★★
COÛT : €

- 4 échalotes
- 80 g de beurre
- 50 cl de côtes-du-rhône
- 10 cl de bouillon de volaille
- 1 bouquet garni
- 4 cuill. à soupe de vinaigre d'alcool
- 8 gros œufs très frais
- Sel et poivre du moulin

MON PLUS

Je fais griller des tranches rondes de pain de mie et je dépose les œufs dessus.

TRUC DE CHEF

Les œufs seront parfaitement égouttés si vous les posez sur un torchon tiède plié en quatre.

Œufs pochés au vin rouge

Plat principal ou entrée, si vous réduisez les proportions de moitié, ces œufs sont très appréciés, surtout en hiver.

1 Préparez une sauce au vin : pelez et hachez les échalotes ; dans une casserole, mettez à fondre 40 g de beurre et faites-y revenir les échalotes pendant quelques minutes, jusqu'à ce qu'elles soient légèrement dorées. Versez le vin et le bouillon, ajoutez le bouquet garni et laissez mijoter 10 minutes à découvert.

2 Faites chauffer de l'eau dans une casserole et maintenez-la à 50 °C (elle doit frémir légèrement). Dans une sauteuse, faites chauffer une grande quantité d'eau avec le vinaigre. Lorsqu'elle bout, cassez un œuf dans une tasse et versez d'un coup le contenu dans l'eau ; comptez 3 minutes, puis retirez l'œuf poché et gardez-le au chaud dans l'eau à 50 °C. Répétez l'opération pour les autres œufs.

3 Lorsque la sauce au vin est cuite, retirez le bouquet garni et ajoutez le reste du beurre. Portez à ébullition puis répartissez la sauce dans quatre assiettes. Égouttez les œufs. Posez 2 œufs pochés dans chaque assiette et donnez un tour de moulin à poivre.

▷ **À SERVIR** avec des pommes de terre à l'eau et une salade verte.

▷ **C'EST AUSSI BON** en ajoutant des lardons fumés cuits dans la sauce au vin.

POUR 4 PERSONNES
PRÉPARATION : 10 min
CUISSON : 30 min
DIFFICULTÉ : ★
COÛT : €

- 1 rouleau de pâte brisée préétalée de 230 g
- 2 œufs + 2 jaunes d'œufs
- 25 cl de crème fraîche
- Noix de muscade râpée
- 200 g de lardons fumés
- Sel et poivre du moulin

Quiche lorraine

En petit ou en grand format, cette quiche est classique, mais toujours bien vue sur la table.

1 Préchauffez le four à 210 °C (therm. 7). Garnissez de pâte brisée un moule à tarte de 26 cm de diamètre, en conservant le papier sulfurisé.

2 Dans un saladier, fouettez les œufs, les jaunes d'œufs et la crème fraîche ; salez, poivrez et ajoutez un peu de noix de muscade.

3 Dans une poêle, faites dorer les lardons à feu vif, égouttez-les sur du papier absorbant, puis déposez-les sur le fond de tarte.

4 Versez le mélange aux œufs sur les lardons. Enfournez pour 5 minutes. Baissez la température du four à 180 °C (therm. 6) et poursuivez la cuisson pendant 25 minutes, jusqu'à ce que la quiche soit dorée.

5 Servez la quiche chaude ou tiède.

> **À SERVIR** avec une salade verte ou une salade d'endives.

> **C'EST AUSSI BON** avec des allumettes de jambon à la place des lardons.

POUR 4 PERSONNES
PRÉPARATION : 10 min
CUISSON : 20 min
DIFFICULTÉ : ★
COÛT : € €

- 800 g de girolles
- 70 g de beurre demi-sel
- 8 œufs frais
- 1 bouquet de ciboulette
- Sel et poivre du moulin

MON PLUS

Je conserve quelques brins de ciboulette entiers pour décorer l'omelette au moment de servir.

TRUC DE CHEF

Pour une omelette encore plus onctueuse, fouettez les œufs avec une généreuse cuillerée de crème fraîche.

Omelette aux girolles

Voici un « must » de la cuisine périgourdine.

1 Lavez les girolles après avoir ôté leur bout terreux ; séchez-les dans un torchon propre.

2 Faites chauffer 40 g de beurre dans une sauteuse, mettez-y les girolles et faites-les cuire jusqu'à ce que le jus de cuisson soit évaporé. Salez et poivrez. Gardez les girolles au chaud.

3 Battez les œufs à la fourchette dans un saladier, salez et poivrez. Lavez et ciselez la ciboulette.

4 Faites fondre le reste du beurre dans une poêle antiadhésive. Dès qu'il mousse, versez les œufs battus et laissez cuire en remuant le centre de l'omelette avec une cuillère en bois.

5 Lorsque les œufs commencent à prendre, ajoutez les girolles et la ciboulette. Prolongez la cuisson de 1 minute, puis faites glisser l'omelette sur un plat et servez aussitôt.

> **À SERVIR** avec des pommes de terre sautées.

> **C'EST AUSSI BON** avec des champignons de Paris, des pleurotes ou des cèpes.

POUR 4 PERSONNES
PRÉPARATION : 10 min
CUISSON : 2 h
DIFFICULTÉ : ★
COÛT : €

- 2 oignons
- 300 g de piments verts (ou cornes de bœuf)
- 4 cuill. à soupe d'huile d'olive
- 400 g de tomates concassées en conserve
- 1 pincée de sucre en poudre
- 4 pincées de piment d'Espelette
- 8 œufs
- 20 g de beurre
- Sel et poivre du moulin

MON PLUS

Je prépare la piperade en grande quantité, et je la congèle en barquettes, pour l'utiliser au fur et à mesure de mes besoins.

Piperade

Fleuron de la cuisine basque, la piperade est un plat facile à réaliser en toute saison.

1 La veille du repas, pelez et émincez les oignons. Lavez les piments, coupez leur pédoncule, détaillez-les en lamelles. Dans une sauteuse, faites chauffer 2 cuillerées à soupe d'huile d'olive, ajoutez les piments, les oignons et faites cuire à couvert et à feu doux pendant 1 heure. Ajoutez les tomates, le sucre et le piment d'Espelette. Salez, poivrez, mélangez délicatement et laissez cuire à nouveau 1 heure à feu doux. Laissez refroidir.

2 Le lendemain, au moment de passer à table, battez les œufs en omelette et mélangez-les délicatement aux légumes. Dans une grande poêle, mettez à chauffer le beurre et 2 cuillerées à soupe d'huile d'olive et faites cuire le mélange à feu vif, comme une omelette. Servez aussitôt.

> **À SERVIR** avec des chipolatas et de fines tranches de jambon de Bayonne poêlées.

> **C'EST AUSSI BON** avec des poivrons verts.

POUR 4 PERSONNES
PRÉPARATION : 15 min
CUISSON : 40 min
DIFFICULTÉ : ★
COÛT : € €

- 600 g de pommes de terre rattes
- 8 tranches de jambon cru
- 1 vacherin ou mont-d'or de 500 g environ
- 5 cl de vin blanc sec (soit 3 cuill. à soupe)
- 2 cuill. à soupe d'huile de tournesol

MON PLUS

Je fais cuire les pommes de terre à l'avance et je les fais dorer au four pendant que le fromage fond.

Fondue au vacherin, pommes rattes et jambon cru

Ce plat est à la fois réconfortant, convivial et délicieux !

1 Préchauffez le four à 210 °C (therm. 7).

2 Lavez les pommes de terre et, sans les éplucher, faites-les cuire 20 minutes à l'eau bouillante salée ; égouttez-les.

3 Taillez les tranches de jambon en lanières assez larges, enroulez-les autour des pommes de terre.

4 Faites un petit trou au centre du vacherin, versez-y le vin blanc. Mettez le vacherin au four pendant 15 minutes, dans sa boîte.

5 Pendant ce temps, mettez à chauffer l'huile dans une poêle et faites-y revenir les pommes de terre au jambon pendant 5 minutes à feu moyen. Sortez le vacherin du four et servez-le aussitôt, avec les pommes de terre au jambon.

⊳ **À SERVIR** avec une salade d'endives.

POUR 4 PERSONNES
PRÉPARATION : 15 min
CUISSON : 1 h
DIFFICULTÉ : ★
COÛT : €

- 1 kg de pommes de terre
- 2 gousses d'ail
- 200 g de tomme d'Auvergne fraîche
- 2 cuill. à soupe d'huile d'olive
- 400 g d'oignons émincés surgelés
- 200 g de poitrine fumée en dés
- 2 cuill. à soupe de crème fraîche épaisse
- Sel et poivre du moulin

Truffade

Ce plat bien nourrissant est parfait après de longues randonnées.

1 Épluchez les pommes de terre, lavez-les puis émincez-les en fines rondelles. Pelez, dégermez et hachez l'ail. Coupez le fromage en lamelles.

2 Versez l'huile d'olive dans une grande poêle à fond épais et faites-y dorer ensemble les pommes de terre, les oignons, la poitrine fumée et l'ail haché. Salez, poivrez. Laissez cuire pendant 20 minutes à feu doux et à découvert, en mélangeant de temps en temps.

3 Ajoutez le fromage coupé en lamelles et la crème. Mélangez et continuez la cuisson pendant 10 minutes. À mi-cuisson, retournez la truffade sur un plat et faites-la glisser dans la poêle pour finir la cuisson sur l'autre côté (pendant 30 minutes). Servez ce plat bien chaud.

ULTRA RAPIDE !
Prenez des pommes de terre surgelées en lamelles.

> **À SERVIR** avec du jambon d'Auvergne et une salade verte.

> **C'EST AUSSI BON** avec des dés de jambon à la place de la poitrine fumée, et du fromage à raclette pour changer de la tomme.

POUR 4 PERSONNES
PRÉPARATION : 10 min
CUISSON : 20 min
DIFFICULTÉ : ★
COÛT : €

- 1 kg de pommes de terre
- 200 g d'oignons émincés surgelés
- 200 g de lardons fumés
- 2 cuill. à soupe d'huile d'arachide
- 30 g de beurre
- 10 cl de crème fraîche
- 1 reblochon au lait cru d'environ 500 g
- Sel et poivre du moulin

MON PLUS

Je fais cuire les pommes de terre, les oignons et les lardons à l'avance, et, juste avant le repas, je dispose le tout dans le plat avant d'enfourner.

Tartiflette

Même sans neige ni coin du feu, vous apprécierez cette recette qui fleure bon les vacances d'hiver à la montagne.

1 Lavez et pelez les pommes de terre. Faites-les cuire dans de l'eau bouillante salée jusqu'à ce qu'elles soient bien tendres. Égouttez-les, mais gardez leur eau de cuisson. Plongez les oignons et les lardons dans l'eau des pommes de terre pendant 2 minutes pour les blanchir, puis égouttez-les.

2 Préchauffez le four à 200 °C (therm. 6-7).

3 Détaillez les pommes de terre en rondelles. Faites chauffer l'huile d'arachide dans une poêle. Ajoutez le beurre puis les lardons blanchis. Lorsque ceux-ci sont dorés, ôtez-les de la poêle et mettez les oignons à leur place. Laissez-les caraméliser doucement. Salez et poivrez, ajoutez les pommes de terre puis les lardons et enfin la crème fraîche.

4 Ôtez la croûte du reblochon et tranchez-le en deux dans le sens de l'épaisseur. Aplatissez les demi-reblochons du bout des doigts. Posez une couche de pommes de terre aux oignons et lardons dans un plat rond allant au four de 30 cm de diamètre. Couvrez du demi-fromage, puis posez la seconde couche de pommes de terre et couvrez de reblochon à nouveau.

5 Enfournez et laissez cuire pendant 15 minutes sans faire gratiner. Servez très chaud.

> **À SERVIR** avec une salade verte fraîche et croquante.

POUR 4 PERSONNES
PRÉPARATION : 20 min
CUISSON : 30 min
DIFFICULTÉ : ★
COÛT : € €

Salade de pommes de terre au cabillaud, sauce rouille

- 1 kg de pommes de terre
- 500 g de cabillaud
- Sel et poivre du moulin

Pour la sauce :

- 1 gousse d'ail
- 1 jaune d'œuf
- 1 cuill. à café de moutarde forte
- 2 doses de safran
- 15 cl d'huile d'olive
- Sel et poivre

La sauce rouille doit sa couleur à la présence du safran.

1 Faites cuire les pommes de terre en robe des champs (avec la peau) pendant 20 minutes dans de l'eau bouillante salée. Laissez-les tiédir, pelez-les et coupez-les en rondelles.

2 Faites cuire le cabillaud dans de l'eau bouillante salée et poivrée pendant 10 minutes. Égouttez-le et laissez-le tiédir.

3 Préparez la sauce rouille : pelez, dégermez et écrasez la gousse d'ail ; battez le jaune d'œuf avec l'ail, la moutarde, du sel, du poivre et le safran. Ajoutez l'huile en la versant goutte à goutte tout en fouettant.

4 Dans un saladier, mélangez les pommes de terre, le cabillaud coupé en morceaux et la sauce rouille. Servez aussitôt.

MON PLUS

J'ajoute quelques olives noires pour le contraste des couleurs.

> **C'EST AUSSI BON** avec de la raie ou du haddock. Remplacez alors la sauce rouille par de la crème fraîche mélangée à du jus de citron, du sel, du poivre et de la ciboulette.

POUR 4 PERSONNES
PRÉPARATION : 5 min
CUISSON : 20 min environ
DIFFICULTÉ : ★
COÛT : €

- 4 truites vidées par le poissonnier
- 80 g de beurre
- 4 cuill. à soupe d'amandes effilées
- Sel et poivre du moulin

Truites aux amandes

Redécouvrez la saveur subtile de ce classique un peu oublié.

1 Rincez puis épongez les truites.

2 Dans une poêle, mettez à chauffer le beurre, à feu moyen, et faites-y dorer les truites des deux côtés pendant 5 minutes. Couvrez et poursuivez la cuisson à feu doux pendant 10 à 15 minutes ; salez et poivrez.

3 Retirez les truites de la poêle, disposez-les sur un plat et gardez-les au chaud.

4 Faites dorer les amandes dans la poêle à la suite des truites pendant 2 minutes environ, puis répartissez-les sur les truites et servez.

⊳ **À SERVIR** avec des pommes de terre rattes cuites à l'eau.

POUR 4 PERSONNES
PRÉPARATION : 15 min
CUISSON : 30 min
DIFFICULTÉ : ★
COÛT : **€ €**

- 4 belles pommes de terre
- 1 botte d'oseille fraîche
- 1 échalote
- 15 g de beurre
- 10 cl de vin blanc sec
- 10 cl de fumet de poisson
- 30 cl de crème fraîche liquide
- 4 pavés de saumon avec la peau de 150 g chacun
- Fleur de sel et poivre

MON PLUS

Pour ce plat, j'utilise des pommes de terre charlottes.

Pavés de saumon, sauce à l'oseille

Une note acidulée pour déguster le saumon autrement, et pour profiter des bienfaits des oméga-3 !

1 Lavez les pommes de terre, faites-les cuire avec leur peau 20 minutes. Équeutez les feuilles d'oseille en tirant de bas en haut pour supprimer les nervures, lavez-les puis essorez-les. Épluchez et émincez l'échalote.

2 Préparez la sauce à l'oseille : dans une petite casserole, faites suer l'échalote avec le beurre et ajoutez l'oseille grossièrement coupée. Laissez fondre pendant 5 minutes. Versez le vin blanc et faites bouillir quelques minutes. Ajoutez le fumet et la crème et laissez réduire à feu vif jusqu'à ce que la crème nappe la cuillère. Salez, poivrez et réservez.

3 Assaisonnez les pavés de saumon avec la fleur de sel et du poivre. Posez-les, la peau vers le fond, dans une poêle bien chaude et faites-les cuire sur un seul côté pendant 3 minutes (ou plus selon leur épaisseur).

4 Lorsque les pommes de terre sont cuites, pelez-les et coupez-les en rondelles. Répartissez la sauce à l'oseille dans les assiettes, déposez des rondelles de pommes de terre, puis un pavé de saumon. Donnez un dernier tour de moulin à poivre et servez.

> **C'EST AUSSI BON** avec des magrets de canard, pour changer du saumon.

Les basiques du placard

Ce qu'il faut toujours avoir sous la main.

Épicerie

- pâtes
- riz
- semoule
- purée (sachets)
- olives
- cornichons
- sel fin
- huile d'olive
- huile de tournesol
- vinaigre balsamique
- sucre
- sucre vanillé
- café
- chocolat
- thé
- miel
- fleur d'oranger
- farine
- levure chimique
- fécule de maïs
- jus de citron en bouteille

Conserves

- maïs
- thon au naturel
- tomates entières
- tomates (coulis)
- fonds d'artichaut
- sardines
- confitures de fruits rouges, d'abricots...
- ananas en tranches
- demi-poires

Herbes séchées

- laurier
- thym
- romarin
- basilic
- origan
- sauge

Épices

- muscade
- cannelle
- poivre
- curry
- clous de girofle
- cumin
- gingembre
- gousses de vanille
- piment d'Espelette
- anis étoilé

CONDIMENTS

- ketchup
- moutarde
- sauce soja
- Worcestershire sauce
- bouillon en cube
- fond de veau
- graines de sésame

Fruits secs

- raisins secs
- noisettes
- pignons de pin
- amandes
- cerneaux de noix
- pistaches nature
- pruneaux

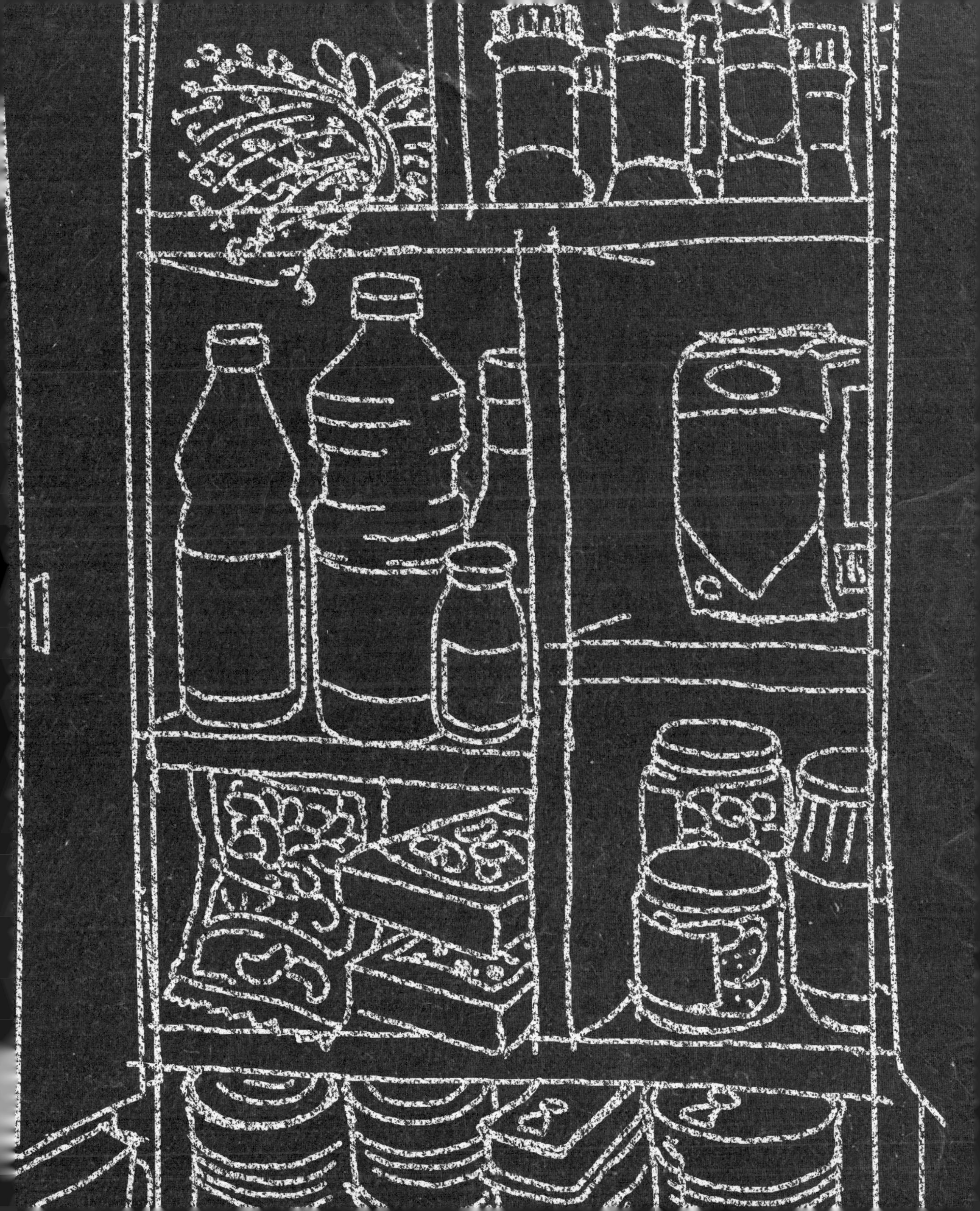

POUR 4 PERSONNES
PRÉPARATION : 5 min
CUISSON : 15 min
DIFFICULTÉ : ★
COÛT : €

- 35 cl de muscadet
- 1 feuille de laurier
- 1 branche de thym
- 2 branches d'estragon
- 2 carottes
- 2 oignons
- 1 citron non traité
- 8 ou 12 maquereaux selon la taille, vidés et étêtés
- Sel et poivre du moulin

TRUC DE CHEF

Ce plat est encore meilleur réchauffé et servi deux jours plus tard.

Maquereaux au vin blanc

Simple à réaliser, et vite prêt : laissez-vous tenter par ce plat.

1 Préchauffez le four à 200 °C (therm. 6-7).

2 Préparez du vin chaud aux aromates : dans une petite casserole, faites chauffer le vin avec le laurier, le thym et l'estragon effeuillé.

ULTRA RAPIDE !
Prenez des oignons émincés et des carottes en rondelles surgelés.

3 Épluchez les carottes, lavez-les et coupez-les en rondelles. Pelez les oignons, émincez-les. Lavez le citron et détaillez-le en tranches fines.

4 Disposez les maquereaux dans un plat allant au four, ajoutez les rondelles de carotte et de citron et les oignons. Versez le vin chaud aux aromates, salez et poivrez. Enfournez pour 15 minutes.

5 Servez tiède ou froid.

> **À SERVIR** avec des pommes de terre vapeur ou bien en entrée, sans accompagnement.

POUR 4 PERSONNES
PRÉPARATION : 10 min
CUISSON : 15 min
DIFFICULTÉ : ★
COÛT : € €

- 1 aile de raie de 1 kg environ

Pour la vinaigrette :

- 1 petit bouquet de coriandre
- 6 cuill. à soupe d'huile d'olive
- 2 cuill. à soupe de sauce soja
- 1 cuill. à soupe de vinaigre balsamique
- 2 cuill. à soupe de câpres
- Poivre du moulin

Raie aux câpres

Cette recette renouvelle la très classique raie au beurre noir.

1 Préchauffez le four à 210 °C (therm. 7).

2 Lavez la raie puis posez-la dans un plat à four creux et faites-la cuire pendant 15 minutes.

3 Préparez la vinaigrette : lavez et hachez la coriandre ; dans une casserole, mélangez l'huile d'olive, la sauce soja et le vinaigre balsamique. Ajoutez les câpres et faites chauffer doucement sans faire bouillir.

4 Sortez le plat du four, posez un morceau de raie dans chaque assiette et nappez de sauce vinaigrette tiède. Parsemez de coriandre et donnez un tour de moulin à poivre.

⊳ **À SERVIR** avec des petites pommes de terre cuites à la vapeur.

TRUC DE CHEF

Lavez bien la raie avant de la faire cuire, car la peau est recouverte d'un enduit visqueux.

POUR 4 PERSONNES

PRÉPARATION : 10 min

CUISSON : 10 min

DIFFICULTÉ : ★

COÛT : € €

- 2 échalotes
- 200 g de champignons de Paris
- 1 cuill. à soupe d'huile d'olive
- 4 filets de poisson (cabillaud, lieu noir ou julienne)
- 25 cl de vin rouge
- Sel et poivre du moulin

TRUC DE CHEF

Pour faire évaporer l'alcool du vin, faites flamber la sauce chaude avant de la verser sur les filets.

Matelote de poisson

La préparation « en matelote » est une étuvée à base de vin et d'aromates.

1 Pelez et hachez les échalotes. Lavez et essuyez les champignons, émincez-les.

2 Préchauffez le four à 180 °C (therm. 6). Huilez un plat à four.

3 Déposez les filets de poisson dans le plat, saupoudrez d'échalotes hachées, ajoutez les champignons émincés, mouillez avec le vin rouge, salez et poivrez. Posez une feuille d'aluminium sur le plat, enfournez et laissez cuire pendant 10 minutes.

4 Déposez les filets sur un plat de service, réservez-les au chaud. Versez le jus de cuisson dans une casserole et faites-le réduire d'un tiers. Nappez-en le poisson et servez.

> **À SERVIR** avec des pommes de terre vapeur ou des pâtes fraîches.

POUR 4 PERSONNES

PRÉPARATION : 5 min

CUISSON : 6 min

DIFFICULTÉ : ★

COÛT : € €

- 4 soles vidées et pelées
- 1 citron
- 4 brins de persil
- 80 g de beurre demi-sel
- 2 cuill. à soupe de farine
- 2 cuill. à soupe d'huile de tournesol
- Sel et poivre du moulin

TRUC DE CHEF

Vous pouvez, pour cette recette, faire lever des filets de sole par votre poissonnier, ou prendre des filets de sole surgelés.

Soles meunières

Jus de citron, beurre et persil : ce sont tous les ingrédients de base pour préparer la sole meunière.

1 Lavez les soles puis essuyez-les. Pressez le citron. Lavez et ciselez le persil.

2 Dans une casserole, faites fondre le beurre à feu doux. Dès qu'il est fondu, battez-le au fouet pour qu'il devienne crémeux, ajoutez le jus de citron et poivrez. Réservez au chaud.

3 Versez la farine dans une assiette creuse, passez-y les soles et faites tomber l'excédent de farine en les secouant légèrement.

4 Faites chauffer l'huile dans une poêle et mettez les soles à dorer pendant 3 minutes de chaque côté. Servez les soles à l'assiette, arrosées de la sauce au beurre et parsemées de persil.

⊳ **À SERVIR** avec des pommes de terre cuites à l'eau.

POUR 4 PERSONNES
PRÉPARATION : 10 min
CUISSON : 12 min environ
DIFFICULTÉ : ★
COÛT : € €

- 10 échalotes
- 2 cuill. à soupe d'huile d'arachide
- 10 cl de vin blanc
- 4 tranches d'onglet de 150 g chacune
- 1/2 bouquet de ciboulette
- Sel et poivre du moulin

Onglet poêlé aux échalotes

Ce morceau savoureux est toujours apprécié.

1 Préparez la sauce aux échalotes : pelez et hachez les échalotes ; dans une petite casserole, faites-les dorer avec 1 cuillerée à soupe d'huile d'arachide pendant 5 minutes. Versez ensuite le vin blanc, salez, poivrez et faites réduire pendant 3 minutes à feu vif ; réservez au chaud.

ULTRA RAPIDE !
Prenez des échalotes hachées surgelées.

2 Dans une sauteuse, faites chauffer le reste d'huile et saisissez les tranches d'onglet pendant 3 ou 4 minutes de chaque côté.

3 Déposez la viande sur un plat de service chauffé, nappez de sauce aux échalotes, parsemez de ciboulette ciselée et servez.

> **À SERVIR** avec des petites pommes de terre sautées.

POUR 4 PERSONNES
PRÉPARATION : 10 min
CUISSON : 10 min environ
DIFFICULTÉ : ★
COÛT : €

- 600 g de filet de porc
- 1 ananas
- 2 cuill. à soupe d'huile d'arachide
- 1 gousse d'ail
- 1 noix de gingembre frais
- 3 cuill. à soupe de sauce soja légère
- 4 pincées de piment en poudre
- 1 cuill. à soupe de miel

Lamelles de porc à l'ananas

20/20 pour cette classique association sucré-salé.

1 Détaillez la viande en fines lamelles, et aplatissez celles-ci au rouleau à pâtisserie, entre deux épaisseurs de papier sulfurisé.

2 Coupez l'ananas en quatre, retirez le cœur fibreux et l'écorce et recoupez chaque quartier en six morceaux.

3 Faites chauffer l'huile d'arachide dans une grande sauteuse, mettez-y les lamelles de porc et faites-les rapidement dorer pendant 2 minutes à feu vif sur les deux faces. Réservez-les dans un plat.

4 Mettez l'ananas dans la sauteuse et faites-le dorer de la même manière ; réservez-le avec la viande.

5 Pelez la gousse d'ail, dégermez-la et écrasez-la. Épluchez le gingembre et coupez-le en fins bâtonnets. Dans un bol, mélangez l'ail et la sauce soja, le gingembre, le piment et le miel.

6 Versez le contenu du bol dans la sauteuse et faites-le réduire à feu vif jusqu'à ce qu'il soit sirupeux. Remettez porc et ananas dans la sauteuse en mélangeant délicatement. Servez aussitôt.

ULTRA RAPIDE !

Utilisez de l'ail, du gingembre et des morceaux d'ananas surgelés et prêts à l'emploi.

> **À SERVIR** avec du riz nature.

> **C'EST AUSSI BON** avec des lamelles de poulet ou de canard.

POUR 4 PERSONNES
PRÉPARATION : 10 min
CUISSON : 15 min environ
DIFFICULTÉ : ★
COÛT : €

- 4 médaillons de porc dans le filet de 150 g chacun
- 2 cuill. à soupe d'huile d'olive

Pour la sauce :

- 200 g de champignons bruns entiers
- 25 cl de bouillon de bœuf
- 4 cuill. à soupe de porto
- 2 cuill. à café de Worcestershire sauce

Médaillons de porc, sauce aux champignons et au porto

Retrouvez avec plaisir cette recette de nos grand-mères.

1 Préparez la sauce : nettoyez les champignons ; dans une casserole antiadhésive, faites-les revenir à sec, pendant 10 minutes à feu moyen. Lorsqu'ils ont rendu leur eau, ajoutez le bouillon de bœuf, le porto et la Worcestershire sauce, ainsi que 25 cl d'eau. Portez à ébullition puis laissez mijoter 5 minutes à découvert, jusqu'à ce que le liquide ait réduit de moitié.

2 Pendant ce temps, faites chauffer l'huile d'olive dans une poêle et faites cuire les médaillons de porc pendant 3 minutes de chaque côté.

3 Servez la viande dorée, nappée de sauce.

> **À SERVIR** avec des pommes de terre et une salade de roquette.

> **C'EST AUSSI BON** avec des girolles ou des champignons de Paris.

POUR 4 PERSONNES
PRÉPARATION : 10 min
CUISSON : de 25 à 30 min
DIFFICULTÉ : ★
COÛT : €

Endives au jambon

Tout le monde aime cette recette, alors pourquoi s'en priver ?

- 8 endives
- 1/2 citron
- 1 cuill. à soupe d'huile d'olive
- 8 tranches de jambon
- Noix de muscade
- 1 sachet de béchamel toute prête (40 cl)
- 100 g de gruyère râpé
- Sel et poivre du moulin

1 Lavez rapidement les endives et épongez-les dans du papier absorbant. Pressez le demi-citron. Versez l'huile d'olive dans une casserole, mettez-y les endives, du sel, du poivre, le jus de citron puis versez de l'eau à mi-hauteur. Couvrez et laissez cuire pendant 20 minutes.

2 Préchauffez le gril du four.

3 Égouttez soigneusement les endives. Enroulez chacune d'elles dans une tranche de jambon et disposez-les dans un plat à four.

4 Ajoutez 1 pincée de noix de muscade à la béchamel. Recouvrez les endives de béchamel, saupoudrez de gruyère râpé et faites gratiner au four de 5 à 10 minutes. Servez aussitôt.

⪢ **C'EST AUSSI BON** avec de la crème fraîche à la place de la béchamel, et des poireaux pour remplacer les endives.

FAITES-LA VOUS-MÊME !

Faites une béchamel en mélangeant 50 g de beurre fondu avec 2 cuillerées à soupe de farine, laissez cuire doucement 2 minutes en remuant ; salez, poivrez, versez 50 cl de lait et faites épaissir à feu doux.

POUR 4 PERSONNES
PRÉPARATION : 10 min
CUISSON : 25 min
DIFFICULTÉ : ★
COÛT : €

- 6 petites échalotes
- 2 cuill. à soupe d'huile d'olive
- 4 côtes de porc
- 3 cuill. à soupe de vinaigre de cidre
- 6 gousses d'ail
- 3 branches de thym
- Sel et poivre du moulin

Côtes de porc au vinaigre

Une façon simple et classique de cuisiner les côtes de porc.

1 Pelez les échalotes, gardez-les entières.

2 Faites chauffer l'huile d'olive dans une poêle, et saisissez les côtes de porc pendant 5 minutes à feu vif. Ajoutez le vinaigre de cidre, laissez bouillir pendant 1 minute en grattant les sucs de cuisson.

3 Mettez dans la poêle les échalotes et les gousses d'ail avec leur peau, salez et poivrez, puis parsemez de thym ; ajoutez 4 cl d'eau chaude, couvrez et faites cuire pendant 20 minutes. Servez aussitôt.

⊳ **À SERVIR** avec du chou-fleur et des brocolis à la vapeur, ou bien de la purée de pommes de terre, ou bien encore du quinoa aux légumes.

POUR 4 PERSONNES
PRÉPARATION : 10 min
CUISSON : 35 min
DIFFICULTÉ : ★
COÛT : €

- 2 oignons
- 1 filet mignon de porc
- 2 cuill. à soupe d'huile d'olive
- 2 cuill. à soupe de sauce soja
- 30 g de beurre
- 1 kg de salsifis en conserve
- 25 cl de crème fraîche liquide
- 2 brins de persil
- Sel et poivre du moulin

TRUC DE CHEF

Pour que le filet ne se dessèche pas trop, couvrez-le d'une feuille d'aluminium 10 minutes avant la fin de la cuisson.

Filet mignon de porc aux salsifis

Voici une excellente façon de redécouvrir le salsifis, légume un peu oublié.

1 Préchauffez le four à 210 °C (therm. 7). Pelez et émincez les oignons.

2 Mettez le filet mignon dans un plat, arrosez-le d'huile d'olive et de sauce soja. Ajoutez le beurre, les oignons émincés et 5 cl d'eau.

3 Enfournez le filet pour 15 minutes, puis retournez-le, baissez la température du four à 180 °C (therm. 6) et poursuivez la cuisson encore 15 minutes.

4 Égouttez les salsifis, mettez-les dans une sauteuse. Versez la crème liquide, salez, poivrez et faites réchauffer à feu doux pendant 5 minutes.

5 Coupez le filet mignon en tranches, disposez-les dans un plat avec les oignons et la sauce, parsemez de persil haché. Servez les salsifis dans un légumier.

POUR 4 PERSONNES
PRÉPARATION : 10 min
CUISSON : 1 h 30 environ
DIFFICULTÉ : ★
COÛT : € €

Rôti de veau au lait et aux haricots cocos

Le lait et la crème apportent au rôti beaucoup de moelleux.

- 2 oignons
- 100 g de champignons de Paris
- 1 branche de céleri
- 2 cuill. à soupe d'huile d'arachide
- 1 rôti de veau de 800 g
- 50 cl de lait
- 25 cl de crème fraîche liquide
- 500 g de haricots cocos surgelés
- 3 brins de thym
- 1 feuille de laurier
- Sel et poivre du moulin

1 Pelez les oignons, émincez-les. Lavez puis essuyez les champignons, coupez-les en lamelles. Détaillez le céleri en tronçons.

2 Dans une cocotte, mettez à chauffer l'huile et faites-y revenir le rôti sur toutes les faces, pendant 10 minutes à feu moyen.

3 Ajoutez les oignons émincés, les lamelles de champignons et les tronçons de céleri, et faites-les rissoler autour du rôti pendant 5 minutes. Versez le lait et la crème dans la cocotte, salez, poivrez et laissez mijoter pendant 1 heure.

4 Dans une casserole, faites décongeler les haricots cocos avec le thym et le laurier à feu doux, pendant 10 minutes.

5 Sortez le rôti de la cocotte. Faites réduire le liquide de cuisson des trois quarts à feu assez vif en surveillant bien, et en remuant. Filtrez-le. Découpez le rôti en tranches, disposez celles-ci sur le plat de service. Nappez de sauce et entourez de haricots cocos.

> **À SERVIR** avec des pâtes fraîches.

ULTRA RAPIDE !
Prenez des oignons et des champignons émincés surgelés.

MON PLUS
Avant de servir, je mets à réchauffer les tranches de rôti avec la sauce dans la cocotte, pendant 2 minutes à feu doux.

POUR 4 PERSONNES
PRÉPARATION : 15 min
CUISSON : 15 min environ
DIFFICULTÉ : ★
COÛT : € €

- 60 g de beurre
- 4 côtes de veau de 200 g chacune
- 300 g de girolles
- 2 échalotes
- 2 brins de persil
- 12 cl de vin blanc
- 25 cl de fond de veau
- Sel et poivre du moulin

TRUC DE CHEF

Nettoyez les girolles sous un filet d'eau sans les laisser tremper.

Côtes de veau rôties aux girolles

Les girolles corsées d'une pointe d'échalote se marient très bien avec le veau.

1. Préchauffez le four à 210 °C (therm. 7).

2. Dans une poêle, mettez à fondre 30 g de beurre et faites-y dorer les côtes de veau des deux côtés pendant 5 minutes. Déposez-les dans un plat à four et laissez cuire pendant 10 minutes en arrosant régulièrement avec le beurre de cuisson.

3. Pendant ce temps, lavez les girolles, puis épongez-les. Pelez et hachez les échalotes, ciselez le persil.

4. Faites dorer les girolles dans le reste de beurre avec l'échalote et le persil hachés. Salez, poivrez et réservez.

5. Déglacez le jus de cuisson avec le vin blanc et le fond de veau, laissez réduire. Mettez les côtes de veau sur le plat de service, nappez de sauce et entourez de girolles.

> **À SERVIR** avec des carottes surgelées revenues dans une noix de beurre, 1 cuillerée à soupe de miel et 1 pincée de cumin.

> **C'EST AUSSI BON** avec des escalopes cuites à la poêle pendant 15 minutes à feu doux.

POUR 4 PERSONNES
PRÉPARATION : 15 min
CUISSON : 40 min
DIFFICULTÉ : ★
COÛT : € €

- 1 cuill. à soupe d'huile d'olive
- 2 côtes de veau de 400 g chacune (chez le boucher)
- 750 g de pommes de terre rattes
- 15 cl de vin blanc sec
- 250 g de champignons de Paris
- Sel et poivre du moulin

Côtes de veau braisées à la forestière

Traditionnelle, cette recette plaît à tous. Enrichissez-la en automne avec des girolles ou des cèpes frais.

1 Mettez à chauffer l'huile d'olive dans une cocotte et faites-y dorer des côtes de veau à feu moyen pendant 5 minutes sur chaque face.

2 Épluchez et lavez les pommes de terre, ajoutez-les dans la cocotte avec le vin blanc, un peu de sel et de poivre. Couvrez et laissez cuire doucement pendant 20 minutes en remuant de temps en temps les pommes de terre et en retournant les côtes.

3 Lavez et épongez les champignons, émincez-les, mettez-les dans la cocotte et poursuivez la cuisson pendant 10 minutes. Servez ce plat chaud.

ULTRA RAPIDE !
Prenez un mélange de champignons surgelés.

> **C'EST AUSSI BON** avec des côtes de porc.

MON PLUS
J'ajoute des petits oignons grelots colorés au beurre.

TRUC DE CHEF
Ôtez la bande grasse qui entoure la chair des côtes du côté opposé à l'os, pour limiter l'apport de corps gras.

POUR 4 PERSONNES
PRÉPARATION : 20 min
CUISSON : 15 min environ
DIFFICULTÉ : ★
COÛT : € €

Rognons de veau à la crème

Les rognons de veau sont particulièrement délicats et peu caloriques : deux bonnes raisons pour retrouver ce grand classique.

- 500 g de rognons de veau préparés
- 100 g de beurre
- 10 cl de vin blanc sec
- 4 cuill. à soupe de crème fraîche
- 1/2 bouquet de ciboulette
- Sel et poivre du moulin

1 Coupez les rognons en cubes et essuyez-les avec du papier absorbant.

2 Dans une sauteuse, mettez à chauffer 80 g de beurre et faites-y revenir les rognons pendant 5 ou 6 minutes ; salez et poivrez. Retirez les rognons de la sauteuse et réservez-les.

3 Versez le vin blanc dans la sauteuse et faites-le réduire de moitié à feu vif pendant 5 à 8 minutes. Incorporez la crème et le reste du beurre, fouettez pour que la sauce soit bien liée.

4 Remettez les rognons dans la sauteuse et prolongez la cuisson de 3 minutes. Versez les rognons dans le plat de service et parsemez de ciboulette ciselée.

MON PLUS

Je prépare des dés de tomate et j'en parsème les rognons.

> **À SERVIR** avec des pâtes fraîches.

> **C'EST AUSSI BON** avec un peu de moutarde forte, à incorporer à la crème.

POUR 4 PERSONNES
PRÉPARATION : 15 min
CUISSON : 20 min environ
DIFFICULTÉ : ★
COÛT : € €

- 1 citron
- 250 g de champignons de Paris
- 40 g de beurre
- 4 côtes de veau de 120 g chacune
- 1 cuill. à soupe d'huile de tournesol
- 10 cl de vin blanc sec
- 2 pincées de quatre-épices
- 20 cl de crème fraîche liquide
- 2 brins de persil plat
- Sel et poivre du moulin

Côtes de veau à la crème et aux champignons

Cette recette de grand-mère est très savoureuse.

1 Pressez le citron. Lavez les champignons dans une eau additionnée avec le jus de citron, puis coupez-les en deux ou plusieurs morceaux selon leur taille.

2 Dans une poêle, faites fondre 20 g de beurre et mettez les champignons à cuire doucement pendant 5 minutes, en remuant de temps en temps ; salez et poivrez. Réservez.

3 Salez et poivrez les côtes sur les deux faces. Dans une poêle, mettez à fondre le beurre restant avec l'huile de tournesol. Dès qu'il mousse, déposez les côtes de veau et faites-les dorer à feu vif pendant 3 minutes de chaque côté, puis baissez le feu et laissez cuire 5 minutes environ à couvert en retournant les côtes à mi-cuisson. Retirez-les de la poêle et maintenez-les au chaud, recouvertes d'une feuille d'aluminium.

4 Versez le vin blanc dans la poêle et remuez avec une cuillère en bois pour décoller tous les sucs. Ajoutez les champignons, les épices et la crème liquide, faites bouillir, puis rectifiez l'assaisonnement.

5 Disposez les côtes sur le plat de service, recouvrez-les de sauce aux champignons et parsemez de persil ciselé.

⊳ **À SERVIR** avec une poêlée de pousses d'épinards.

⊳ **C'EST AUSSI BON** avec des escalopes de veau.

MON PLUS

À la place des 4 côtes de veau, j'en prends une grande de 450 g que je fais cuire pendant 5 minutes de plus.

TRUC DE CHEF

Sortez la viande du réfrigérateur 30 minutes avant de la cuisiner, elle sera plus tendre.

POUR 4 PERSONNES
PRÉPARATION : 20 min
CUISSON : 35 min
DIFFICULTÉ : ★★
COÛT : €€

- 6 échalotes
- 100 g de champignons de Paris
- 1 petit bouquet d'estragon
- 1/2 bouquet de persil plat
- 60 g de comté
- 4 fines tranches de jambon cru
- 50 g de beurre
- 8 escalopes de veau très fines
- 2 cuill. à café de concentré de tomate
- 2 branches de thym
- 15 cl de vin blanc (ou d'eau)
- Sel et poivre du moulin

Roulades de veau farcies

Ces roulades sont des paupiettes « nouvelle génération » !

1 Épluchez et hachez les échalotes. Lavez et épongez les champignons, émincez-les. Lavez et ciselez les feuilles d'estragon et le persil. Détaillez le comté en fines lamelles. Coupez les tranches de jambon en deux.

2 Préparez une farce aux champignons : faites revenir échalotes et champignons dans 25 g de beurre. Ajoutez les herbes, salez et poivrez.

3 Aplatissez les escalopes et posez sur chacune une demi-tranche de jambon cru. Déposez un peu de farce aux champignons et quelques lamelles de comté. Roulez et ficelez chaque escalope.

4 Dans une sauteuse, mettez à chauffer le reste du beurre et faites-y dorer les roulades de tous les côtés avec les échalotes ; salez et poivrez. Ajoutez le concentré de tomate, le thym, le vin blanc (ou l'eau) et mélangez. Couvrez et laissez mijoter 30 minutes en retournant les roulades une fois.

5 Déposez les roulades sur le plat de service et arrosez de sauce.

⊳ **À SERVIR** avec des pommes de terre à la vapeur, des pâtes fraîches ou des tomates à la provençale, suivant la saison.

⊳ **C'EST AUSSI BON** avec des blancs de volaille.

POUR 4 PERSONNES
PRÉPARATION : 15 min
CUISSON : 10 min environ
DIFFICULTÉ : ★
COÛT : € €

- 75 g de farine
- 2 œufs
- 100 g de chapelure
- 4 côtelettes de veau à l'os de 150 g chacune
- 3 cuill. à soupe d'huile d'olive
- 50 g de beurre
- Sel et poivre du moulin

Côtelettes de veau à la milanaise

Un grand classique dont on ne se lasse pas !

1 Versez la farine dans une assiette creuse. Battez les œufs dans une autre assiette creuse et enfin versez la chapelure dans une troisième assiette.

2 Salez et poivrez les côtelettes, farinez-les puis passez-les dans les œufs battus et dans la chapelure.

3 Dans une grande poêle, faites chauffer l'huile d'olive et le beurre. Saisissez les côtelettes à feu vif, puis réduisez le feu et laissez-les cuire pendant 10 minutes en les retournant au bout de 5 minutes. Servez aussitôt.

MON PLUS

Je sers les côtelettes à la milanaise avec une rondelle de citron et un filet d'anchois roulé.

⊳ **À SERVIR** avec des pâtes au beurre ou à la sauce tomate.

⊳ **C'EST AUSSI BON** avec un peu de parmesan mélangé à la chapelure.

POUR 4 PERSONNES
PRÉPARATION : 10 min
CUISSON : 35 min environ
REPOS : 20 min
DIFFICULTÉ : ★
COÛT : € €

- 3 têtes d'ail
- 1 épaule d'agneau de 1,2 kg avec l'os
- 50 g de beurre
- 2 cuill. à soupe d'huile d'olive
- 3 feuilles de laurier
- Sel et poivre du moulin

Épaule d'agneau aux trente gousses d'ail

L'ail ainsi confit est très doux et donne à la viande un parfum savoureux.

1 Préchauffez le four à 240 °C (therm. 8).

2 Séparez les gousses d'ail.

3 Déposez l'épaule d'agneau dans un plat allant au four, enduisez-la de beurre, salez, poivrez puis arrosez-la d'huile d'olive. Ajoutez le laurier, 20 cl d'eau et l'ail en chemise. Mettez le plat au four et laissez cuire 35 minutes environ en arrosant de temps en temps l'épaule, et en la retournant à mi-cuisson.

4 Éteignez le four, sortez le plat et recouvrez-le d'une feuille d'aluminium. Laissez 10 minutes à température ambiante, puis glissez le plat à nouveau dans le four éteint pendant 10 minutes.

5 Découpez l'épaule en tranches, disposez celles-ci sur un plat de service, entourez d'ail confit et nappez de sauce de cuisson.

TRUC DE CHEF

Sortez l'épaule du réfrigérateur 30 minutes avant la cuisson. Arrosez-la souvent pendant la cuisson pour obtenir une viande croustillante.

> **À SERVIR** avec des flageolets en conserve.

> **C'EST AUSSI BON** avec un gigot, en augmentant le temps de cuisson (comptez 15 minutes pour chaque 500 g).

POUR 4 PERSONNES
PRÉPARATION : 20 min
CUISSON : 1 h 30
DIFFICULTÉ : ★★
COÛT : €€

- 4 petites branches de romarin
- 3 citrons jaunes non traités
- 2 cuill. à soupe de miel
- 4 cuill. à café de graines de sésame
- 4 petites souris d'agneau
- 4 gousses d'ail
- 3 cuill. à soupe d'huile d'olive
- 12 artichauts poivrades
- Sel et poivre du moulin

Souris d'agneau au romarin, aux citrons et aux poivrades

Vous retrouverez tout le parfum de la Provence dans ce plat d'été.

1 Préchauffez le four à 210 °C (therm. 7). Effeuillez le romarin, pressez 1 citron et mélangez le jus avec le miel, le romarin et le sésame. Salez et poivrez. Posez les souris d'agneau dans un grand plat à four et badigeonnez-les avec le mélange.

ULTRA RAPIDE !
Utilisez des fonds d'artichaut surgelés.

2 Lavez 1 autre citron et détaillez-le en fines tranches, posez ces tranches sur la viande. Ajoutez les gousses d'ail non pelées, arrosez d'huile d'olive et enfournez. Couvrez le plat d'une feuille d'aluminium et faites cuire pendant 1 heure.

3 Pressez le troisième citron. Portez à ébullition une grande casserole d'eau salée citronnée. Ôtez les feuilles dures des artichauts poivrades et coupez le bout des feuilles restantes pour ne garder que la partie tendre des artichauts. Citronnez-les au fur et à mesure pour éviter qu'ils ne noircissent, tranchez-les en deux, et faites-les cuire 10 minutes dans l'eau bouillante.

4 Égouttez les artichauts, déposez-les dans le plat autour des souris d'agneau, et continuez la cuisson pendant 30 minutes, en réduisant la température à 160 °C (therm. 5-6). Arrosez de temps en temps. Versez dans le plat de service et servez très chaud.

⊳ **À SERVIR** avec de la semoule.

POUR 4 PERSONNES
PRÉPARATION : 15 min
CUISSON : 35 min
DIFFICULTÉ : ★
COÛT : €

- 250 g de champignons de Paris
- 1 cuill. à soupe d'huile d'olive
- 1 poulet de 1 kg en morceaux
- 10 petits oignons grelots surgelés
- 4 cl d'armagnac
- 8 cl de vin blanc
- 150 g d'olives vertes dénoyautées
- Sel et poivre du moulin

Fricassée de poulet aux champignons et aux olives

Très pratique, ce plat peut se congeler puis se réchauffer.

1 Lavez, essuyez et émincez les champignons.

2 Dans une cocotte, faites chauffer l'huile d'olive et faites dorer les morceaux de poulet sur toutes leurs faces, puis ajoutez les oignons. Laissez cuire pendant 5 minutes.

3 Versez l'armagnac chaud dans la cocotte, flambez rapidement. Mouillez alors avec le vin blanc, salez, poivrez, ajoutez les olives et les champignons. Couvrez et laissez cuire pendant 30 minutes environ. Versez dans le plat de service et servez aussitôt.

ULTRA RAPIDE !
Utilisez des champignons émincés surgelés que vous trouverez prêt à l'emploi au rayon frais de votre supermarché.

⊳ **À SERVIR** avec des pâtes fraîches, du boulgour ou du quinoa.

⊳ **C'EST AUSSI BON** avec du lapin ou de l'épaule de veau découpée en cubes.

POUR 4 PERSONNES
PRÉPARATION : 5 min
CUISSON : 25 min
DIFFICULTÉ : ★
COÛT : **€ €**

Confit de canard aux petits légumes

Le confit de canard est savoureux avec des pommes de terre sautées à l'ail : la preuve !

- 4 cuisses de canard confites
- 1 cuill. à café de sucre en poudre
- 4 gousses d'ail
- 800 g de poêlée à la paysanne surgelée (pommes de terre, lardons, champignons, oignons…)
- 10 cl de bouillon de volaille

1 Allumez le gril du four.

2 Égouttez les cuisses de canard en conservant leur graisse. Posez-les sur la grille du four, saupoudrez-les de sucre et faites-les dorer pendant 2 minutes sous le gril bien chaud.

3 Préchauffez le four à 210 °C (therm. 7).

4 Versez une cuillerée à soupe de graisse de canard dans une cocotte allant au four, et faites-y confire les gousses d'ail coupées en deux pendant 10 minutes sur feu doux.

5 Ajoutez la poêlée paysanne, arrosez avec le bouillon de volaille, déposez les cuisses de canard sur les légumes et couvrez.

6 Faites cuire au four pendant 15 minutes. Versez dans chaque assiette un peu de légumes et déposez au centre une cuisse de canard.

TRUC DE CHEF

Faites griller les cuisses de canard pour que la peau soit croustillante.

> **À SERVIR** avec une salade verte aux croûtons frottés à l'ail.

> **C'EST AUSSI BON** avec des magrets confits et une poêlée périgourdine (pommes de terre, haricots verts, lardons, gésiers…).

POUR 4 PERSONNES
PRÉPARATION : 10 min
CUISSON : 30 min environ
DIFFICULTÉ : ★
COÛT : €

- 4 cailles
- 4 tranches de jambon cru
- 5 cuill. à soupe d'huile d'arachide
- 4 branches de thym
- 40 grains de raisin noir
- 10 cl de porto
- Sel et poivre du moulin

Cailles aux raisins noirs

Cette belle recette automnale est délicieuse et très simple à réaliser. Ne vous en privez pas !

1 Entourez chaque caille d'une tranche de jambon cru. Saisissez toutes les cailles dans une cocotte en fonte avec l'huile d'arachide bien chaude. Quand elles sont dorées, baissez le feu, ajoutez le thym, salez et poivrez. Couvrez et laissez cuire pendant 20 minutes.

2 Ajoutez les grains de raisin, versez le porto et laissez réduire pendant 10 minutes.

3 Disposez les cailles avec les grains de raisin dans les assiettes, et nappez-les de sauce au porto.

> **À SERVIR** avec des tagliatelles fraîches.

MON PLUS

J'achète pour cette recette des raisins sans pépins.

TRUC DE CHEF

Pelez les grains de raisin si vous en avez le temps, c'est bien plus agréable dans l'assiette.

POUR 4 PERSONNES
PRÉPARATION : 10 min
CUISSON : 35 min
DIFFICULTÉ : ★
COÛT : € €

- 100 g de cèpes secs
- 3 échalotes
- 1 oignon
- 40 g de beurre
- 1 pintade fermière découpée en morceaux
- 15 cl de vin blanc
- 30 cl de crème fraîche liquide
- Sel et poivre du moulin

Pintade aux cèpes

Cette recette est traditionnelle, mais elle n'a pourtant pas pris une ride à travers les âges.

1. Faites tremper les cèpes dans un bol d'eau tiède. Pelez et hachez grossièrement les échalotes et l'oignon.

2. Dans une cocotte en fonte, faites fondre le beurre. Lorsqu'il mousse, ajoutez les morceaux de pintade, les échalotes et l'oignon. Laissez-les dorer doucement puis déglacez au vin blanc. Ajoutez les cèpes et 10 cl de leur jus. Salez, poivrez, couvrez et laissez mijoter pendant 30 minutes.

3. Versez la crème dans la cocotte, laissez mijoter pendant 3 minutes et dégustez aussitôt.

⊳ **À SERVIR** avec des tagliatelles.

⊳ **C'EST AUSSI BON** avec des girolles.

POUR 4 PERSONNES
PRÉPARATION : 20 min
CUISSON : 25 min
DIFFICULTÉ : ★
COÛT : € €

- 60 g de beurre
- 4 pigeons découpés
- 10 cl de vin blanc
- 2 cuill. à café de fond de volaille déshydraté

Pour la garniture :

- 1 cuill. à soupe d'huile d'olive
- 100 g de lardons nature
- 8 oignons grelots surgelés
- 1 kg de petits pois surgelés
- 250 g de jeunes carottes extrafines surgelées
- 1 cuill. à soupe de persil haché surgelé
- Sel et poivre du moulin

TRUC DE CHEF

Choisissez des pigeons jeunes et charnus : leur chair a une couleur rosée et contient très peu de graisse.

Pigeons à la française

Un classique de la gastronomie française, tout simplement.

1 Faites fondre 30 g de beurre dans une poêle, et faites revenir les cuisses et les ailes de pigeon. Lorsque ces morceaux sont dorés sur toutes les faces, versez le vin blanc, portez à ébullition tout en raclant bien le fond de la poêle pour récupérer les sucs de cuisson. Ajoutez 10 g de beurre, le fond de volaille, et laissez réduire de moitié à feu doux, pendant 20 minutes. Salez, poivrez.

2 Pendant ce temps, préparez la garniture : faites chauffer l'huile d'olive dans une casserole, faites revenir les lardons et les oignons, ajoutez les petits pois et les carottes et laissez mijoter jusqu'à cuisson des légumes.

3 Dans une autre poêle, faites chauffer 20 g de beurre. Saisissez à feu vif les blancs de pigeon quelques minutes en les retournant pour qu'ils soient rosés juste comme il convient.

4 Servez à l'assiette, cuisse, aile et blanc, nappés de sauce avec les légumes à côté. Parsemez de persil.

> **C'EST AUSSI BON** avec des coquelets.

POUR 4 PERSONNES
PRÉPARATION : 15 min
CUISSON : 30 min
DIFFICULTÉ : ★
COÛT : €

- 500 g de pommes de terre charlottes
- 3 citrons non traités
- 8 feuilles de sauge
- 1 gros poivron rouge
- 2 râbles de lapin de 450 g chacun coupés en deux
- 10 cl d'huile d'olive
- 1 cuill. à café de graines d'anis
- Sel et poivre du moulin

MON PLUS

Pour une note orientale, j'ajoute quelques olives vertes piquantes.

Râbles de lapin au citron, pommes de terre et poivron rouge

Tout le soleil du Sud est dans ce plat, à servir toute l'année.

1 Pelez et lavez les pommes de terre, et faites-les cuire 10 minutes dans de l'eau bouillante salée. Ensuite, coupez-les en deux et posez-les dans une cocotte allant au four.

2 Préchauffez le four à 200 °C (therm. 6-7).

3 Pressez l'un des citrons et coupez les deux autres en quartiers. Lavez les feuilles de sauge ; lavez, épépinez et tranchez finement le poivron.

4 Posez les râbles dans la cocotte sur les pommes de terre. Arrosez de jus de citron, puis d'huile d'olive. Ajoutez les quartiers de citron, le poivron en lanières, les graines d'anis, les feuilles de sauge, un peu de sel et de poivre, et enfournez. Couvrez la cocotte les 15 premières minutes puis prolongez la cuisson à découvert en arrosant régulièrement jusqu'à ce que les râbles soient dorés et cuits.

⊳ **C'EST AUSSI BON** avec du cumin à la place de l'anis.

POUR 4 PERSONNES
PRÉPARATION : 15 min
CUISSON : 40 min
DIFFICULTÉ : ★
COÛT : €

- 2 râbles entiers de lapin
- 2 cuill. à soupe d'huile d'olive
- 150 g de lardons nature
- 16 pruneaux dénoyautés
- Sel et poivre du moulin

TRUC DE CHEF

Environ 10 minutes avant la fin de la cuisson, vérifiez la consistance de la sauce et faites-la réduire à feu vif si elle vous semble trop liquide.

Râbles de lapin aux pruneaux

Les fruits secs donnent au lapin saveur et moelleux.

1 Coupez en deux chaque râble. Faites chauffer l'huile d'olive dans une sauteuse, faites dorer les râbles pendant 10 minutes en les retournant souvent.

2 Ajoutez les lardons, faites-les dorer pendant 3 minutes, puis mettez les pruneaux, salez, poivrez et arrosez avec 15 cl d'eau chaude. Couvrez et laissez cuire pendant 30 minutes.

3 Versez la viande et la sauce dans un plat, et servez bien chaud.

⊳ **À SERVIR** avec des pâtes fraîches, de la semoule ou de la polenta.

⊳ **C'EST AUSSI BON** avec des abricots secs.

POUR 4 PERSONNES
PRÉPARATION : 5 min
CUISSON : 1 h
DIFFICULTÉ : ★
COÛT : €

- 4 cuill. à soupe d'huile d'olive
- 1 lapin coupé en morceaux
- 6 cuill. à soupe de moutarde forte
- 25 cl de vin blanc
- Sel et poivre du moulin

MON PLUS

Je parsème les morceaux de lapin d'estragon ciselé au moment de servir.

TRUC DE CHEF

Pour éviter que le lapin ne se dessèche à la cuisson, couvrez le plat d'une feuille d'aluminium.

Lapin à la moutarde

Simplissime et classique, ce plat reste une des meilleures recettes de notre gastronomie.

1 Préchauffez le four à 210 °C (therm. 7).

2 Versez 2 cuillerées à soupe d'huile d'olive dans un plat allant au four. Badigeonnez les morceaux de lapin avec la moitié de la moutarde, et disposez-les dans le plat. Salez et poivrez, arrosez avec 1 cuillerée à soupe d'huile d'olive et mettez au four. Laissez cuire pendant 30 minutes.

3 Sortez le plat du four, retournez chaque morceau, badigeonnez-les avec le reste de moutarde, arrosez avec la dernière cuillerée d'huile, ajoutez le vin blanc et remettez au four. Laissez cuire encore pendant 30 minutes. Présentez dans le plat.

> **À SERVIR** avec des pâtes fraîches, des champignons de Paris ou des endives braisées.

En toute simplicité

POUR 4 PERSONNES
PRÉPARATION : 10 min
CUISSON : 25 min
DIFFICULTÉ : ★
COÛT : €

- 200 g de reblochon
- 200 g de gruyère
- 50 cl de lait
- 250 g de polenta
- 20 g de beurre
- 6 tranches de jambon cru

Gâteau de polenta

La polenta, à l'origine une spécialité du nord de l'Italie, se prête à de nombreuses préparations, notamment cette succulente recette.

1 Préchauffez le four à 210 °C (therm. 7). Découpez le reblochon et le gruyère en lamelles.

2 Préparez la polenta : faites chauffer dans une casserole 50 cl de lait avec 50 cl d'eau, versez la polenta en pluie. Faites cuire à feu doux en remuant constamment, pendant environ 10 minutes.

3 Beurrez les parois d'un moule à manqué. Disposez 3 tranches de jambon cru au fond du moule. Versez la moitié de la polenta sur le jambon, déposez par-dessus les lamelles de fromage. Recouvrez du reste de polenta, puis des dernières tranches de jambon.

4 Enfournez et laissez dorer pendant 15 minutes. Démoulez sur un plat et servez chaud.

⊳ **À SERVIR** avec une salade d'endives.

⊳ **C'EST AUSSI BON** avec du comté à la place du gruyère.

POUR 4 PERSONNES
PRÉPARATION : 10 min
CUISSON : 10 min
DIFFICULTÉ : ★
COÛT : €

Tartines aux poires et au roquefort

Surprenez vos invités avec cette alliance sucré-salé parfaitement réussie !

- 8 grandes tranches de pain
- 4 poires
- 80 g de roquefort
- Poivre du moulin

1 Préchauffez le four à 180 °C (therm. 6).

2 Passez les tranches de pain au grille-pain pour les dorer légèrement. Disposez-les dans un plat allant au four.

3 Pelez, épépinez et coupez les poires en lamelles. Déposez-les sur le pain grillé et passez au four 5 minutes.

4 Sortez le plat du four, émiettez le roquefort par-dessus avant de remettre au four pour 2 minutes. Il ne faut pas que le roquefort soit fondu mais juste tiède. Servez dès la sortie du four.

> **À SERVIR** avec une salade d'endives aux pignons de pin.

> **C'EST AUSSI BON** avec des noix concassées à parsemer sur le roquefort, à la sortie du four.

À TOUTE HEURE !

Ces tartines peuvent se servir au brunch ou encore au goûter. Vous pouvez même les servir à l'apéritif en coupant les tranches en deux ou en trois pour former des canapés.

POUR 4 PERSONNES
PRÉPARATION : 15 min
CUISSON : 40 min environ
DIFFICULTÉ : ★
COÛT : €

- 4 pommes
- 2 bottes d'oignons nouveaux
- 2 cuill. à soupe d'huile d'olive
- 1 cuill. à café de pâte de curry
- 4 cuill. à soupe de crème fraîche épaisse (environ 25 cl)
- 10 brins de coriandre fraîche
- 100 g de flocons d'avoine
- 20 g de beurre
- 60 g de parmesan râpé
- 30 g de graines de sésame grillées
- Sel et poivre du moulin

TRUC DE CHEF

Choisissez de préférence des pommes de la variété belles de Boskoop, qui sont acides et sucrées.

Crumble de pommes aux oignons et au curry

Après l'avoir goûté, ils vous réclameront souvent ce crumble original et parfumé.

1 Préchauffez le four à 200 °C (therm. 6-7). Épluchez les pommes et les oignons. Découpez les pommes en dés, et coupez les oignons en deux.

2 Faites revenir les oignons dans l'huile d'olive pendant 5 minutes, ajoutez les dés de pomme, la pâte de curry et la crème fraîche, laissez cuire pendant 1 minute. Ciselez la coriandre avec des ciseaux de cuisine, et parsemez-en la préparation ; salez et poivrez.

3 Préparez la pâte à crumble en mélangeant les flocons d'avoine avec le beurre coupé en petits morceaux, le parmesan râpé et les graines de sésame.

4 Graissez un plat à gratin, étalez au fond les pommes et les oignons, couvrez avec la pâte à crumble et mettez au four pendant 35 minutes. Servez aussitôt.

⊳ **À SERVIR** avec du boudin noir ou du jambon de Parme, et une salade d'endives.

POUR 4 PERSONNES
PRÉPARATION : 20 min
CUISSON : 20 min
DIFFICULTÉ : ★
COÛT : €

- 8 grandes feuilles de chou vert frisé
- 8 grosses pommes de terre
- 2 cuill. à soupe d'huile d'arachide
- 4 tranches de jambon cru
- Sel et poivre du moulin

TRUC DE CHEF

Lorsqu'une face de la galette est cuite, faites glisser celle-ci sur une assiette, posez la poêle retournée dessus et redressez rapidement.

Galette croustillante de chou et de pommes de terre

Du chou pour les vitamines, des pommes de terre pour les sucres lents et du jambon pour les protéines : voici un plat très équilibré, bon pour la santé.

1 Faites bouillir de l'eau salée dans une grande casserole, plongez-y les feuilles du chou pendant 3 minutes, puis égouttez-les et séchez-les dans un torchon.

2 Épluchez les pommes de terre, râpez-les grossièrement.

3 Versez l'huile dans une grande poêle antiadhésive, mettez la moitié des pommes de terre, tapissez-les avec les feuilles de chou, puis déposez les tranches de jambon et terminez par le reste des pommes de terre, salez et poivrez.

4 Couvrez et laissez cuire à feu moyen pendant 10 minutes, retournez la galette et faites à nouveau cuire 10 minutes.

5 Servez les galettes bien chaudes.

> **À SERVIR** avec une salade d'endives.

> **C'EST AUSSI BON** avec des lardons à la place du jambon cru.

POUR 4 PERSONNES
PRÉPARATION : 10 min
CUISSON : 10 min
DIFFICULTÉ : ★
COÛT : €

- 500 g de girolles
- 4 brins de persil plat
- 4 gousses d'ail
- 3 cuill. à soupe d'huile d'olive
- Sel et poivre du moulin

Poêlée de girolles

Cette poêlée est un véritable régal et tellement simple à préparer !

1 Lavez les girolles sous l'eau courante, sans les faire tremper. Brossez-les délicatement. Égouttez-les et essuyez-les avec un linge propre.

2 Rincez le persil et égouttez-le. Épluchez l'ail et hachez-le avec le persil.

3 Faites revenir les girolles dans une poêle bien chaude, avec 1 cuillerée d'huile d'olive. Remuez de temps en temps, jusqu'à ce que les girolles aient rendu leur eau de végétation. Égouttez-les puis essuyez la poêle avec un papier absorbant.

4 Faites chauffer l'huile restante dans la poêle sur feu doux, mettez-y les girolles, la persillade, mélangez délicatement et faites cuire quelques minutes. Salez, poivrez.

> **À SERVIR** avec un filet de poisson, une côte de veau ou une omelette.

> **C'EST AUSSI BON** avec des pleurotes.

POUR 4 PERSONNES
PRÉPARATION : 10 min
CUISSON : 20 min environ
DIFFICULTÉ : ★
COÛT : € €

- 2 brins de persil
- 2 brins d'aneth
- 2 bottes d'oignons nouveaux
- 6 cuill. à soupe d'huile d'olive
- 4 pavés de cabillaud de 150 g chacun
- Le jus de 1/2 citron
- Sel et poivre du moulin

Papillotes de cabillaud aux oignons nouveaux

Voici une recette de printemps idéale pour accommoder les petits oignons nouveaux.

1 Lavez et hachez finement le persil et l'aneth. Pelez les oignons, ôtez leurs tiges vertes, puis coupez chaque oignon en deux dans le sens de la hauteur. Déposez les oignons dans une petite sauteuse avec 2 cuillerées à soupe d'huile d'olive, salez et poivrez ; parsemez avec la moitié de l'aneth et du persil, couvrez et laissez étuver pendant 10 minutes.

2 Préchauffez le four à 210 °C (therm. 7).

3 Découpez quatre feuilles de papier sulfurisé assez grandes pour y emballer les pavés de cabillaud. Salez et poivrez le poisson, puis roulez-le dans les herbes restantes. Emballez chaque pavé dans une feuille de papier sulfurisé en fermant la papillote hermétiquement. Déposez les papillotes dans un plat à four et faites-les cuire de 5 à 10 minutes selon l'épaisseur des pavés.

4 Dans une petite casserole, mélangez le reste d'huile d'olive avec le jus de citron, salez, poivrez et faites chauffer doucement. Servez les pavés de cabillaud nappés de sauce au citron, et accompagnés des oignons nouveaux étuvés.

⊳ **À SERVIR** avec une jardinière de légumes.

⊳ **C'EST AUSSI BON** avec de l'estragon à la place de l'aneth.

POUR 4 PERSONNES
PRÉPARATION : 15 min
CUISSON : 30 min
DIFFICULTÉ : ★
COÛT : € €

- 3 bulbes de fenouil
- 2 citrons confits
- 2 cuill. à soupe d'huile d'olive
- Le jus de 1/2 citron
- 4 pavés de cabillaud de 150 g avec la peau
- Quelques brins de coriandre
- Sel

Pavés de cabillaud et fenouil au citron confit

Le piquant du fenouil et le goût acidulé du citron confit donnent au poisson une saveur très agréable.

1 Épluchez les bulbes de fenouil et découpez-les en fines lamelles. Ôtez les pépins des citrons confits et détaillez ceux-ci en très petits dés.

2 Préchauffez le gril du four.

3 Dans une sauteuse, faites revenir le fenouil dans l'huile d'olive à feu assez vif pendant 15 minutes. Ajoutez les citrons confits et le jus de citron, salez, baissez le feu et laissez caraméliser pendant 15 minutes à feu doux.

4 Pendant la cuisson du fenouil, badigeonnez d'huile d'olive les pavés de cabillaud des deux côtés, à l'aide d'un pinceau ; salez-les. Disposez-les côté peau dans un plat à four et passez-les 5 minutes sous le gril. Retournez-les et poursuivez la cuisson encore 10 minutes.

5 Servez avec le fenouil au citron confit et décorez avec la coriandre ciselée.

⊳ **À SERVIR** avec du riz blanc.

⊳ **C'EST AUSSI BON** avec du saumon ou du bar, ou des tiges de fenouil à la place du bulbe.

POUR 4 PERSONNES
PRÉPARATION : 10 min
CUISSON : 15 min
DIFFICULTÉ : ★
COÛT : €

- 250 g d'épinards hachés surgelés
- 8 fonds d'artichaut en conserve
- 4 tranches de saumon fumé
- 8 œufs
- 5 cuill. à soupe de crème fraîche épaisse (30 cl)
- Quelques gouttes de jus de citron
- Sel et poivre du moulin

MON PLUS

J'accompagne ce plat de tranches de baguette grillées.

Fonds d'artichaut aux œufs mollets, aux épinards et au saumon fumé

Ce plat complet est parfait pour un dîner familial.

1 Faites cuire les épinards dans une casserole pendant 5 minutes à feu doux ; salez et poivrez. Réservez au chaud.

2 Plongez les fonds d'artichaut dans une casserole d'eau bouillante pendant 3 minutes pour les réchauffer, puis égouttez-les sur du papier absorbant. Découpez le saumon à la dimension des fonds d'artichaut.

3 Mettez les œufs dans une grande casserole d'eau bouillante et comptez 7 minutes de cuisson (le jaune doit être épais, mais encore coulant). Rafraîchissez les œufs aussitôt et écalez-les.

4 Versez la crème fraîche dans une casserole, salez, poivrez, ajoutez un filet de jus de citron et faites réduire d'un tiers.

5 Sur chaque assiette, déposez 2 fonds d'artichaut, mettez sur chacun le saumon fumé, un peu d'épinards et 1 œuf mollet. Arrosez de crème au citron, et servez aussitôt.

⊳ **À SERVIR** avec une salade de pois chiches à l'huile d'olive et à la menthe fraîche.

⊳ **C'EST AUSSI BON** avec des lamelles de jambon à la place du saumon.

POUR 4 PERSONNES
PRÉPARATION : 15 min
CUISSON : 20 min environ
DIFFICULTÉ : ★★
COÛT : €

- 6 blancs de poireau
- 1 gros avocat
- 4 pavés de saumon sans peau et sans arêtes
- 4 pincées de curry
- 4 cuill. à soupe d'huile d'olive
- Poivres mélangés
- Fleur de sel

MON PLUS

Avec ces papillotes, je propose un assortiment de sauces barbecue.

Papillotes de saumon aux poireaux et à l'avocat

L'avocat donne à cette recette un moelleux très agréable.

1 Préchauffez le four à 210 °C (therm. 7).

2 Coupez les blancs de poireau en deux dans le sens de la longueur et lavez-les. Faites-les cuire dans une casserole d'eau bouillante jusqu'à ce qu'ils soient tendres, pendant 5 minutes environ. Égouttez-les sur un linge propre et sec.

3 Découpez l'avocat en deux, ôtez le noyau, prélevez la chair et détaillez-la en lamelles.

4 Préparez quatre feuilles de papier sulfurisé. Au centre de chaque feuille, étalez le quart des poireaux cuits et placez par-dessus 1 pavé de saumon. Disposez sur chaque pavé quelques lamelles d'avocat, ajoutez 1 pincée de curry, un peu de poivre et de fleur de sel, puis arrosez avec 1 cuillerée à soupe d'huile d'olive. Refermez hermétiquement les papillotes. Mettez-les dans un plat à four et faites-les cuire de 10 à 15 minutes.

5 À la sortie du four, ouvrez les papillotes et faites-les glisser délicatement sur chaque assiette.

⊳ **À SERVIR** avec des pommes de terre sautées.

POUR 4 PERSONNES
PRÉPARATION : 15 min
CUISSON : 10 min
DIFFICULTÉ : ★
COÛT : €

- 6 pommes de terre rosevals
- 2 cuill. à soupe d'huile d'arachide
- 12 tranches de truite fumée
- 10 cl de crème liquide
- 20 brins de ciboulette
- Sel et poivre du moulin

TRUC DE CHEF

Lavez les rondelles de pomme de terre dans de l'eau très chaude afin d'éviter qu'elles ne collent entre elles.

Rosace de pommes de terre aux pétales de truite

La présentation de cette recette est digne d'un chef, et pourtant elle est toute simple à réaliser.

1 Préchauffez le four à 180 °C (therm. 6) pendant 10 minutes. Pelez et lavez les pommes de terre. Découpez-les en fines rondelles et essuyez-les bien.

2 Faites chauffer l'huile d'arachide dans une grande poêle et disposez les rondelles de pomme de terre sans qu'elles se chevauchent. Faites-les cuire pendant 10 minutes en les retournant de temps en temps. Réservez-les sur du papier absorbant. Lorsque toutes les pommes de terre sont cuites, salez-les et poivrez-les ; gardez-les dans le four chaud.

3 Découpez les tranches de truite en fines lanières. Dressez les rondelles de pomme de terre et les pétales de truite sur les assiettes en les intercalant.

4 Versez la crème liquide dans un bol, ajoutez la ciboulette ciselée, salez, poivrez et mélangez. Versez un filet de sauce sur chaque assiette et dégustez.

> **À SERVIR** avec une salade d'endives.

> **C'EST AUSSI BON** avec du saumon fumé à la place de la truite.

POUR 4 PERSONNES
PRÉPARATION : 10 min
CUISSON : 10 min environ
DIFFICULTÉ : ★
COÛT : € €

- 1 citron non traité
- 25 cl de fumet de poisson
- 75 g de beurre
- 100 g de noisettes décortiquées
- 1 œuf
- 4 filets de truite de 150 g chacun

Truites panées aux noisettes

Pour changer un peu de la classique truite aux amandes, voici une panure bien croquante.

1 Préparez la sauce : prélevez et hachez le zeste du citron, pressez le fruit. Portez le fumet de poisson à ébullition et laissez réduire d'un tiers. Ôtez du feu et faites fondre le beurre par petits morceaux. Ajoutez le jus de citron et le zeste, mélangez et réservez.

2 Concassez les noisettes et versez-les dans une assiette. Fouettez l'œuf dans une autre assiette, trempez les filets de truite dans l'œuf battu puis dans les noisettes, en appuyant bien.

3 Déposez les filets de truite dans une poêle légèrement huilée et laissez-les cuire pendant 1 minute à feu vif ; retournez-les et poursuivez la cuisson pendant 3 minutes. Déposez un filet dans chaque assiette et entourez de sauce.

⊳ **À SERVIR** avec des champignons et des pois gourmands sautés à l'huile de noix.

ULTRA RAPIDE !

Remplacez la sauce par un beurre noisette, qui tient son nom de sa couleur et de l'odeur qu'il dégage. Préparez-le en faisant fondre 80 g de beurre dans une casserole jusqu'à ce qu'il commence à brunir et à mousser.

POUR 4 PERSONNES
PRÉPARATION : 15 min
CUISSON : 20 min
DIFFICULTÉ : ★★
COÛT : €

- 7 cuill. à soupe d'huile d'olive
- 3 gros oignons émincés
- 800 g de tomates pelées concassées en conserve
- 5 gousses d'ail hachées
- 2 brins de persil hachés
- 1 brin de basilic haché
- 2 branches de thym
- 3 filets d'anchois
- Le jus de 1/2 citron
- 1 rouleau de pâte à pizza préétalée de 230 g
- 30 filets de sardine surgelés
- 50 g d'olives noires dénoyautées
- Sel et poivre

TRUC DE CHEF

Arrosez légèrement la pâte d'huile d'olive avant d'ajouter la garniture.

Pissaladière aux sardines

La traditionnelle tarte niçoise est ici préparée avec des sardines.

1 Préchauffez le four à 240 °C (therm. 8). Huilez la plaque du four (ou un moule rectangulaire) avec 1 cuillerée d'huile d'olive.

2 Préparez une sauce à la tomate : dans une sauteuse, faites chauffer 3 cuillerées à soupe d'huile d'olive, ajoutez les oignons et faites-les fondre pendant 5 minutes, puis ajoutez les tomates concassées. Retirez du feu lorsque l'eau de végétation des tomates est évaporée. Ajoutez l'ail, le persil, le basilic et le thym effeuillé, salez, poivrez, et laissez refroidir.

3 Préparez une sauce aux anchois : faites réduire en purée les filets d'anchois pendant 2 minutes dans une casserole. Hors du feu, ajoutez le jus de citron et 3 cuillerées à soupe d'huile d'olive. Réservez.

4 Abaissez la pâte à pizza dans le moule, garnissez-la en étalant la sauce à la tomate. Rangez en croisillons les filets de sardines par-dessus. Badigeonnez les sardines de la sauce aux anchois, parsemez d'olives noires puis enfournez à four chaud, et laissez cuire pendant 15 à 20 minutes. Servez la pissaladière, et dégustez immédiatement.

⊳ **À SERVIR** avec un assortiment de crudités.

FAITES-LA VOUS-MÊME !

Pour faire une pâte à pizza, versez dans un bol 1/2 cuill. à soupe de sucre, 1/2 sachet de levure de boulanger et 12 cl d'eau tiède. Laissez reposer 10 minutes dans un endroit tiède. Versez 250 g de farine dans un saladier, faites un puits puis versez la levure. Pétrissez en ajoutant 1/2 cuill. à soupe de sel et 2 cuill. à soupe d'huile d'olive. Roulez la pâte en boule, recouvrez-la d'un torchon et laissez-la lever pendant 1 heure. Pétrissez-la à nouveau avant de l'étaler.

POUR 4 PERSONNES
PRÉPARATION : 10 min
CUISSON : de 10 à 15 min
DIFFICULTÉ : ★
COÛT : € €

- 4, 8 ou 12 rougets selon leur taille
- 100 g de tapenade
- 8 à 24 grandes feuilles de basilic
- 3 cuill. à soupe d'huile d'olive

Rougets en papillotes de basilic

Vous retrouverez tous les parfums de la Provence dans cette très jolie recette estivale.

1 Préchauffez le four à 150 °C (therm. 5).

2 Nettoyez les rougets, lavez-les et épongez-les. Étalez à l'intérieur des rougets 1 cuillerée à soupe de tapenade et enroulez chaque poisson dans plusieurs grandes feuilles de basilic.

3 Disposez les rougets dans un plat à four. Arrosez d'huile d'olive et faites cuire de 10 à 15 minutes selon la taille des rougets. Consommez aussitôt.

⪢ **À SERVIR** avec une ratatouille glacée, ou de la semoule vapeur.

FAITES-LA VOUS-MÊME !

Préparez une tapenade en mixant 6 filets d'anchois avec 12 olives noires dénoyautées, 2 cuillerées à soupe de câpres, 2 gousses d'ail et 5 cuillerées à soupe d'huile d'olive.

POUR 4 PERSONNES
PRÉPARATION : 10 min
CUISSON : 25 min
DIFFICULTÉ : ★
COÛT : € € €

- 3 tomates en grappe
- 1 bar préparé par votre poissonnier
- 1 cuill. à soupe d'huile d'olive
- Sel et poivre du moulin

Pour le pesto :

- 1 gousse d'ail
- 1 bouquet de basilic
- 40 g de pignons de pin
- 40 g de parmesan râpé
- 1 cuill. à soupe de jus de citron
- 3 cuill. à soupe d'huile d'olive

MON PLUS

Je prépare le pesto à l'avance. Je le garde deux jours au réfrigérateur ou plusieurs mois au congélateur.

Bar au pesto

Un peu du soleil de la Méditerranée dans ce plat parfumé, très agréable en été.

ULTRA RAPIDE !
Utilisez du pesto tout prêt en bocal.

1 Préparez le pesto : pelez l'ail, lavez le basilic et effeuillez-le. Mixez ensemble le basilic, l'ail, les pignons de pin, le parmesan, le jus de citron et l'huile d'olive pour obtenir une purée.

2 Préchauffez le four à 210 °C (therm. 7).

3 Lavez et essuyez les tomates, découpez-les en fines rondelles. Étalez une grande feuille d'aluminium sur le plan de travail, placez au centre un lit de tomates, salez et poivrez.

4 Ouvrez le bar et enduisez l'intérieur de pesto. Refermez l'ouverture (en rabattant simplement une face sur l'autre) et déposez le poisson sur le lit de tomates. Arrosez d'un filet d'huile d'olive, salez et poivrez avant de refermer la papillote bien hermétiquement. Enfournez pour 25 minutes environ.

5 Apportez la papillote à table et ouvrez-la devant les convives.

⊳ **À SERVIR** avec des tagliatelles fraîches.

⊳ **C'EST AUSSI BON** avec des filets de rouget, en utilisant des tomates pelées au naturel et en réduisant le temps de cuisson à 8 minutes.

POUR 4 PERSONNES
PRÉPARATION : 15 min
CUISSON : 55 min
DIFFICULTÉ : ★
COÛT : €

- 1,5 kg de pommes de terre
- 20 g de beurre
- 400 g de haddock
- 25 cl de crème fraîche liquide
- 2 jaunes d'œufs
- 1 pincée de curry en poudre
- 4 brins de ciboulette
- Sel et poivre du moulin

Gratin de pommes de terre au haddock

Ce bon plat nourrissant est un régal pour les amateurs de goût fumé, à savourer en hiver.

1 Épluchez les pommes de terre, lavez-les et découpez-les en rondelles. Faites-les cuire dans de l'eau bouillante salée pendant 10 minutes.

2 Préchauffez le four à 200 °C (therm. 6-7). Beurrez un plat à gratin.

3 Découpez la chair du haddock en petites lamelles. Dans un grand saladier, mélangez la crème liquide et les jaunes d'œufs, salez, poivrez, ajoutez une pincée de curry et le haddock.

4 Égouttez les pommes de terre, écrasez-les à la fourchette, puis mélangez-les à la préparation au haddock. Répartissez l'ensemble dans le plat. Enfournez pour 45 minutes.

5 Au moment de servir, parsemez de ciboulette ciselée.

ULTRA RAPIDE !
Utilisez des pommes de terre surgelées déjà coupées en rondelles.

MON PLUS
Je parsème le plat d'œufs de truite au moment de servir.

⪢ **À SERVIR** avec une salade verte.

⪢ **C'EST AUSSI BON** avec du lait de coco pour remplacer la crème liquide.

POUR 4 PERSONNES
PRÉPARATION : 10 min
CUISSON : 20 min environ
DIFFICULTÉ : ★
COÛT : € €

- 2 petites courgettes
- 30 g de beurre
- 200 g de petits pois surgelés
- 200 g de pois gourmands surgelés
- 600 g de crevettes roses cuites
- 150 g de julienne de légumes surgelés
- 10 feuilles de basilic frais
- 4 cuill. à soupe d'huile de noix
- Sel et poivre du moulin

TRUC DE CHEF

Surveillez la cuisson des légumes qui doivent rester légèrement croquants.

Poêlée de crevettes sautées aux légumes

Goûtez cette poêlée légère, bonne pour la santé, et très jolie dans l'assiette.

1 Lavez les courgettes et découpez-les en rondelles. Dans une grande poêle (ou dans un wok), mettez à fondre le beurre et faites-y revenir les courgettes pendant 5 minutes. Salez, poivrez, ajoutez les petits pois et les pois gourmands, mélangez et faites cuire à nouveau pendant 5 minutes à feu doux.

2 Pendant ce temps, décortiquez les crevettes en laissant la queue intacte.

3 Ajoutez la julienne de légumes dans la poêle et faites revenir l'ensemble à feu vif, puis ajoutez les crevettes, et laissez cuire pendant 10 à 15 minutes en mélangeant délicatement.

4 Répartissez les crevettes aux légumes dans quatre assiettes. Parsemez de basilic finement ciselé, arrosez d'huile de noix, poivrez et servez.

> **C'EST AUSSI BON** avec diverses poêlées de légumes surgelés.

Rôti de faux-filet aux aromates

POUR 4 PERSONNES
PRÉPARATION : 5 min
CUISSON : 20 min environ
DIFFICULTÉ : ★
COÛT : € €

- 1 tranche de faux-filet de 1,2 kg et de 5 cm d'épaisseur
- 2 cuill. à soupe d'huile d'olive
- 4 feuilles de laurier frais
- 4 brins de romarin frais
- 2 cuill. à soupe de vinaigre balsamique
- Sel et poivre du moulin

Un rôti parfumé à préparer sans four : pratique !

1 Salez et poivrez la viande sur les 2 faces.

2 Faites chauffer l'huile d'olive dans une cocotte pouvant juste contenir la viande, et faites dorer celle-ci pendant 3 minutes sur chaque face. Ajoutez le laurier et le romarin, couvrez et laissez cuire la viande pendant 10 minutes pour une cuisson saignante, en la retournant à mi-cuisson.

3 Lorsque la viande est cuite, laissez-la reposer 10 minutes sur un plat recouvert d'une feuille d'aluminium.

4 Jetez la graisse contenue dans la cocotte et déglacez les sucs de la viande avec 2 cuillerées à soupe d'eau très chaude et le vinaigre balsamique. Faites chauffer pendant 1 minute et versez dans une saucière.

5 Découpez la viande en tranches épaisses, nappez-la de sauce et servez aussitôt.

> **À SERVIR** avec une purée de pommes de terre ou des frites.

TRUC DE CHEF

Déglacer consiste à dissoudre les sucs de cuisson pour confectionner une sauce ou un jus : dans cette recette, pour déglacer la cocotte, grattez les sucs de viande collés au fond avec une spatule en bois et ajoutez le vinaigre.

POUR 4 PERSONNES
PRÉPARATION : 15 min
CUISSON : 30 min
DIFFICULTÉ : ★
COÛT : €

- 4 fines tranches de jambon cru
- 1 filet mignon de porc de 500 g
- 1 cuill. à soupe de moutarde forte
- 16 oignons grelots surgelés
- 500 g de fèves surgelées
- 150 g de haricots verts surgelés
- 150 g de haricots cocos plats surgelés
- Sel et poivre du moulin

TRUC DE CHEF

Si le rôti commence à se dessécher, recouvrez le plat d'une feuille d'aluminium.

Filet mignon au jambon cru et aux légumes croquants

Un beau rôti qui sera apprécié par tous les gourmets.

1 Préchauffez le four à 200 °C (therm. 6-7).

2 Étalez les tranches de jambon côte à côte sur le plan de travail. Badigeonnez le filet mignon de moutarde, posez-le sur le jambon, salez un peu, poivrez. Enveloppez le filet dans le jambon en appuyant pour faire adhérer ce dernier. Mettez le filet dans un plat à four et faites cuire pendant 15 minutes, puis retournez le rôti et poursuivez la cuisson encore 15 minutes.

3 Pendant ce temps, faites cuire les oignons et les légumes surgelés selon les indications portées sur leur emballage.

4 Servez le filet mignon coupé en tranches et entouré des légumes.

> **C'EST AUSSI BON** avec un filet mignon de veau ou un petit rôti de dindonneau.

POUR 4 PERSONNES
PRÉPARATION : 15 min
CUISSON : 30 min environ
DIFFICULTÉ : ★
COÛT : €

- 1 échalote
- 300 g de quetsches
- 4 cuill. à soupe d'huile d'olive
- 2 filets mignons de porc
- 2 brins de romarin
- 1 orange non traitée
- 3 cuill. à soupe de vinaigre de cidre
- 3 pommes reines des reinettes
- Sel et poivre du moulin

Filet mignon de porc aux pommes et aux quetsches

Tendre et fruité, ce plat évoque l'automne.

1 Pelez et hachez l'échalote. Lavez et dénoyautez les quetsches.

2 Dans une cocotte, mettez à chauffer 2 cuillerées à soupe d'huile d'olive et faites-y revenir les filets mignons quelques minutes à feu moyen, en les retournant. Ajoutez l'échalote hachée et 1 brin de romarin, couvrez et laissez cuire pendant 5 minutes à feu doux.

ULTRA RAPIDE !
Découpez le filet mignon en tranches avant de le faire cuire, afin de réduire le temps de cuisson.

3 Lavez l'orange et prélevez un morceau de zeste de 3 cm de long environ, puis pressez le fruit. Versez le jus d'orange dans la cocotte avec le vinaigre de cidre, salez et poivrez. Ajoutez les quetsches, couvrez et poursuivez la cuisson pendant 20 minutes.

4 Pendant ce temps, épluchez les pommes et faites-les sauter dans une poêle avec 2 cuillerées à soupe d'huile d'olive et le second brin de romarin effeuillé, jusqu'à ce qu'elles soient dorées.

5 Quand les filets sont cuits, sortez-les de la cocotte ainsi que les quetsches et faites réduire le jus de cuisson pendant 2 minutes. Découpez le filet en tranches, déposez-le sur le plat de service et entourez-le de fruits.

> **C'EST AUSSI BON** avec des quetsches surgelées.

POUR 4 PERSONNES
PRÉPARATION : 10 min
CUISSON : 40 min
DIFFICULTÉ : ★
COÛT : €

Porc à la graine de moutarde et aux pommes à l'orange

- 2 pommes
- 1 orange sucrée et non traitée
- 12 abricots secs
- 8 pruneaux
- 2 cuill. à soupe de raisins secs blonds
- 30 cl de jus d'orange frais
- 1 cuill. à soupe de graines de moutarde
- 1 filet mignon de porc de 750 à 800 g
- 30 g de beurre
- 4 cuill. à soupe de miel liquide
- Sel et poivre du moulin

Vous apprécierez sûrement le piquant de la moutarde associé à la douceur des fruits et du miel.

1 Pelez les pommes, coupez-les en deux, épépinez-les puis découpez-les en quartiers. Lavez l'orange et découpez-la en tranches fines sans l'éplucher.

2 Préparez la compotée de fruits : réunissez les quartiers de pomme et les tranches d'orange dans une cocotte, avec les abricots, les pruneaux et les raisins. Ajoutez la moitié du jus d'orange et 1 cuillerée à café de graines de moutarde. Couvrez et laissez compoter pendant 20 minutes.

3 Pendant ce temps, détaillez le filet mignon en tranches de 1 cm d'épaisseur. Faites fondre le beurre dans une sauteuse. Lorsqu'il mousse, faites-y dorer les tranches de filet pendant 5 minutes. Baissez ensuite le feu, ajoutez le reste des graines de moutarde, du sel et du poivre et laissez mijoter pendant 10 minutes.

4 En fin de cuisson, ôtez la viande et réservez-la au chaud entre 2 assiettes. Jetez la graisse de cuisson et déglacez la sauteuse avec le reste de jus d'orange, en grattant bien les sucs de cuisson. Laissez réduire quelques instants, puis ajoutez le miel.

5 Remettez alors le filet mignon dans la sauteuse. Retournez plusieurs fois les tranches de filet pour bien les enrober de sauce, disposez-les sur le plat de service et servez aussitôt avec la compotée de fruits.

> **À SERVIR** avec des tagliatelles.

MON PLUS

Je prépare la compotée de fruits la veille et je la réchauffe pendant la cuisson du filet mignon.

TRUC DE CHEF

En saison, choisissez des pommes reinettes, très acidulées.

POUR 4 PERSONNES
PRÉPARATION : 10 min
CUISSON : 30 min
DIFFICULTÉ : ★
COÛT : € €

- 2 cuill. à soupe d'huile d'olive
- 600 g de filet de porc
- 2 cuill. à soupe de liqueur GRAND MARNIER®
- 25 cl de bouillon de poule
- 2 cuill. à café de farine
- 25 cl de jus d'orange frais
- 4 brins de romarin
- Sel et poivre

Porc au romarin et à l'orange

Parfumé et délicat, ce plat plaira à tous vos invités.

1 Dans une cocotte, mettez à chauffer l'huile d'olive et faites-y dorer le filet pendant 5 minutes. Déglacez avec la liqueur et le bouillon de poule, salez légèrement, poivrez, puis couvrez et laissez cuire pendant 20 minutes.

2 Pendant ce temps, préparez la sauce à l'orange : mélangez dans une petite casserole la farine, 2 cuillerées à soupe d'eau et le jus d'orange, portez à ébullition et faites cuire doucement jusqu'à épaississement. Ajoutez le romarin.

3 Découpez le filet en tranches fines, disposez celles-ci sur un plat et nappez avec la sauce à l'orange.

TRUC DE CHEF

Utilisez de la farine de maïs, qui donne une sauce plus moelleuse et mieux liée, d'une couleur bien assortie à l'orange.

> **À SERVIR** avec des rondelles de courgettes croquantes cuites à la vapeur.

> **C'EST AUSSI BON** avec du poulet pour remplacer le porc.

POUR 4 PERSONNES
PRÉPARATION : 10 min
CUISSON : 20 min
DIFFICULTÉ : ★
COÛT : € €

- 1/2 botte de cresson
- 1 bouquet d'estragon
- 150 g d'épinards frais
- 60 g de beurre
- 20 cl de vin blanc sec
- 2 jaunes d'œufs
- 20 cl de crème fraîche
- Le jus de 1 citron
- 2 cuill. à soupe d'huile d'olive
- 18 petites escalopes de veau très fines
- 100 g de gruyère râpé
- Sel et poivre du moulin

Piccata verde

Fraîcheur des herbes et moelleux de la crème et du fromage : l'association est parfaite pour ces petites escalopes.

1 Lavez le cresson, l'estragon et les épinards, puis épongez-les et hachez-les ensemble.

2 Préparez la sauce verte : faites fondre le beurre dans une cocotte et ajoutez les herbes et les épinards. Mouillez avec le vin blanc, salez, poivrez. Faites cuire environ 5 minutes en remuant. Fouettez les jaunes d'œufs, la crème fraîche, le jus de citron, et versez le mélange dans la cocotte avec les herbes, puis remuez à nouveau.

3 Pendant ce temps, faites chauffer l'huile d'olive et faites dorer les escalopes dans une poêle à feu vif.

4 Préchauffez le four à 180° (therm. 6). Huilez un plat à four.

5 Mettez la sauce verte dans le plat, disposez par-dessus les escalopes, saupoudrez de fromage râpé et enfournez. Laissez cuire pendant 15 minutes. Dégustez aussitôt.

> **À SERVIR** avec des spaghettis.

> **C'EST AUSSI BON** avec du parmesan pour remplacer le gruyère.

POUR 4 PERSONNES
PRÉPARATION : 10 min
CUISSON : 15 min
DIFFICULTÉ : ★
COÛT : € €

- 2 cuill. à café de clous de girofle
- 4 feuilles de laurier
- 4 escalopes de veau de 150 g chacune
- 4 cuill. à soupe de mayonnaise

MON PLUS

J'utilise de la mayonnaise allégée.

Escalopes de veau en croûte d'épices

Voici une recette qui peut se décliner en versions très différentes selon les épices que vous choisirez.

1 Préchauffez le four à 210 °C (therm. 7). Réduisez les clous de girofle et les feuilles de laurier en poudre et mettez-les dans une assiette creuse.

2 Enduisez les escalopes de mayonnaise et roulez-les dans les épices.

3 Déposez-les sur la plaque du four et faites-les cuire pendant 15 minutes. Dégustez aussitôt.

> **À SERVIR** avec des pois mange-tout, des pommes de terre rissolées et des tranches de citron.

> **C'EST AUSSI BON** avec des escalopes de poulet à la place des escalopes de veau. Vous pouvez préparer un mélange cumin et cannelle, ou curry et oignon, ou ail et paprika.

POUR 4 PERSONNES
PRÉPARATION : 15 min
CUISSON : 10 min environ
DIFFICULTÉ : ★
COÛT : € €

- 800 g de noix ou de sous-noix de veau
- 3 citrons non traités
- 4 oignons moyens
- 1 gousse d'ail écrasée
- 2 poivrons rouges
- 1 poivron jaune
- 1 poivron vert
- 2 cuill. à soupe d'huile d'olive
- 2 cuill. à soupe de noix de pécan
- 4 cuill. à soupe de sauce soja
- Sel et poivre

Sauté de veau au citron et aux poivrons

Vous apprécierez cette recette ensoleillée, dès les premiers beaux jours.

1 Détaillez la viande en lanières. Râpez le zeste de 1 citron. Pressez le jus des 3 citrons. Pelez et émincez les oignons. Pelez, dégermez et écrasez l'ail. Pelez les poivrons, ouvrez-les en deux puis épépinez-les et découpez-les en fines lanières.

2 Faites chauffer l'huile d'olive dans une grande poêle ou dans un wok, et faites dorer les lanières de veau pendant 5 minutes. Salez, poivrez et réservez.

3 Faites revenir les oignons émincés et les lanières de poivron dans la même poêle en remuant régulièrement. Découpez les noix de pécan en deux, ajoutez-les et laissez cuire pendant 1 minute.

4 Dans un bol, mélangez le zeste de citron, le jus de citron, la sauce soja et l'ail écrasé, versez ce mélange dans la poêle avec les légumes, remettez le veau, réchauffez pendant 3 minutes et servez aussitôt.

ULTRA RAPIDE !
Utilisez des oignons et des poivrons émincés surgelés, et du jus de citron en petite bouteille.

⊳ **À SERVIR** avec des pâtes ou du riz cuit à la vapeur.

POUR 4 PERSONNES
PRÉPARATION : 10 min
CUISSON : 30 min
DIFFICULTÉ : ★
COÛT : € €

- 1 kg de pommes de terre grenailles
- 2 gousses d'ail
- 2 carrés d'agneau de 6 côtes, désossés de 500 g chacun
- 2 fines tranches de lard
- Un peu de beurre
- 300 g de petits pois surgelés
- Sel et poivre du moulin

MON PLUS

J'ajoute une branche de romarin dans le plat de cuisson.

Rôti d'agneau, pommes de terre grenailles et petits pois

Voici une autre façon de cuisiner le carré d'agneau.

1 Préchauffez le four à 240 °C (therm. 8).

2 Lavez les pommes de terre et, sans les éplucher, mettez-les dans une casserole d'eau. Portez à ébullition et faites cuire pendant 5 minutes, puis égouttez.

3 Pelez les gousses d'ail. Frottez les carrés d'agneau avec l'ail, salez-les et poivrez-les à l'intérieur et à l'extérieur. Roulez-les sur eux-mêmes en rôti. Posez 1 tranche de lard sur chaque rôti et maintenez-la avec du fil de cuisine.

4 Déposez les rôtis et les pommes de terre dans un plat à four, versez 4 cl d'eau, parsemez de noisettes de beurre, puis salez et poivrez les légumes. Faites cuire au four pendant 25 minutes. Environ 10 minutes avant la fin de la cuisson, ajoutez les petits pois autour du rôti. Servez dans le plat de cuisson.

> **C'EST AUSSI BON** avec des carottes nouvelles en rondelles.

POUR 4 PERSONNES
PRÉPARATION : 10 min
CUISSON : 15 min
DIFFICULTÉ : ★
COÛT : € €

- 600 g de filet d'agneau
- Sel

Pour la sauce :

- 1 brin de persil
- 1/2 bouquet de ciboulette
- 1 cuill. à café de vinaigre à l'estragon
- 4 cuill. à café de sucre en poudre
- 2 cuill. à café de poivre vert en conserve
- 2 cuill. à soupe d'huile de tournesol

MON PLUS

Je prépare la sauce la veille et je la garde au réfrigérateur dans un bocal fermé.

Filet d'agneau aux fines herbes

Goûtez ce simplissime filet d'agneau, qui peut se cuire au barbecue en été.

1 Salez la viande à votre convenance. Chauffez une poêle antiadhésive et faites-y revenir le filet d'agneau à feu vif pendant 5 minutes, puis baissez le feu, couvrez et laissez cuire pendant 10 minutes.

2 Préparez la sauce aux fines herbes : lavez et ciselez le persil et la ciboulette ; dans un bol, mélangez le vinaigre à l'estragon et le sucre, ajoutez le poivre vert concassé, l'huile de tournesol, ainsi que le persil et la ciboulette ciselés.

3 Découpez la viande en tranches, disposez-la dans les assiettes et servez avec la sauce aux herbes.

⊳ **À SERVIR** avec des tomates poêlées en été, et une purée de pommes de terre en hiver.

⊳ **C'EST AUSSI BON** avec des blancs de poulet.

POUR 4 PERSONNES
PRÉPARATION : 15 min
CUISSON : 15 min environ
DIFFICULTÉ : ★
COÛT : € €

Pour la sauce :

- 1 échalote
- 4 brins de menthe
- 20 cl de crème fraîche liquide
- 2 cuill. à soupe de jus de citron
- Sel et poivre du moulin

Pour les croustillants :

- 80 g de parmesan râpé
- 60 g de chapelure
- 1 cuill. à café de paprika
- 2 œufs
- 8 tranches de gigot d'agneau désossé
- 3 cuill. à soupe d'huile d'olive
- Sel et poivre du moulin

Croustillants d'agneau, sauce à la menthe

Dans cette recette, les tranches de gigot sont enrobées d'une croûte et servies avec une sauce très parfumée.

1 Préparez la sauce : pelez et hachez l'échalote ; lavez la menthe et ciselez ses feuilles. Dans un bol, mélangez la crème liquide avec le jus de citron, l'échalote hachée et la menthe ciselée ; salez et poivrez. Conservez au réfrigérateur.

ULTRA RAPIDE !
Utilisez de la menthe et des échalotes hachées surgelées.

2 Préparez les croustillants : dans une assiette, mélangez le parmesan, la chapelure et le paprika. Cassez les œufs dans une autre assiette, salez et poivrez. Passez successivement chaque tranche de viande dans les œufs, puis dans le mélange chapelure-parmesan.

3 Mettez l'huile à chauffer dans une poêle et faites-y cuire les tranches d'agneau, pendant 5 à 7 minutes de chaque côté.

4 Servez les croustillants bien chauds, avec la sauce réservée au frais.

> **À SERVIR** avec une salade tiède de haricots verts.

> **C'EST AUSSI BON** avec des filets de poulet, des escalopes de veau ou bien encore des grillades de porc.

MON PLUS
Je présente la viande sur un lit de salade verte.

S.O.S. invités surprises

Des idées simples et rapides à associer
pour composer, sans stresser,
un repas original...

Idée n°1

Méli-mélo
de lentilles au thon
(recette page 49)

Pourquoi pas
en entrée
une salade
croquante...

Idée n°2

Salade de trévises
et pommes râpées
(recette page 34)

Idée n°3

Spaghettis au bleu
et aux courgettes
(recette page 328)

... puis des
pâtes...

Utilisez des pâtes
fraîches, c'est encore
plus rapide !

Idée n°4

Tagliatelles
aux noix de pétoncle
(recette page 332)

Idée n°5

Quiche aux fromages et aux pousses d'épinards (recette page 360)

… ou une quiche fondante…

La pâte à tarte se congèle très bien

Idée n°6

Quiche aux sardines (recette page 424)

Idée n°7

Poêlée d'abricots au gingembre (recette page 590)

… et enfin un dessert ?

Pensez à bien approvisionner vos placard, réfrigérateur et congélateur afin de parer à tous les imprévus

Idée n°8

Brioche perdue à la confiture et aux amandes (recette page 560)

POUR 4 PERSONNES
PRÉPARATION : 10 min
CUISSON : 5 min environ
DIFFICULTÉ : ★
COÛT : € €

- 1/2 bouquet de coriandre
- 5 feuilles de sauge
- 50 g de fromage de chèvre un peu sec
- 12 côtelettes d'agneau
- 2 cuill. à soupe de miel
- 2 cuill. à soupe d'huile d'olive
- Sel et poivre du moulin

MON PLUS

Je prépare les côtelettes un peu à l'avance et je les fais cuire au moment de passer à table.

Côtelettes d'agneau en croûte de chèvre

Essayez cette panure originale avec ces simples côtelettes d'agneau, ou avec toute autre viande.

1 Lavez la coriandre et la sauge. Mixez-les grossièrement avec le fromage de chèvre. Mettez le mélange obtenu dans une assiette creuse, salez et poivrez.

2 Badigeonnez les côtelettes de miel et passez-les de chaque côté dans le mélange chèvre-herbes.

3 Dans une grande poêle, mettez à chauffer l'huile d'olive et faites cuire les côtelettes à feu moyen pendant 2 ou 3 minutes de chaque côté, suivant la cuisson désirée (selon la taille de la poêle, faites deux ou trois tournées pour cuire toutes les côtelettes).

4 Déposez 3 côtelettes dans chaque assiette et dégustez.

> **À SERVIR** avec des petits pois et une salade de roquette.

> **C'EST AUSSI BON** avec un filet mignon de porc enrobé de la même panure et cuit 30 minutes au four à 180 °C (therm. 6) ou des blancs de poulet cuits à la poêle pendant 15 à 20 minutes.

POUR 4 PERSONNES
PRÉPARATION : 15 min
CUISSON : 50 min
DIFFICULTÉ : ★
COÛT : € €

- 2 gousses d'ail
- 3 oignons
- 1 cuill. à soupe d'huile d'olive
- 4 souris d'agneau de 250 g chacune environ
- 800 g de tomates pelées et concassées au naturel en conserve
- 2 doses de safran
- 2 cuill. à café de cannelle
- 1 cuill. à café de cumin
- 2 cuill. à soupe de miel
- 2 cuill. à soupe de graines de sésame
- Sel et poivre du moulin

Souris d'agneau au confit de tomates et au sésame

Vous allez adorer ces délicieuses souris d'agneau confites dans un jus parfumé.

1 Pelez et émincez l'ail et les oignons.

2 Versez l'huile d'olive dans une cocotte, faites dorer les souris d'agneau sur toutes les faces pendant quelques minutes, et retirez-les. Remplacez-les par les oignons, laissez ceux-ci fondre 5 minutes.

ULTRA RAPIDE !
Prenez des oignons et de l'ail émincés surgelés.

3 Versez les tomates dans la cocotte avec les épices et l'ail ; salez et poivrez. Mélangez et remettez la viande dans cette sauce ; couvrez et laissez cuire pendant 40 minutes à feu doux. Sortez la viande de la cocotte, ajoutez le miel, mélangez et faites réduire à feu vif afin que la sauce devienne sirupeuse. Remettez la viande et réchauffez quelques minutes à couvert.

4 Dressez la viande sur un plat, nappez de confit de tomates et parsemez de graines de sésame.

> **À SERVIR** avec du boulgour.

POUR 4 PERSONNES
PRÉPARATION : 10 min
CUISSON : 20 min environ
DIFFICULTÉ : ★★
COÛT : €

- 2 gousses d'ail
- 1 oignon
- 400 g d'épaule d'agneau
- 1 cuill. à soupe d'huile d'olive
- 8 cuill. à soupe de coulis de tomates
- 1 cuill. à soupe d'herbes de Provence
- 2 cuill. à soupe de chapelure
- 1 cuill. à soupe de parmesan
- Sel et poivre du moulin

Pour la purée :

- 4 à 6 grosses pommes de terre
- 20 cl de crème fraîche liquide
- Sel

Parmentier d'agneau

C'est une très bonne recette pour accommoder un reste de gigot.

1 Préparez la purée : épluchez, lavez puis découpez les pommes de terre en morceaux ; faites-les cuire pendant 10 à 15 minutes dans de l'eau salée. Égouttez-les, passez-les au presse-purée, ajoutez la crème fraîche, mélangez.

ULTRA RAPIDE !
Utilisez de la purée en flocons ou surgelée.

2 Pelez et hachez l'ail et l'oignon, hachez l'agneau. Faites dorer la viande dans l'huile, puis ajoutez l'ail et l'oignon hachés ; salez et poivrez. Laissez cuire 2 minutes, puis ajoutez le coulis de tomates et les herbes de Provence. Faites mijoter 2 minutes pour assécher la préparation.

3 Allumez le gril du four. Badigeonnez d'huile un plat à gratin, étalez une couche de purée, puis de viande et à nouveau de purée. Parsemez de chapelure et de parmesan. Mettez 3 à 5 minutes sous le gril du four, le temps de donner une coloration.

> **À SERVIR** avec une salade d'endives ou de roquette, selon la saison.

> **C'EST AUSSI BON** avec un reste de bœuf ou de porc.

POUR 4 PERSONNES
PRÉPARATION : 5 min
CUISSON : 15 min environ
DIFFICULTÉ : ★
COÛT : € €

- 15 cl de vin blanc
- 3 cuill. à café de fond de volaille déshydraté
- 4 filets de poulet de 150 g chacun environ
- 1 échalote
- 1 gousse d'ail
- 50 g de beurre
- 150 g de girolles surgelées
- 150 g de cèpes surgelés
- 20 cl de crème fraîche liquide
- Sel et poivre du moulin

TRUC DE CHEF

Retirez le germe de l'ail, responsable de son odeur forte. L'ail sera aussi plus digeste.

Filets de poulet aux cèpes et aux girolles

Cette recette est aussi à essayer en version économique avec des champignons de Paris. De plus, les enfants adorent.

1 Dans une casserole, portez le vin blanc à ébullition, ajoutez le fond de volaille délayé dans 10 cl d'eau chaude. Laissez bouillir quelques minutes, puis ajoutez les filets de poulet. Couvrez et faites cuire pendant 10 minutes à feu doux.

2 Pendant ce temps, pelez et émincez finement l'échalote et l'ail dégermé. Faites-les revenir dans une poêle avec le beurre, sans les laisser dorer. Ajoutez les girolles et les cèpes encore surgelés, et laissez cuire à feu vif jusqu'à évaporation de leur eau de végétation.

3 Lorsque les filets de poulet sont cuits, versez leur bouillon de cuisson dans une petite casserole et faites-le réduire de moitié à feu vif. Versez la crème liquide, portez doucement à ébullition pour lier la sauce. Rectifiez l'assaisonnement en sel et en poivre.

4 Versez un peu de sauce dans le fond des assiettes chaudes, posez un filet de poulet et garnissez avec les champignons réchauffés dans le reste de la sauce.

> **À SERVIR** avec du riz blanc ou des tagliatelles fraîches.

> **C'EST AUSSI BON** avec des filets de dinde et des champignons de Paris.

POUR 4 PERSONNES
PRÉPARATION : 10 min
CUISSON : 20 min
DIFFICULTÉ : ★
COÛT : €

Poulet aux champignons et aux échalotes

Rapide, très simple et apprécié de tous : c'est vraiment le plat idéal pour toute la famille.

- 800 g de blancs de poulet crus
- 150 g d'échalotes hachées
- 400 g de champignons de Paris
- 50 g de beurre
- 50 cl de crème fraîche liquide
- Sel et poivre du moulin

MON PLUS

Je fais cuire le poulet, les échalotes et les champignons bien avant le repas, et je les réchauffe dans la crème juste avant de passer à table.

1 Découpez les blancs de poulet en lanières de 1 cm de large. Épluchez et hachez les échalotes. Lavez et essuyez les champignons, après avoir enlevé le bout terreux, émincez-les.

2 Faites fondre le beurre dans une sauteuse. Dès qu'il mousse, mettez le poulet ; laissez-le dorer 5 minutes en remuant. Ajoutez échalotes et champignons, salez, poivrez, mélangez.

3 Couvrez, laissez cuire à feu doux pendant 15 minutes en mélangeant de temps en temps. Ajoutez la crème et laissez réchauffer jusqu'à ce que celle-ci épaississe. Servez aussitôt.

ULTRA RAPIDE !

Achetez des aiguillettes de poulet découpées et des échalotes surgelées.

> **À SERVIR** avec du riz blanc, des pommes de terre à l'eau, ou encore des tagliatelles.

> **C'EST AUSSI BON** avec des lamelles de bœuf. Dans ce cas, faites revenir celles-ci pendant 5 minutes, retirez-les de la sauteuse, mettez à leur place les échalotes et les champignons. Remettez la viande dans la sauteuse avec la crème au dernier moment.

POUR 4 PERSONNES
PRÉPARATION : 10 min
CUISSON : 35 min
DIFFICULTÉ : ★
COÛT : € €

- 200 g de filet de poulet
- 400 g de cèpes surgelés
- 1 cuill. à soupe d'huile d'arachide
- 1 cuill. à soupe d'échalotes hachées surgelées
- 1 cuill. à soupe de gingembre haché surgelé
- 1 cuill. à café de curry en poudre
- 1 cuill. à café d'ail haché surgelé
- 2 cuill. à soupe de vinaigre balsamique
- 60 g de beurre
- 200 g d'escargots en conserve
- 25 cl de champagne
- Sel et poivre du moulin

Fricassée de poulet aux escargots et aux cèpes

Voici une recette originale pour changer un peu du classique beurre d'escargot.

1 Découpez le poulet et les cèpes décongelés en petits dés.

2 Préparez la sauce : faites chauffer l'huile d'arachide dans une petite casserole, ajoutez l'échalote, le gingembre, le curry et l'ail, remuez, puis baissez le feu ; ajoutez le vinaigre et laissez cuire à feu doux en remuant souvent, pendant 10 minutes.

3 Dans une grande poêle, faites fondre le beurre et saisissez les dés de poulet ; salez et poivrez, puis ajoutez les cèpes découpés en petits morceaux et les escargots. Faites revenir pendant 5 minutes, puis ajoutez la sauce et le champagne.

4 Poursuivez la cuisson pendant 20 minutes en remuant régulièrement. Servez dans des cassolettes.

⊳ **À SERVIR** avec de gros macaronis ou des pommes de terre sautées.

⊳ **C'EST AUSSI BON** avec des filets de dinde.

MON PLUS

Avant de les utiliser, je rince les escargots sous un filet d'eau chaude et je les sèche.

POUR 4 PERSONNES
PRÉPARATION : 15 min
CUISSON : 35 min environ
DIFFICULTÉ : ★★
COÛT : €

Osso-buco de dinde et endives braisées à l'orange

Cette savoureuse association de la dinde et de l'orange adoucit l'amertume des endives.

- 6 endives
- 4 oignons
- 2 oranges non traitées
- 1 cuisse de dinde tranchée en rouelles
- 1/2 cuill. à café de curcuma
- 60 g de beurre
- 1/2 cuill. à café de sucre
- 15 cl de bouillon de volaille
- Sel et poivre du moulin

TRUC DE CHEF

S'il n'y a pas assez de sauce, ajoutez un peu d'eau ou de bouillon.

1 Coupez les endives en deux dans le sens de la longueur, enlevez-en la partie dure centrale légèrement amère, puis lavez-les. Pelez et émincez les oignons.

ULTRA RAPIDE !

Prenez des oignons surgelés.

2 Lavez les oranges, prélevez le zeste de l'une d'elles, et pressez les fruits. Blanchissez le zeste 2 minutes dans de l'eau bouillante, passez-le sous l'eau froide et découpez-le en fins bâtonnets.

3 Salez et poivrez les rouelles de dinde, puis parsemez-les de curcuma. Faites fondre le beurre dans une grande cocotte. Saisissez les rouelles 1 minute de chaque côté, retirez-les pour poser les endives dans le fond de la cocotte, côté tranché contre le fond, ajoutez les oignons émincés et le zeste d'orange, remettez les rouelles. Salez, sucrez, poivrez, versez le jus d'orange ainsi que le bouillon de volaille. Laissez mijoter à couvert pendant 30 minutes.

> **C'EST AUSSI BON** avec des tranches de jarret de veau.

POUR 4 PERSONNES
PRÉPARATION : 5 min
CUISSON : 15 min environ
DIFFICULTÉ : ★
COÛT : €

- 4 filets de dinde de 150 g chacun environ
- 2 cuill. à soupe d'huile d'olive
- 2 gros poivrons rouges
- 3 gousses d'ail
- 2 brins de basilic
- 2 cuill. à soupe de vinaigre balsamique
- Sel et poivre du moulin

TRUC DE CHEF

Pelez les poivrons avec un couteau Économe, c'est très rapide.

Filets de dinde au vinaigre balsamique

Appréciez les couleurs et les saveurs de ce plat d'été.

1 Salez et poivrez les filets de dinde. Faites-les dorer à la poêle dans l'huile d'olive pendant 3 minutes de chaque côté à feu vif. Réservez-les au chaud dans un plat.

2 Pelez les poivrons, ouvrez-les en deux et épépinez-les, découpez-les en morceaux. Épluchez les gousses d'ail, enlevez le germe, puis hachez-les. Dans la même poêle, faites revenir à feu doux les poivrons et l'ail pendant 7 ou 8 minutes, en remuant de temps en temps.

3 Ajoutez le basilic ciselé et le vinaigre balsamique. Remettez les filets de dinde dans la poêle et laissez cuire à feu doux pendant 2 ou 3 minutes en les retournant plusieurs fois.

4 Servez la viande bien chaude.

> **C'EST AUSSI BON** avec du filet de canard.

POUR 4 PERSONNES
PRÉPARATION : 15 min
CUISSON : 15 min
DIFFICULTÉ : ★
COÛT : € €

- 4 kiwis
- 1 cuill. à café d'huile d'olive
- 4 tournedos de canard tranchés dans de gros magrets par votre volailler
- 1 cuill. à soupe de vinaigre de xérès
- 3 cuill. à soupe de miel toutes fleurs
- Sel et poivre du moulin

TRUC DE CHEF

Le temps de cuisson est calculé pour des tournedos très roses ; prolongez la cuisson si vous préférez le canard à point ou bien cuit.

Tournedos de canard, sauce au miel et aux kiwis

Préparez cette recette pour les amateurs de canard rosé.

1 Pelez les kiwis et faites-en 8 quartiers.

2 Faites chauffer l'huile d'olive dans une poêle et mettez à revenir à feu vif les tournedos de canard 5 minutes de chaque côté. Salez, poivrez et réservez sur une assiette, à couvert.

3 Préparez la sauce au miel : versez le vinaigre de xérès dans la poêle et décollez à feu doux les sucs de cuisson avec une cuillère en bois. Ajoutez ensuite le miel et remuez. Placez les quartiers de kiwi dans cette sauce et laissez mijoter à feu doux pendant 5 minutes.

4 Servez les tournedos recouverts des quartiers de kiwi et nappés de sauce au miel.

> **À SERVIR** avec des nouilles de riz asiatiques.

> **C'EST AUSSI BON** avec des tranches d'ananas à la place des kiwis.

POUR 4 PERSONNES
PRÉPARATION : 15 min
CUISSON : 10 min
DIFFICULTÉ : ★
COÛT : € €

- 400 g de pruneaux dénoyautés
- 10 cl de vin blanc sec
- 2 cuill. à soupe de miel liquide
- 2 magrets de canard de 350 g chacun environ
- 1 feuille de laurier
- 2 cuill. à soupe de baies roses
- Sel

MON PLUS

Je prépare la sauce aux pruneaux et au vin à l'avance et je la réchauffe pendant la cuisson des magrets.

Magrets aux baies roses et aux pruneaux

Les baies roses ont un goût délicat qui convient très bien au canard. Et elles apportent une touche esthétique à votre plat !

1 Préparez la sauce au vin et aux pruneaux : placez les pruneaux dans une casserole, couvrez avec le vin blanc, le miel et 4 cl d'eau. Laissez cuire pendant 5 minutes à gros bouillons.

2 Enlevez la peau des magrets et réservez-la. Découpez la chair des magrets en cubes. Faites fondre la peau de canard dans une cocotte jusqu'à ce qu'elle rende sa graisse. Retirez-la, puis mettez les cubes de canard et la feuille de laurier. Faites-les rôtir à feu vif sans cesser de remuer pendant 5 minutes. Salez, ajoutez les baies roses et mélangez. Continuez la cuisson pendant 2 minutes.

3 Répartissez dans quatre assiettes, entourez de sauce au vin et aux pruneaux.

▷ **À SERVIR** avec de la semoule, du boulgour ou du quinoa.

▷ **C'EST AUSSI BON** avec un mélange de poivres (vert, rose et gris).

POUR 4 PERSONNES
PRÉPARATION : 10 min
CUISSON : 20 min
DIFFICULTÉ : ★
COÛT : € €

Magrets laqués aux navets

La préparation est minime mais le résultat est très goûteux !

- 3 cuill. à soupe de sauce soja
- 2 cuill. à soupe de miel
- 2 cuill. à soupe de vinaigre de cidre
- 2 magrets de canard de 350 g chacun environ
- 300 g de navets en morceaux surgelés
- 20 oignons grelots surgelés

1 Préchauffez le four à 200 °C (therm. 6-7).

2 Mélangez la sauce soja avec le miel et le vinaigre.

3 Découpez les magrets en tranches et déposez celles-ci dans un plat à four, en mettant la peau sur le dessus. Déposez les navets et les oignons (encore surgelés) dans le même plat, arrosez de sauce et enfournez et laissez cuire pendant 20 minutes, en remuant assez souvent.

4 Servez les tranches de magret bien chaudes, accompagnées des navets et des oignons.

> **À SERVIR** avec du riz blanc.

TRUC DE CHEF

Utilisez 2 bottes de petits navets nouveaux en laissant 1 cm de leur tige, pour une belle présentation. Dans ce cas, faites-les blanchir 10 minutes dans de l'eau salée avant de les mettre au four avec les magrets.

POUR 4 PERSONNES
PRÉPARATION : 10 min
CUISSON : 20 min
REPOS : 5 min
DIFFICULTÉ : ★
COÛT : € €

Canard grillé et purée de céleri aux pommes

Céleri, pommes et canard sont en parfaite harmonie dans ce plat.

- 2 pommes vertes
- 1 cuill. à soupe d'huile d'olive
- 2 magrets de canard de 350 g chacun environ
- 750 g de purée de céleri surgelée

1 Pelez les pommes, retirez-en le cœur puis découpez-les en quartiers. Faites chauffer l'huile d'olive dans une poêle, et faites sauter les pommes en les retournant. Lorsqu'elles sont dorées, gardez-les au chaud.

2 Déposez les magrets, côté peau au-dessous, dans une poêle antiadhésive et faites-les cuire pendant 5 minutes. Jetez la graisse, retournez les magrets et faites cuire 5 minutes. Retournez à nouveau les magrets, et continuez la cuisson pendant 5 minutes sur chaque face. Enveloppez les magrets dans une feuille d'aluminium et laissez reposer 5 minutes.

3 Pendant ce temps, décongelez la purée de céleri à feu moyen dans une casserole.

4 Découpez les magrets en tranches obliques, servez à l'assiette avec la purée de céleri et les quartiers de pomme.

ULTRA RAPIDE !

Remplacez les pommes par de la compote que vous réchaufferez au micro-ondes.

MON PLUS

Pour une jolie présentation dans l'assiette, je dépose la purée de céleri au centre, je l'entoure des quartiers de pomme et des tranches de canard, en les alternant.

FAITES-LA VOUS-MÊME !

Préparez une purée de céleri en faisant cuire dans de l'eau salée 400 g de céleri-rave avec 2 pommes de terre moyennes pendant 40 minutes. Passez les légumes au presse-purée, puis mélangez avec 25 cl de crème. Poivrez.

POUR 4 PERSONNES

PRÉPARATION : 15 min

CUISSON : 15 min environ

DIFFICULTÉ : ★

COÛT : €

- 2 râbles de lapin
- 1 bulbe de fenouil
- 1 gousse d'ail
- 4 très fines tranches de lard
- 2 cuill. à soupe de farine
- 6 cuill. à soupe d'huile d'olive
- 15 cl de vin blanc
- Sel et poivre du moulin

MON PLUS

Je prépare les râbles le matin ou même la veille, et les fais cuire avant le repas.

Lapin au fenouil

Le goût anisé du fenouil se marie parfaitement à la saveur subtile du lapin.

1 Désossez les râbles de lapin et ouvrez-les en deux dans le sens de la longueur, aplatissez-les.

2 Lavez, émincez, puis hachez le bulbe de fenouil. Pelez l'ail, enlevez le germe puis hachez-le. Sur chaque demi-râble étalez le hachis de fenouil et d'ail, salez et poivrez ; remettez l'autre moitié par-dessus et maintenez les râbles ainsi reconstitués en les entourant avec une tranche de lard.

3 Roulez les râbles préparés dans la farine et faites-les revenir dans une sauteuse, avec l'huile d'olive. Quand ils sont dorés, versez le vin blanc et laissez cuire pendant 2 minutes, puis couvrez et poursuivez la cuisson à feu doux, pendant 15 minutes environ.

> **À SERVIR** avec des haricots cocos en conserve, à réchauffer pendant 3 minutes.

> **C'EST AUSSI BON** avec du filet mignon de porc.

POUR 4 PERSONNES
PRÉPARATION : 10 min
CUISSON : 40 min
DIFFICULTÉ : ★
COÛT : €

- 2 râbles de lapin
- 100 g de tapenade
- 8 tranches de lard fumé
- 4 brins de romarin
- 2 cuill. à soupe d'huile d'olive
- 1 kg de pommes de terre nouvelles
- 10 gousses d'ail
- Sel

Râbles de lapin au lard et à la tapenade

Tapenade et romarin accompagnent parfaitement ces râbles de lapin.

1 Préchauffez le four à 210 °C (therm. 7). Huilez un plat à four.

2 Découpez chaque râble en deux dans le sens de la largeur. Tartinez l'intérieur des râbles de tapenade et rabattez les parties fines de la viande sur la tapenade. Entourez chaque morceau avec 2 tranches de lard, serrez bien pour maintenir le tout.

3 Déposez les râbles dans le plat, parsemez de romarin, arrosez d'huile d'olive et mettez au four. Laissez cuire pendant 15 minutes.

4 Pendant ce temps, épluchez les pommes de terre et découpez chacune d'elles en six tranches, dans la longueur.

5 Sortez le plat du four, mettez les pommes de terre autour du lapin avec les gousses d'ail non épluchées, salez légèrement et arrosez avec 8 cl d'eau chaude. Laissez cuire encore 25 minutes, en retournant délicatement les morceaux de lapin à mi-cuisson. Servez dans le plat de cuisson.

TRUC DE CHEF

Si le lapin se dessèche, couvrez le plat d'une feuille d'aluminium. Vous pouvez aussi baisser le thermostat à 180 °C (therm. 6) et prolonger la cuisson de quelques minutes.

⊳ **À SERVIR** avec des courgettes vapeur ou des tomates poêlées.

⊳ **C'EST AUSSI BON** avec de l'origan ou de la sauge.

POUR 4 PERSONNES
PRÉPARATION : 15 min
CUISSON : 20 min
DIFFICULTÉ : ★
COÛT : €

- 50 g de beurre
- 4 râbles de lapin
- 1 cuill. à café de miel liquide
- 10 cl de sauce soja
- 1 pomme
- Le jus de 1/2 citron
- 100 g de petits oignons blancs
- 1/2 botte de ciboulette
- 300 g de mesclun en sachet

Pour la vinaigrette :

- 1 cuill. à soupe de vinaigre de xérès
- 2 cuill. à soupe d'huile de noix
- Sel et poivre du moulin

TRUC DE CHEF

La sauce soja étant salée, il est inutile de saler directement le lapin.

Râbles de lapin laqués à la sauce soja

Le contraste de la salade fraîche et du lapin chaud est très agréable, en particulier en été.

1 Faites fondre le beurre dans une sauteuse, saisissez les râbles de lapin, laissez colorer à feu vif pendant 10 minutes en remuant de temps en temps. Baissez le feu, ajoutez dans la sauteuse le miel et la sauce soja, laissez cuire encore 10 minutes en arrosant les râbles plusieurs fois avec le jus de cuisson.

2 Épluchez la pomme et taillez-la en fines lamelles, arrosez celles-ci de jus de citron. Pelez et émincez les oignons. Ciselez la ciboulette et mélangez-la avec le mesclun et les oignons.

3 Au moment de servir, préparez une vinaigrette : mélangez dans un bol le vinaigre, un peu de sel et de poivre, ainsi que l'huile de noix ; versez sur la salade, mélangez et répartissez dans quatre assiettes creuses.

4 Déposez sur la salade les lamelles de pomme, puis les râbles encore tièdes, et dégustez aussitôt.

> **À SERVIR** avec du riz blanc.

> **C'EST AUSSI BON** avec des aiguillettes de canard.

POUR 4 PERSONNES
PRÉPARATION : 15 min
CUISSON : 50 min
DIFFICULTÉ : ★
COÛT : €

Lapin aux artichauts

Essayez cette façon de préparer le lapin : un vrai régal !

- 4 oignons
- 1 lapin de 1,2 kg découpé en morceaux
- 2 cuill. à soupe d'huile d'olive
- 3 gousses d'ail
- 25 cl de vin blanc sec
- 1 cuill. à soupe d'aiguilles de romarin
- 2 cuill. à café de moutarde
- 2 cuill. à soupe de crème fraîche liquide
- 3 petits artichauts violets surgelés
- Sel et poivre du moulin

1 Pelez et émincez les oignons. Faites dorer les morceaux de lapin à feu vif dans une sauteuse avec l'huile d'olive, pendant 5 minutes. Retirez-les et réservez-les. Remplacez-les par les oignons émincés et les gousses d'ail entières non épluchées. Faites revenir 2 ou 3 minutes.

ULTRA RAPIDE !
Utilisez des oignons émincés surgelés.

2 Remettez le lapin, versez le vin blanc, salez, poivrez, ajoutez la moitié du romarin. Couvrez et faites mijoter pendant 20 minutes.

3 Mélangez la moutarde et la crème dans un bol, versez sur les morceaux de lapin, remuez et laissez à nouveau mijoter 15 minutes.

4 Ajoutez les artichauts, laissez cuire 10 minutes. Avant de servir, parsemez le plat du reste de romarin.

> **À SERVIR** avec une purée de pommes de terre.

> **C'EST AUSSI BON** avec des pruneaux ou des abricots secs à la place des artichauts.

POUR 4 PERSONNES
PRÉPARATION : 15 min
CUISSON : 45 min
DIFFICULTÉ : ★
COÛT : €

- 3 cuill. à soupe d'huile d'olive
- 1 lapin découpé en morceaux
- 1 citron non traité
- 10 feuilles de sauge
- 10 cl de vin blanc sec
- 1/2 orange non traitée
- 50 g de beurre
- 5 cuill. à soupe de sirop d'érable
- 1 kg d'épinards en branches surgelés
- 3 cuill. à soupe de pignons de pin
- Sel et poivre du moulin

MON PLUS

Je fais cuire le lapin le matin et je le réchauffe avant le repas, pendant la cuisson des épinards.

TRUC DE CHEF

Si vous ne trouvez pas de sauge fraîche, utilisez 3 cuillerées à soupe de sauge séchée.

Sauté de lapin à la sauge, aux épinards et au sirop d'érable

Avec cette recette, plus personne ne dira chez vous : « Je n'aime pas les épinards. »

1 Dans une sauteuse, faites chauffer l'huile d'olive sur feu vif et faites dorer les morceaux de lapin, salez, poivrez. Râpez le zeste du citron et parsemez-le sur les morceaux de lapin, ajoutez la sauge et le vin blanc. Couvrez la sauteuse, baissez le feu et laissez mijoter pendant 35 minutes.

2 Pendant ce temps, préparez les épinards : prélevez le zeste d'une demi-orange. Dans une casserole ou une poêle à fond épais, laissez fondre le beurre, ajoutez le zeste d'orange et le sirop d'érable, et faites cuire en remuant pendant 5 minutes. Ajoutez les épinards, couvrez et poursuivez la cuisson 5 minutes à feu doux.

3 Faites dorer les pignons à sec dans une poêle très chaude, jusqu'à ce qu'ils se colorent.

4 Versez les épinards dans un plat creux, disposez dessus les morceaux de lapin avec leur sauce et parsemez de pignons grillés.

> **À SERVIR** avec des pâtes fraîches.

> **C'EST AUSSI BON** avec des noisettes grillées.

DOUBLE CONCEN
DE TOMATES 28%
MARTIN

Vite fait, vite prêt !

POUR 4 PERSONNES
PRÉPARATION : 5 min
CUISSON : 5 min
DIFFICULTÉ : ★
COÛT : €

- 8 œufs
- 1 chèvre frais de 120 g
- 6 feuilles de menthe
- 1 cuill. à soupe d'huile d'olive
- Sel et poivre du moulin

MON PLUS

Je sers cette omelette pour le brunch, le dimanche matin.

Omelette de chèvre frais à la menthe

Voici une recette express pour un plat moelleux et parfumé.

1 Cassez les œufs dans un saladier, battez-les avec un peu de sel et de poivre. Coupez le fromage de chèvre en petits dés. Lavez la menthe et ciselez-la.

2 Faites chauffer l'huile d'olive dans une poêle antiadhésive. Quand elle est bien chaude, versez les œufs battus et laissez-les cuire en secouant la poêle.

3 Dès que l'omelette commence à prendre, répartissez les morceaux de chèvre frais et parsemez de menthe ciselée. Roulez l'omelette et laissez-la reposer 2 minutes avant de l'apporter à table.

> **À SERVIR** avec du jambon et une salade verte.

> **C'EST AUSSI BON** avec du thym ou de l'estragon pour remplacer la menthe.

POUR 4 PERSONNES
PRÉPARATION : 10 min
CUISSON : 20 min
DIFFICULTÉ : ★
COÛT : €

Galettes de blé noir aux champignons et au comté

- 1 petite gousse d'ail
- 100 g de beurre salé
- 150 g de champignons de Paris émincés surgelés
- 300 g de mélange de champignons des bois surgelés (cèpes, bolets, pleurotes)
- 15 cl de crème fraîche épaisse
- 150 g de comté râpé
- 4 galettes de blé noir
- Sel et poivre du moulin

Ces galettes constituent un plat complet lors d'un repas rustique ou d'un brunch.

1 Préchauffez le four à 210 °C (therm. 7). Pelez l'ail, dégermez-le et hachez-le.

2 Préparez la farce aux champignons : dans une grande poêle, faites fondre 60 g de beurre salé et ajoutez tous les champignons et l'ail. Salez, poivrez et cuisez doucement pendant 10 minutes environ jusqu'à évaporation du jus de cuisson. Ajoutez la crème fraîche et les deux tiers du fromage râpé.

3 Étalez les galettes sur le plan de travail, puis garnissez-les de farce aux champignons. Roulez-les ensuite et posez-les côte à côte dans un plat à gratin.

4 Dans une casserole, faites fondre le reste du beurre sans le laisser colorer. Badigeonnez les galettes farcies avec le beurre fondu. Parsemez-les du reste de comté et faites-les cuire pendant 10 minutes au four jusqu'à ce qu'elles deviennent croustillantes. Dégustez-les bien chaudes.

> **À SERVIR** avec une salade de laitue ou d'endives.

> **C'EST AUSSI BON** avec du jambon émincé mélangé aux champignons.

MON PLUS

Je prépare la farce aux champignons le matin, et, au moment du repas, je farcis les crêpes puis je les fais gratiner.

TRUC DE CHEF

Vous trouverez des galettes de blé noir ou de sarrasin au rayon frais des magasins d'alimentation.

POUR 4 PERSONNES
PRÉPARATION : 5 min
CUISSON : 6 min environ
DIFFICULTÉ : ★
COÛT : €

- 4 tranches de pain de mie
- 1 cuill. à café d'huile d'olive
- 125 g de dés de jambon
- 8 œufs
- 2 cuill. à soupe de crème fraîche épaisse
- Sel et poivre du moulin

MON PLUS

Je remplace le pain de mie par des tranches de pain de campagne.

TRUC DE CHEF

Faites cuire les œufs brouillés au bain-marie, c'est un peu plus long mais le moelleux est parfait (voir recette page 194).

Toasts d'œufs brouillés au jambon

Ces œufs « so british » se servent aussi bien au dîner qu'au petit déjeuner, pour les matins de grosse faim. Ils sont aussi parfaits pour un brunch.

1 Toastez le pain de mie dans un grille-pain.

2 Dans une poêle, faites revenir avec l'huile d'olive bien chaude les dés de jambon ; laissez-les dorer légèrement. Retirez les dés de jambon en gardant l'huile de cuisson et réservez-les au chaud.

3 Préparez les œufs brouillés : cassez les œufs dans un saladier, brouillez-les sans les battre avec la crème, du sel et du poivre ; versez-les dans l'huile encore chaude des dés de jambon et faites-les cuire à feu très doux sans cesser de remuer avec une cuillère en bois. Retirez-les du feu dès qu'ils commencent à prendre et incorporez-y les dés de jambon.

4 Dans chaque assiette, déposez une tranche de pain grillé, recouvrez-la d'œufs brouillés au jambon et servez aussitôt.

⊳ **À SERVIR** avec des tomates poêlées ou des épinards hachés.

⊳ **C'EST AUSSI BON** avec des lardons fumés ou des lamelles de saumon fumé à la place du jambon.

POUR 4 PERSONNES
PRÉPARATION : 10 min
CUISSON : 5 min
DIFFICULTÉ : ★
COÛT : €

- 8 œufs
- 2 cuill. à soupe de crème fraîche épaisse
- 1/4 de baguette de campagne
- 100 g de tarama
- 30 g de beurre
- 100 g d'œufs de saumon
- Poivre

MON PLUS

Je parsème les œufs brouillés d'aneth ou de cerfeuil ciselé.

TRUC DE CHEF

Vous pouvez aussi faire cuire les œufs directement sur un feu très doux, c'est plus rapide, mais moins orthodoxe.

Œufs brouillés, œufs de saumon et mouillettes de tarama

Ce plat convient aussi bien à un dîner familial qu'à un repas entre amis.

1 Battez les œufs dans un saladier avec la crème fraîche et du poivre.

2 Découpez la baguette en deux dans sa longueur et dans sa largeur pour obtenir quatre tartines. Passez-les au grille-pain, puis tartinez-les de tarama. Réservez.

3 Préparez les œufs brouillés au bain-marie : faites fondre le beurre dans une casserole à fond épais, puis versez les œufs simplement mélangés, et placez-les dans un bain-marie. Faites cuire à feu très doux sans cesser de mélanger avec une cuillère en bois. Dès que les œufs commencent à prendre, retirez du feu et versez dans un plat.

4 Parsemez les œufs brouillés d'œufs de saumon, et entourez-les des tartines de tarama. Présentez aussitôt.

▷ **À SERVIR** avec une salade de pommes de terre assaisonnées avec de l'huile d'olive, de la moutarde à l'ancienne et des herbes.

▷ **C'EST AUSSI BON** avec des lamelles de saumon fumé.

POUR 4 PERSONNES
PRÉPARATION : 5 min
CUISSON : de 5 à 8 min
DIFFICULTÉ : ★
COÛT : €

- 4 morceaux de dos de cabillaud surgelés
- 8 tranches de coppa
- 1 cuill. à soupe d'huile d'olive
- Poivre du moulin

Cabillaud à la coppa croustillante

Simplissime et délicieux : le succès est assuré.

1 Faites cuire les dos de cabillaud à la vapeur de 5 à 8 minutes suivant leur épaisseur.

2 Pendant ce temps, dans une poêle, faites griller la coppa des deux côtés, dans l'huile d'olive très chaude.

3 Dans chaque assiette, déposez 1 tranche de coppa, puis 1 dos de cabillaud et à nouveau 1 tranche de coppa, poivrez et servez aussitôt.

> **À SERVIR** avec une purée aux olives vertes (recette page 421).

POUR 4 PERSONNES
PRÉPARATION : 5 min
CUISSON : 15 min
DIFFICULTÉ : ★
COÛT : € €

- 800 g de cabillaud ou de lotte
- 2 cuill. à soupe d'huile d'arachide
- 150 g d'oignons émincés surgelés
- 1 cuill. à soupe de gingembre haché surgelé
- 1 cuill. à café d'ail haché surgelé
- 25 cl de lait de coco
- 1 cuill. à café de coriandre surgelée
- Sel et poivre du moulin rose

Poisson au gingembre

Recette pour les jours de course contre la montre.

1 Découpez le poisson en cubes.

2 Dans une sauteuse, faites chauffer l'huile d'arachide et faites-y dorer les oignons émincés pendant quelques minutes, puis ajoutez le gingembre et l'ail et laissez cuire 1 minute.

3 Ôtez ces ingrédients et, dans la même sauteuse, faites dorer les dés de poisson sur toutes les faces puis ajoutez le lait de coco, salez, poivrez. Mélangez délicatement pour que le poisson ne se défasse pas et laissez cuire pendant 10 minutes.

4 Remettez l'ail et l'oignon dans la sauteuse. Portez à ébullition puis retirez du feu, parsemez de coriandre et servez.

> **À SERVIR** avec du riz nature parfumé.

POUR 4 PERSONNES
PRÉPARATION : 15 min
PAS DE CUISSON
DIFFICULTÉ : ★
COÛT : €

- 600 g de chair de saumon sans peau ni arêtes
- 3 petits oignons nouveaux
- 1 citron vert
- 1 cuill. à soupe de gingembre frais râpé
- 2 cuill. à soupe de sauce soja
- 1 cuill. à soupe de ciboulette hachée

Tartare de saumon au gingembre

Cette recette est non seulement rapide à préparer, mais aussi fraîche et parfumée : un vrai régal pour les amateurs de cru.

1. À l'aide d'un bon couteau, hachez finement la chair du saumon.
2. Épluchez et hachez finement les oignons. Lavez le citron vert. Prélevez la moitié du zeste puis râpez-le ; pressez le fruit.
3. Dans un saladier, mélangez le saumon haché avec tous les ingrédients. Répartissez en dôme dans les assiettes.

> **À SERVIR** avec une salade de laitue et de tomates.

> **C'EST AUSSI BON** avec du bar.

MON PLUS

Je propose de la fleur de sel pour assaisonner le tartare, que je sers à part.

TRUC DE CHEF

Partagez le tartare en quatre et moulez chaque part dans chaque assiette à l'aide d'un cercle à pâtisserie.

POUR 4 PERSONNES
PRÉPARATION : 10 min
CUISSON : 10 min
DIFFICULTÉ : ★
COÛT : €

- 4 pavés de saumon de 200 g chacun
- 1 citron
- 2 brins de persil
- 1/2 botte de ciboulette
- 2 gousses d'ail
- 80 g de chapelure
- Sel et poivre du moulin

Saumon aux fines herbes

Ce mélange d'herbes réveille le classique saumon. Essayez : vous serez conquis !

1 Préchauffez le four à 210 °C (therm. 7).

2 Salez et poivrez les pavés de saumon. Déposez-les dans un plat à four, enfournez pendant 5 minutes.

3 Pendant ce temps, pressez le citron, ciselez les herbes, pelez l'ail, dégermez-le puis écrasez-le. Mélangez dans un grand bol la chapelure, le jus de citron, les herbes et l'ail.

4 Sortez le poisson du four et déposez une noisette du mélange herbes-chapelure sur chaque pavé, puis remettez au four pendant 5 minutes.

ULTRA RAPIDE !
Utilisez du persil, de la ciboulette et de l'ail hachés surgelés : ce sera encore plus vite préparé !

> **À SERVIR** avec des haricots verts tièdes et une écrasée de pommes de terre à l'huile d'olive.

> **C'EST AUSSI BON** avec du cabillaud, du merlan ou du flétan.

POUR 4 PERSONNES
PRÉPARATION : 10 min
PAS DE CUISSON
DIFFICULTÉ : ★
COÛT : €

- 200 g de fromage frais à tartiner
- 1 citron confit au sel
- 1 citron non traité
- 1 cuill. à soupe d'aneth ciselé
- 8 tranches de pain noir
- 4 tranches de saumon fumé
- Sel et poivre du moulin

Club nordique

Ce sandwich est vite prêt : préparez-le avec les enfants, pour le dîner, un pique-nique, ou même un brunch.

1. Mettez le fromage frais dans une assiette creuse.
2. Découpez le citron confit en petits cubes. Lavez le citron non traité, puis râpez le zeste ; mélangez-le avec une fourchette au fromage frais, ajoutez les dés de citron confit, l'aneth, un peu de sel et de poivre.
3. Tartinez 4 tranches de pain noir avec cette préparation, recouvrez-les avec 1 tranche de saumon fumé, puis avec 1 autre tranche de pain.
4. Découpez chaque sandwich en deux ou quatre, en carrés ou en triangles.

⋗ **À SERVIR** avec une salade de jeunes pousses.

⋗ **C'EST AUSSI BON** avec du jambon de Parme à la place du saumon.

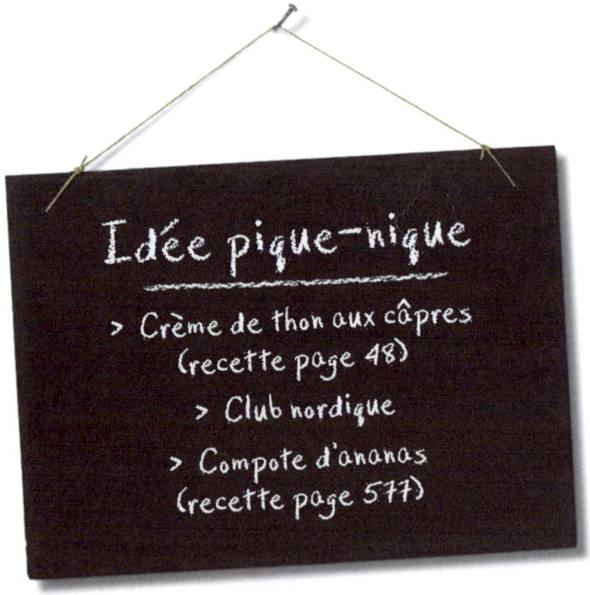

POUR 4 PERSONNES
PRÉPARATION : 5 min
CUISSON : 5 min
DIFFICULTÉ : ★
COÛT : € €

- 2 cuill. à soupe d'huile d'olive
- 8 tranches de bacon
- 16 filets de rouget

MON PLUS

Déposez sur les filets quelques baies roses, peu avant la fin de la cuisson.

TRUC DE CHEF

Retournez les filets à mi-cuisson à l'aide d'une large spatule pour ne pas les briser.

Filets de rouget au bacon

Redécouvrez cette association classique du rouget et du bacon, toujours aussi délicieuse.

1 Préchauffez le four à 210 °C (therm. 7). Versez l'huile d'olive dans un plat à four.

2 Découpez chaque tranche de bacon en deux. Placez 1/2 tranche de bacon sur chaque filet de rouget et superposez les filets deux par deux.

3 Déposez les rougets au bacon dans le plat et enfournez. Faites cuire pendant 5 minutes.

> **À SERVIR** avec une poêlée de courgettes, des pâtes fraîches ou des tomates provençales.

> **C'EST AUSSI BON** avec des filets de merlan ou des filets de sole.

POUR 4 PERSONNES
PRÉPARATION : 10 min
CUISSON : 5 min
DIFFICULTÉ : ★
COÛT : € €

- 100 g de salades mélangées (pourpier sauvage, roquette...)
- 4 tranches d'espadon frais de 150 g chacun environ
- Fleur de sel et poivre du moulin

Pour la vinaigrette aux câpres :

- 2 cuill. à soupe d'huile d'olive
- 1 cuill. à soupe de vinaigre de vin vieux
- 2 cuill. à soupe de câpres au vinaigre
- Fleur de sel

MON PLUS

J'ajoute des tomates cerises coupées en deux dans la salade.

Espadon grillé, vinaigrette aux câpres

Vous pouvez déguster ce poisson aussi bien tiède que chaud.

1 Rincez la salade et essorez-la. Faites chauffer un gril en fonte.

2 Préparez la vinaigrette aux câpres : mélangez l'huile d'olive et le vinaigre, ajoutez quelques pincées de fleur de sel et les câpres.

3 Faites dorer à sec les tranches de poisson pendant 2 minutes de chaque côté sur le gril bien chaud (ou dans une poêle bien chaude).

4 Déposez chaque tranche de poisson grillé dans une assiette, parsemez de fleur de sel, donnez un tour de moulin à poivre. Entourez le poisson de salade, puis nappez de vinaigrette aux câpres. Servez aussitôt.

⊳ **C'EST AUSSI BON** avec des tranches de thon frais.

POUR 4 PERSONNES
PRÉPARATION : 10 min
CUISSON : 10 min
DIFFICULTÉ : ★
COÛT : € €

- 75 g de parmesan râpé
- 1 cuill. à soupe de farine
- 1 cuill. à soupe de thym effeuillé
- 8 cl de lait (soit environ 1 tasse à café)
- 4 tranches de lotte de 2 cm d'épaisseur
- 50 g de beurre
- 2 cuill. à soupe d'huile d'olive
- Sel et poivre du moulin

MON PLUS

Je sers avec des rondelles de citron et des filets d'anchois roulés.

Lotte en panure de parmesan

Recette super rapide et néanmoins savoureuse, à réserver pour les soirs où vous êtes pressé.

1 Mélangez le parmesan râpé, la farine et le thym effeuillé dans une assiette creuse. Versez le lait dans une autre assiette creuse.

2 Essuyez les tranches de lotte avec du papier absorbant. Trempez-les dans le lait puis dans la panure au parmesan.

3 Dans une poêle, faites chauffer le beurre et l'huile d'olive, disposez les tranches de lotte. Faites-les cuire à feu doux pendant 5 minutes de chaque côté. Salez, poivrez et servez aussitôt.

⊳ **À SERVIR** avec un mélange d'asperges, de pois gourmands et d'oignons surgelés revenus à la poêle pendant quelques minutes, dans un peu d'huile d'olive.

⊳ **C'EST AUSSI BON** avec des filets de cabillaud ou de merlan.

POUR 4 PERSONNES
PRÉPARATION : 5 min
CUISSON : 10 min
DIFFICULTÉ : ★
COÛT : € € €

- 1 orange non traitée
- 2 brins de persil
- 2 cuill. à soupe d'huile de tournesol ou d'olive
- 4 soles de 200 g environ chacune, préparées par le poissonnier
- 4 cuill. à soupe de jus d'orange
- 1 cuill. à soupe de jus de citron
- Sel et poivre du moulin

Soles au jus d'agrumes

Pour changer des soles meunières, préparez cette recette.

1 Prélevez le zeste de la moitié de l'orange et découpez-le en fins bâtonnets. Faites blanchir ceux-ci dans de l'eau bouillante pendant 3 minutes. Égouttez-les et réservez-les au chaud. Pressez l'orange. Lavez et hachez le persil.

2 Faites chauffer l'huile dans une poêle antiadhésive. Faites dorer les soles à feu moyen environ 2 minutes de chaque côté. Baissez le feu, versez les jus d'orange et de citron, salez, poivrez. Laissez chauffer doucement pendant quelques secondes.

3 Déposez les soles dans les assiettes, arrosez de sauce, parsemez de persil haché et décorez avec les bâtonnets d'orange.

> **À SERVIR** avec du riz.

> **C'EST AUSSI BON** avec des filets de poisson blanc, comme le flétan ou le cabillaud.

POUR 4 PERSONNES

PRÉPARATION : 5 min

CUISSON : 2 min

DIFFICULTÉ : ★

COÛT : €

- 2 branches de céleri
- 2 gousses d'ail
- 1 cuill. à soupe d'huile d'olive
- 350 g de grosses crevettes roses décortiquées
- 2 cuill. à soupe de sauce soja
- 75 g de noix de cajou
- 1 cuill. à café de gingembre en poudre
- 2 citrons verts
- Poivre

MON PLUS

Je sers les crevettes dans des bols individuels avec de la salade ciselée.

Crevettes sautées au céleri et aux noix de cajou

Cette recette est facile et rapide à préparer. Elle vous emmènera en Asie...

1 Émincez le céleri ; épluchez l'ail, dégermez-le puis écrasez-le.

2 Faites chauffer l'huile d'olive à feu vif dans un wok ou dans une sauteuse. Jetez-y les crevettes en remuant bien, laissez cuire 1 minute puis ajoutez la sauce soja, le céleri émincé, les noix de cajou, l'ail et le gingembre. Poursuivez la cuisson encore 1 minute, poivrez. Retirez du feu.

3 Pressez les citrons, versez le jus sur les crevettes et servez aussitôt.

> **À SERVIR** avec du riz basmati.

POUR 4 PERSONNES
PRÉPARATION : 5 min
CUISSON : 8 min
DIFFICULTÉ : ★
COÛT : €

- 600 g de petits calamars préparés par le poissonnier
- 4 gousses d'ail
- 2 cuill. à soupe d'huile d'olive
- 100 g de lardons fumés
- 2 cuill. à soupe de vinaigre de xérès
- 1 brin de thym frais
- Sel et poivre du moulin

TRUC DE CHEF

Le déglaçage consiste à dissoudre les sucs de cuisson à l'aide d'un liquide comme du vinaigre ou du jus de citron.

Petits calamars grillés au lard et à l'ail

Cette recette donne beaucoup de saveur au calamar.

1 Rincez les calamars rapidement, puis séchez-les sur un torchon. Pelez, dégermez et écrasez l'ail.

2 Faites chauffer l'huile d'olive dans une poêle. Jetez-y les lardons et l'ail, laissez dorer pendant 3 minutes. Ajoutez les calamars. Faites-les revenir à feu vif pendant 5 minutes ; salez et poivrez.

ULTRA RAPIDE !
Si vous ne trouvez pas de calamars frais, utilisez des calamars surgelés.

3 Lorsque les calamars sont cuits, mettez-les dans un plat, recouvrez celui-ci d'une feuille d'aluminium pour les garder au chaud et déglacez la poêle au vinaigre de xérès.

4 Versez ce jus sur les calamars. Parsemez de thym frais et servez aussitôt.

> **À SERVIR** avec des spaghettis assaisonnés d'un simple filet d'huile d'olive.

> **C'EST AUSSI BON** avec des crevettes roses.

Menus TGV

Préparer un vrai repas
en 20 ou 30 minutes chrono...
Vous relevez le défi ?

Organisez-vous !
Pendant qu'un plat cuit, préparez le dessert.

PRINTEMPS

* Omelette de chèvre frais à la menthe (recette page 190)
* Filets de rouget au bacon (recette page 202)
* Fraises poêlées à l'huile d'olive (recette page 586)

ÉTÉ

* Salade de pois chiches à la menthe
* Cabillaud au prosciutto (recette page 447)
* Salade de fruits rouges + 1 filet de citron, + du sucre en poudre ou du sucre glace

20 minutes !

AUTOMNE

* Salade d'endives à la pomme
* Galettes de blé noir aux champignons et au comté (recette page 192)
* Poires au sirop (en conserve) avec une sauce chocolat

HIVER

* Salade de choux aux pousses d'épinards (recette page 28)
* Filets de lieu noir panés au sésame (recette page 275)
* Salade d'oranges à la marocaine (recette page 578)

Tic tac ! Tic tac !...

Vite fait,
vite prêt...
et épatant !

PRINTEMPS

* Asperges et épinards en duo (recette page 54)
* Lamelles de porc à l'ananas (recette page 94)
* Crêpes croustillantes à la confiture de lait (recette page 561)

ÉTÉ

* Salade de mesclun aux crevettes et avocat
* Aiguillettes de poulet panées au parmesan et au thym (recette page 293)
* Figues caramélisées au muscat (recette page 581)

30 minutes !

AUTOMNE

* Velouté de potimarron (recette page 8)
* Spaghettis au thon (recette page 319)
* Mousse glacée aux framboises (framboises surgelées mixées mélangées avec de la chantilly)

HIVER

* Tartiflette (recette page 81) + salade verte
* Chaud-froid de pain d'épice (recette page 566)

Restez au chaud
et essayez ce menu réconfortant !

POUR 4 PERSONNES
PRÉPARATION : 10 min
CUISSON : 10 min environ
DIFFICULTÉ : ★
COÛT : €

Curry de bœuf haché

Les enfants apprécieront si vous avez la main légère avec le curry.

- 1 gousse d'ail
- 2 ou 3 oignons
- 1 citron non traité
- 1 cuill. à soupe d'huile d'arachide
- 2 cuill. à soupe de curry en poudre
- 2 pincées de sucre en poudre
- 40 cl de lait de coco
- 800 g de steak haché
- 4 brins de coriandre
- Sel

1 Pelez l'ail, dégermez-le et écrasez-le. Épluchez et hachez les oignons. Lavez le citron, prélevez le zeste puis râpez-le, pressez le fruit et réservez 1 cuillerée à soupe de son jus.

2 Faites chauffer l'huile d'arachide dans une grande poêle antiadhésive. Faites-y dorer les oignons pendant 3 minutes. Ajoutez le curry, la gousse d'ail écrasée, le sucre et un peu de sel. Mélangez. Versez le lait de coco, portez à ébullition et ajoutez le zeste de citron, le steak haché et le jus de citron. Mélangez sur le feu pendant 1 minute.

3 Versez dans le plat de service, parsemez de coriandre ciselée et servez aussitôt.

ULTRA RAPIDE !
Utilisez de l'ail et de l'oignon surgelés.

> **À SERVIR** avec du riz blanc.

MON PLUS

Je sers ce curry dans des bols garnis de feuilles de salade.

TRUC DE CHEF

Il existe plusieurs sortes de currys, doux ou fort, à choisir selon votre goût pour les épices.

POUR 4 PERSONNES
PRÉPARATION : 10 min
PAS DE CUISSON
DIFFICULTÉ : ★
COÛT : €

- 4 brins d'estragon
- 1/2 botte de ciboulette
- 4 brins de persil
- 600 g de bœuf haché
- 4 jaunes d'œufs extra-frais
- 2 cuill. à soupe d'huile d'olive
- 2 cuill. à soupe de sauce Worcestershire
- 4 gouttes de sauce au piment
- 4 cuill. à soupe de câpres

TRUC DE CHEF

Les œufs étant consommés crus, vérifiez bien qu'ils sont extra-frais avant de les utiliser.

Tartare de bœuf aux herbes

Beaucoup de fraîcheur pour ce plat, à servir idéalement en été.

1 Lavez, épongez et hachez les herbes.

2 Dans un saladier, mélangez le bœuf haché avec les jaunes d'œufs, l'huile d'olive, les herbes hachées, la sauce Worcestershire et la sauce au piment, puis ajoutez les câpres.

3 Partagez le tartare en quatre parts égales, tassez-les dans quatre ramequins et placez-les au réfrigérateur jusqu'au moment de servir. Démoulez les tartares sur quatre assiettes.

> **À SERVIR** avec des frites accompagnées ou pas de salade verte.

> **C'EST AUSSI BON** en ajoutant des cornichons coupés en petits dés.

POUR 4 PERSONNES
PRÉPARATION : 10 min
PAS DE CUISSON
DIFFICULTÉ : ★
COÛT : €

- 750 g de carpaccio de bœuf
- 2 citrons
- Fleur de sel et poivre

Pour la sauce au raifort :

- 1 botte de ciboulette
- 40 cl de crème fraîche liquide
- 2 cuill. à soupe de raifort râpé en conserve
- Sel

Carpaccio de bœuf au raifort

C'est une adaptation du classique carpaccio au basilic et au parmesan.

1 Préparez la sauce au raifort : lavez et ciselez la ciboulette. Fouettez la crème jusqu'à ce qu'elle soit bien ferme, salez. Ajoutez le raifort et la ciboulette en mélangeant délicatement.

2 Répartissez les tranches de carpaccio dans les assiettes. Découpez les citrons en quatre quartiers. Disposez sur chaque assiette 1/2 citron, poivrez et salez à la fleur de sel.

3 Servez le carpaccio avec la sauce au raifort.

> **À SERVIR** avec une salade de pommes de terre tiède.

MON PLUS

Je sers ce carpaccio avec des tranches de pain de campagne grillées.

TRUC DE CHEF

Placez la crème fraîche liquide au réfrigérateur 2 ou 3 heures à l'avance pour bien réussir la crème fouettée.

FAITES-LE VOUS-MÊME !

Pour trancher vous-même le carpaccio, placez le morceau de bœuf au congélateur 30 minutes avant de le découper avec un couteau très affûté.

POUR 4 PERSONNES
PRÉPARATION : 5 min
CUISSON : 10 min
DIFFICULTÉ : ★
COÛT : €

- 1 poivron vert
- 20 g de beurre
- 2 cuill. à soupe d'huile d'olive
- 700 g de bœuf haché
- 400 g de haricots rouges en conserve
- 400 g de sauce chili en bocal
- Sel et poivre du moulin

Chili con carne

Voici une version ultra rapide de ce célèbre plat.

1 Pelez le poivron, épépinez-le et découpez-le en petits dés.

2 Dans une poêle, faites fondre le beurre et l'huile d'olive, mettez-y le bœuf haché et les dés de poivron, et faites cuire pendant 5 minutes en remuant.

3 Ajoutez dans la poêle les haricots rouges égouttés, la sauce chili, salez et poivrez ; laissez mijoter pendant 5 minutes. Servez aussitôt.

> **À SERVIR** avec du riz blanc et des grains de maïs.

MON PLUS

J'ajoute un peu de piment chili en poudre, la sauce vendue dans le commerce étant peu relevée.

POUR 4 PERSONNES
PRÉPARATION : 10 min
CUISSON : 5 min environ
DIFFICULTÉ : ★
COÛT : € €

- 4 pavés de bœuf (filet ou tranche) de 150 g chacun et de 3 cm d'épaisseur
- 16 fines tranches de pancetta fumée ou de lard maigre
- 2 cuill. à soupe de poivre concassé
- 1 cuill. à soupe d'huile d'arachide
- 2 cuill. à soupe de moutarde
- 4 pincées de sucre
- 25 cl de vin blanc sec
- 25 g de beurre
- Sel

Pavés croustillants à la moutarde et au poivre

Le contraste de la tendreté et du croustillant fait le charme de ces pavés.

1 Entourez chaque pavé de bœuf de 4 tranches de pancetta, en disposant celles-ci en forme de croix. Parsemez de poivre concassé en appuyant bien avec la main pour le faire adhérer.

2 Faites chauffer l'huile d'arachide dans une poêle et faites-y dorer les pavés de bœuf à feu vif, 2 minutes environ de chaque côté, jusqu'à ce que le lard croustille, puis réservez dans un plat chaud.

3 Jetez le gras de cuisson et mettez dans la poêle la moutarde, le sucre, le vin et un peu de sel. Faites réduire cette sauce sur feu vif puis ajoutez le beurre en fouettant. Laissez épaissir et versez sur la viande.

> **À SERVIR** avec des fonds d'artichaut revenus dans un peu d'huile d'olive et parsemés de persil haché.

> **C'EST AUSSI BON** avec des steaks hachés.

POUR 4 PERSONNES
PRÉPARATION : 10 min
CUISSON : 2 min
DIFFICULTÉ : ★
COÛT : €

Méli-mélo tiède bœuf et roquette

Originale et rapide, préparez cette recette pour les soirées d'été.

- 400 g de faux-filet de bœuf
- 4 cuill. à soupe d'huile d'olive
- 2 cuill. à soupe de vinaigre de xérès
- 200 g de roquette
- 1 trévise
- 6 filets d'anchois à l'huile d'olive
- 1 cuill. à soupe de graines de sésame
- Poivre du moulin

1. Détaillez la viande en fines lamelles à l'aide d'un bon couteau. Mettez celles-ci dans un plat et arrosez-les d'huile d'olive et de vinaigre de xérès. Poivrez mais ne salez pas.

2. Lavez et essorez la roquette et la trévise. Coupez les filets d'anchois en petits morceaux.

3. Faites chauffer un wok ou une sauteuse à feu vif, jetez les lamelles de viande avec la salade, en réservant quelques feuilles pour décorer. Ajoutez les anchois, les graines de sésame, mélangez à nouveau pendant 30 secondes.

4. Ôtez le wok ou la sauteuse du feu, versez la préparation sur le plat de service et décorez avec les feuilles réservées.

⊳ **À SERVIR** avec des pommes de terre sautées.

⊳ **C'EST AUSSI BON** avec du cresson à la place de la roquette.

POUR 4 PERSONNES
PRÉPARATION : 5 min
CUISSON : 10 min
DIFFICULTÉ : ★
COÛT : €

Haricots à la tomate et aux saucisses

Une recette façon cassoulet, à préparer en un temps record.

- 100 g de lardons fumés
- 4 petites saucisses aux herbes
- 400 g de haricots blancs en conserve
- 400 g de sauce tomate aux herbes en pot
- 2 brins de persil
- Poivre

1 Faites revenir les lardons dans une sauteuse. Quand ils ont rendu un peu de gras, ajoutez les saucisses.

2 Lorsque les lardons et les saucisses sont dorés, versez les haricots blancs et la sauce tomate, mélangez doucement pour ne pas abîmer les saucisses. Poivrez et laissez mijoter à feu doux à couvert pendant 5 minutes.

3 Avant de servir, saupoudrez de persil haché.

> **À SERVIR** avec une salade verte.

> **C'EST AUSSI BON** avec des saucisses fumées, à faire cuire dans de l'eau bouillante pendant 20 minutes.

TRUC DE CHEF

Versez la préparation dans un plat à gratin, saupoudrez de chapelure et passez sous le gril pendant 5 minutes.

POUR 4 PERSONNES
PRÉPARATION : 10 min
CUISSON : 15 min
DIFFICULTÉ : ★
COÛT : €

- 250 g d'artichauts à l'huile en pot
- 2 boules de mozzarella
- 2 boules de pâte à pizza de 230 g chacune
- 400 g de sauce à pizza en pot (ou de la sauce à la tomate)
- 8 très fines tranches de jambon
- 1 cuill. à soupe d'huile d'olive pimentée
- 1 brin de thym frais
- Poivre

TRUC DE CHEF

Achetez de la pâte à pizza toute prête ou demandez 250 g de pâte à pain à votre boulanger.

Pizza aux artichauts, à la mozzarella et au jambon

Pour changer un peu des tomates, cette pizza est garnie d'artichauts.

1 Préchauffez le four à 240 °C (therm. 8).

2 Émincez les artichauts, découpez la mozzarella en tranches fines.

3 Séparez chaque boule de pâte à pizza en deux. Étalez la pâte le plus finement possible au rouleau, piquez-la avec une fourchette et déposez-la sur une plaque de four.

4 Tartinez les disques de pâte de sauce à pizza, puis déposez sur chacun d'eux 2 tranches de jambon, des lamelles d'artichaut, quelques tranches de mozzarella, un peu de poivre et un filet d'huile d'olive pimentée.

5 Parsemez de thym effeuillé, mettez au four et faites cuire pendant 15 minutes.

> **À SERVIR** avec une salade de roquette.

> **C'EST AUSSI BON** avec des champignons à l'huile pour remplacer les artichauts.

POUR 4 PERSONNES
PRÉPARATION : 10 min
CUISSON : 10 min environ
DIFFICULTÉ : ★
COÛT : €

- 600 g de gnocchis
- 250 g de roquette
- 4 tranches de jambon de Parme ou d'Aoste
- 200 g de fonds d'artichaut à l'huile d'olive
- 100 g de tomates séchées
- 40 g de câpres
- 5 cuill. à soupe d'huile d'olive
- 100 g de parmesan en morceaux
- Sel

Gnocchis aux légumes et au jambon cru

Tout le soleil de l'Italie se trouve dans ce plat !

1 Faites cuire les gnocchis dans de l'eau bouillante salée. Lorsqu'ils sont tous remontés à la surface (au bout de 6 à 8 minutes environ), égouttez-les.

2 Lavez et essorez la roquette ; mettez-la dans un grand saladier. Découpez le jambon et les fonds d'artichauts en fines lamelles, et les tomates séchées en petits morceaux. Mettez-les dans le saladier avec la roquette et ajoutez les câpres. Arrosez de 3 cuillerées à soupe d'huile d'olive et mélangez.

3 Dans une poêle, faites chauffer 2 cuillerées à soupe d'huile d'olive, ajoutez les gnocchis et faites-les dorer pendant 5 minutes à feu moyen. Versez-les dans le saladier et mélangez.

4 Prélevez des copeaux dans le morceau de parmesan avec un couteau Économe et déposez-les délicatement, pour ne pas les briser, sur la salade.

> **C'EST AUSSI BON** avec des pennes à la place des gnocchis, ou encore du thon nature pour remplacer le jambon.

POUR 4 PERSONNES
PRÉPARATION : 5 min
CUISSON : de 2 à 8 min
DIFFICULTÉ : ★
COÛT : €

- 1 cuill. à soupe d'huile d'olive
- 4 tranches de foie de veau
- 3 cuill. à soupe de vinaigre de framboise
- 8 cl de bouillon de volaille
- 1 cuill. à soupe de miel

TRUC DE CHEF

Surveillez bien la cuisson du foie, et surtout ne le faites pas trop cuire, car il deviendrait dur. Comptez 1 minute et demie de chaque côté pour un foie rose, 3 minutes de chaque côté pour un foie à peine rosé.

Foie de veau à la framboise

Simplissime mais raffinée, cette recette est très appréciée des amateurs d'abats.

1 Faites chauffer l'huile d'olive dans une poêle, mettez-y les tranches de foie de veau et laissez-les cuire de 1 à 4 minutes de chaque côté, puis retirez-les et déposez-les dans des assiettes chaudes.

2 Déglacez la poêle avec le vinaigre de framboise, ajoutez le bouillon puis le miel, mélangez.

3 Versez la sauce à la framboise sur les tranches de foie et servez aussitôt.

> **À SERVIR** avec une purée de pommes de terre ou une purée de céleri et pommes de terre.

> **C'EST AUSSI BON** avec du foie de génisse, moins onéreux mais moins délicat, et de la gelée de framboise pour remplacer le miel.

POUR 4 PERSONNES
PRÉPARATION : 5 min
CUISSON : 25 min
DIFFICULTÉ : ★
COÛT : €

- 3 pommes acidulées (granny-smith, par exemple)
- 40 g de beurre
- 2 cuill. à soupe d'huile d'olive
- 4 boudins blancs
- Sel et poivre du moulin

TRUC DE CHEF

Menez la cuisson des boudins très doucement afin qu'ils n'éclatent pas.

Boudin blanc aux pommes

Voici une façon sympa de déguster le boudin blanc, en toute saison.

1 Épluchez les pommes et découpez-les en quartiers.

2 Dans une poêle, faites fondre la moitié du beurre avec 1 cuillerée à soupe d'huile d'olive. Mettez-y à revenir à feu doux les quartiers de pomme en les remuant souvent, pendant 10 minutes.

3 Dans une autre poêle, faites chauffer le reste de beurre et d'huile d'olive, déposez les boudins côte à côte et laissez-les cuire doucement, pendant 15 minutes environ, jusqu'à ce qu'ils soient dorés sur toutes leurs faces. Salez légèrement et poivrez.

4 Servez dans les assiettes les boudins blancs aux pommes.

> **À SERVIR** avec une purée de marrons que vous pouvez acheter surgelée.

> **C'EST AUSSI BON** avec du boudin noir.

POUR 4 PERSONNES
PRÉPARATION : 5 min
CUISSON : 5 min
DIFFICULTÉ : ★
COÛT : € €

- 600 g d'épaule d'agneau
- 200 g d'abricots secs
- 1 cuill. à soupe d'huile d'olive
- 3 cuill. à soupe de vinaigre balsamique
- Sel et poivre du moulin

Brochettes d'agneau aux abricots secs

Ces brochettes sont préparées à la poêle, mais, en été, faites-les griller au barbecue ou à la plancha.

1 Découpez la viande en cubes, de la même taille à peu près que les abricots. Composez les brochettes en intercalant les cubes d'agneau et les abricots.

2 Faites chauffer l'huile d'olive dans une poêle et faites cuire les brochettes pendant 5 minutes en les retournant souvent ; salez et poivrez.

3 En fin de cuisson, déglacez la poêle avec le vinaigre balsamique en grattant avec une cuillère en bois pour détacher tous les sucs de cuisson, retournez plusieurs fois les brochettes dans la sauce pour qu'elles soient bien enrobées.

⊳ **À SERVIR** avec du boulgour et une salade verte.

⊳ **C'EST AUSSI BON** avec des pruneaux pour remplacer les abricots.

POUR 4 PERSONNES
PRÉPARATION : 5 min
CUISSON : 10 min environ
DIFFICULTÉ : ★
COÛT : € €

Tartines d'agneau à la courgette et aux tomates

Une recette idéale pour un plateau télé !

- 2 tomates
- 1 courgette
- 2 cuill. à soupe d'huile d'olive
- 4 tranches de gigot d'agneau
- 1 cuill. à soupe d'herbes de Provence
- 1 cuill. à soupe de moutarde
- 4 tranches de pain de campagne grillées
- 4 grandes feuilles de laitue
- 4 filets d'anchois marinés à l'huile
- Sel et poivre du moulin

1 Lavez puis séchez les tomates et la courgette. Découpez les tomates en tranches et la courgette en huit rondelles.

2 Faites chauffer 1 cuillerée à soupe d'huile d'olive dans une poêle, et faites cuire les tranches de gigot pendant 3 minutes de chaque côté. Salez, poivrez, saupoudrez avec les herbes de Provence. Ôtez la viande de la poêle et réservez au chaud.

3 Dans la même poêle, ajoutez 1 cuillerée à soupe d'huile d'olive et faites revenir les rondelles de courgette pendant 1 minute de chaque côté ; salez.

4 Confectionnez les tartines : étalez un peu de moutarde sur chaque tranche de pain, posez 1 feuille de laitue, 2 rondelles de tomate, 2 rondelles de courgette, 1 tranche d'agneau et 1 filet d'anchois.

MON PLUS

J'enroule l'anchois sur lui-même et je le fixe sur la viande avec un cure-dents.

⊳ **À SERVIR** avec une salade de laitue et de tomates.

⊳ **C'EST AUSSI BON** avec du ketchup pour remplacer la moutarde.

POUR 4 PERSONNES
PRÉPARATION : 10 min
CUISSON : 5 min
DIFFICULTÉ : ★
COÛT : € €

Bricks d'agneau au soja

Dorés et croustillants, ces bricks sont délicieux en été.

- 400 g de gigot ou d'épaule d'agneau
- 2 cuill. à soupe d'huile d'olive
- 2 carottes
- 1/2 bouquet de coriandre
- 100 g de pousses de soja
- 1 pincée de gingembre en poudre
- 4 feuilles de brick
- Sel et poivre du moulin

1 Découpez la viande en fines lamelles. Faites chauffer 1 cuillerée à soupe d'huile d'olive dans une poêle, faites colorer la viande pendant 2 minutes. Salez et poivrez.

2 Pelez et râpez les carottes. Hachez la coriandre.

3 Dans un saladier, mélangez la viande, les pousses de soja, les carottes râpées, la coriandre et le gingembre.

4 Mettez 1/4 de cette préparation au milieu de chaque feuille de brick, repliez les bords pour former un petit paquet carré.

5 Faites chauffer dans la poêle le reste d'huile d'olive, faites dorer les bricks 3 minutes en les retournant. Déposez-les sur chaque assiette.

TRUC DE CHEF

Pour une recette plus légère, faites dorer les bricks au four de 8 à 10 minutes au lieu de les faire cuire à la poêle.

> **À SERVIR** avec une salade de pousses d'épinards à la crème.

> **C'EST AUSSI BON** avec du porc ou du poulet émincés.

POUR 4 PERSONNES
PRÉPARATION : 10 min
CUISSON : 10 min environ
DIFFICULTÉ : ★
COÛT : € €

Wok d'agneau aux légumes croquants

Croquante et fondante, cette recette va devenir un « must » de votre cuisine.

- 2 carottes
- 1 bulbe de fenouil
- 1 oignon
- 1 gousse d'ail
- 2 cuill. à soupe d'huile d'olive
- 400 g de petits pois en conserve
- 600 g de gigot ou d'épaule d'agneau
- 10 cl de porto
- 1 citron confit
- Sel et poivre du moulin

1 Épluchez, lavez et émincez les carottes, le fenouil, l'oignon et l'ail.

2 Faites chauffer 1 cuillerée à soupe d'huile d'olive dans un wok. Faites sauter tous ces légumes de 3 à 5 minutes à feu vif, puis ajoutez les petits pois. Retirez du wok et réservez au chaud.

3 Émincez la viande. Faites-la dorer dans le wok avec le reste d'huile d'olive. Salez et poivrez, puis retirez la viande du wok. Réservez au chaud avec les légumes.

4 Déglacez le wok avec le porto et laissez réduire un peu pendant 2 minutes. Remettez la viande et les légumes, ajoutez le citron confit coupé en deux, mélangez sur le feu pendant 1 minute et servez.

> **C'EST AUSSI BON** avec d'autres légumes : des brocolis, du céleri-rave ou branche, des pois gourmands et des courgettes.

MON PLUS

En fin de cuisson, j'ajoute des herbes fraîches, comme du basilic, du cerfeuil ou du persil.

POUR 4 PERSONNES
PRÉPARATION : 10 min
PAS DE CUISSON
DIFFICULTÉ : ★
COÛT : €

Salade de tomates et de pois chiches à l'agneau

Voici une recette d'été idéale pour utiliser un reste de gigot froid.

- 400 g de pois chiches en conserve
- 4 tomates
- 2 oignons rouges
- 400 g d'agneau cuit
- 100 g d'olives noires

Pour la sauce :

- 8 cl de jus de pamplemousse
- 5 cuill. à soupe d'huile d'olive
- 1 cuill. à soupe de cumin en poudre
- Sel et poivre du moulin

1 Égouttez les pois chiches puis versez-les dans un saladier. Lavez les tomates, épépinez-les et découpez-les en dés. Pelez et émincez les oignons. Coupez l'agneau en dés. Réunissez tous ces ingrédients dans le saladier et mélangez.

2 Dans un bol, préparez la sauce : fouettez à la fourchette le jus de pamplemousse avec l'huile d'olive, le cumin, du sel et du poivre. Versez sur la salade, mélangez.

3 Décorez d'olives noires et servez.

⋗ **C'EST AUSSI BON** avec du poulet froid.

MON PLUS

J'ajoute un peu de menthe fraîche hachée dans la sauce.

POUR 4 PERSONNES
PRÉPARATION : 5 min
CUISSON : 10 min environ
DIFFICULTÉ : ★
COÛT : € €

- 1 petite gousse d'ail
- 2 branches de romarin
- 4 feuilles de sauge
- 12 fines tranches de lard
- 12 côtelettes d'agneau
- Sel et poivre du moulin

MON PLUS

Je prends du lard de Colonnata, lard blanc séché aux herbes et aux épices.

Côtelettes d'agneau au lard et aux herbes

Quelques herbes et une tranche de lard donnent de la personnalité à ces côtelettes.

1 Pelez l'ail, dégermez-le. Hachez le romarin, l'ail et la sauge.

2 Faites dorer les tranches de lard à feu vif dans une grande poêle, sans matières grasses. Retirez-les du feu, mettez les côtelettes d'agneau dans la poêle et faites-les cuire pendant 3 minutes de chaque côté.

3 Saupoudrez les côtelettes d'herbes et d'ail hachés, salez et poivrez. Recouvrez chaque côtelette de 1 tranche de lard et servez aussitôt.

> **À SERVIR** avec des poêlées de légumes surgelées, des courgettes, des carottes à l'anis (recette page 340), un mélange de poivrons grillés, ou encore de la semoule.

POUR 4 PERSONNES
PRÉPARATION : 5 min
CUISSON : de 3 à 5 min
DIFFICULTÉ : ★
COÛT : € €

Agneau au fromage blanc et à la ciboulette

Ultra rapide et délicieuse, cette recette est un régal, à servir de préférence en été.

- 500 g d'épaule d'agneau maigre
- 1 cuill. à soupe d'huile d'olive
- Sel et poivre du moulin

Pour la sauce :

- 1 bouquet de ciboulette
- 200 g de fromage blanc
- 1 cuill. à soupe de vinaigre balsamique
- Sel et poivre du moulin

1 Découpez la viande en cubes.

2 Préparez la sauce : lavez et ciselez la ciboulette ; mélangez le fromage blanc avec la ciboulette et le vinaigre balsamique ; salez et poivrez.

3 Faites chauffer l'huile d'olive dans une poêle, faites dorer la viande de 3 à 5 minutes ; la viande doit rester rosée.

4 Salez, poivrez et servez dans chaque assiette. Présentez la sauce à part.

MON PLUS

Je sers la viande sur un lit de mesclun.

> **À SERVIR** avec des pommes de terre cuites avec la peau.

> **C'EST AUSSI BON** avec de l'échalote hachée à la place de la ciboulette.

POUR 4 PERSONNES
PRÉPARATION : 10 min
CUISSON : 10 min environ
DIFFICULTÉ : ★
COÛT : € € €

- 2 oranges non traitées
- 400 g de filet d'agneau
- 1 noix de gingembre frais
- 3 cuill. à soupe d'huile d'olive
- 2 cuill. à soupe de miel liquide
- 1 cuill. à soupe de sauce soja

Sauté d'agneau minute

Ce sauté d'agneau sucré-salé est facile et rapide à préparer : il deviendra vite un de vos favoris.

1 Prélevez les zestes des oranges avec un couteau Économe, émincez-les en bâtonnets et faites-les blanchir pendant 2 minutes dans de l'eau bouillante.

2 Découpez la viande en lanières. Pelez et râpez le gingembre.

3 Mettez l'huile d'olive dans une grande poêle et saisissez les lanières de viande à feu vif. Ajoutez le miel, le gingembre râpé, les zestes d'orange et la sauce soja. Laissez cuire pendant 5 minutes en remuant, puis versez dans le plat de service.

ULTRA RAPIDE !
Pour gagner du temps, préparez les zestes d'orange à l'avance, avant le repas.

> **À SERVIR** avec de la polenta à l'orange (recette page 420).

> **C'EST AUSSI BON** avec des lanières de poulet.

POUR 4 PERSONNES
PRÉPARATION : 10 min
CUISSON : 10 min environ
DIFFICULTÉ : ★
COÛT : €

- 4 escalopes de dinde
- 1 cuill. à soupe d'huile de tournesol
- 1/2 citron
- 2 cuill. à soupe d'armagnac
- 1 cuill. à café de thym et de romarin séchés mélangés
- 2 cuill. à soupe de crème fraîche légère
- Sel et poivre du moulin

Escalopes de dinde d'Artagnan

Bien corsées, ces escalopes de dinde méritent votre faveur.

1 Salez et poivrez les escalopes. Faites-les dorer dans une poêle avec l'huile, pendant 2 minutes de chaque côté à feu vif. Retirez-les de la poêle et réservez-les dans un plat.

2 Pressez le demi-citron. Déglacez la poêle : versez le jus de citron et l'armagnac dans la poêle, grattez le fond avec une cuillère en bois pour en détacher tous les sucs et laissez réduire de moitié à feu doux.

3 Remettez les escalopes dans la poêle, avec le thym et le romarin. Incorporez la crème et laissez chauffer pendant 3 minutes sans cesser de remuer et en veillant à ne pas laisser bouillir la sauce.

4 Servez à l'assiette en nappant chaque escalope de sauce.

▷ **À SERVIR** avec une purée de pommes de terre ou des pâtes fraîches.

▷ **C'EST AUSSI BON** avec du cognac à la place de l'armagnac.

POUR 4 PERSONNES
PRÉPARATION : 5 min
CUISSON : 12 min
DIFFICULTÉ : ★
COÛT : €

- 4 pavés de dinde de 150 g chacun
- 2 cuill. à soupe de poivre concassé
- 50 g de beurre
- 4 tranches de lard fumé
- 3 cuill. à soupe de whisky
- 50 cl de crème fraîche liquide
- Sel

Pavés de dinde au poivre

Cette recette renouvelle le classique steak au poivre.

1 Enrobez les pavés de dinde avec le poivre concassé.

2 Dans une poêle, faites fondre le beurre. Saisissez les pavés de dinde et les tranches de lard dans le beurre mousseux, pendant 4 minutes. Faites-les colorer sur les deux faces puis versez le whisky. Faites flamber, salez et ajoutez la crème liquide sans cesser de remuer. Baissez le feu et laissez cuire les pavés de dinde pendant 8 minutes à feu doux, en les arrosant de crème.

3 Servez directement à l'assiette : déposez 1 tranche de lard, 1 pavé de dinde et nappez de sauce.

⊳ **À SERVIR** avec des pommes de terre sautées et une salade verte.

⊳ **C'EST AUSSI BON** avec des pavés de bœuf.

POUR 4 PERSONNES
PRÉPARATION : 5 min
CUISSON : 15 min
DIFFICULTÉ : ★
COÛT : €

- 4 cailles
- 2 cuill. à soupe d'huile de tournesol
- 12 feuilles de laurier fraîches
- Sel et poivre du moulin

Cailles rôties en papillotes

Léger, ce plat est parfait pour les dîners épurés.

1 Préchauffez le four à 220 °C (therm. 7-8).

2 Enduisez les cailles d'huile, salez et poivrez l'intérieur et l'extérieur. Entourez chaque caille de 3 feuilles de laurier. Découpez quatre rectangles dans de l'aluminium, posez une caille dans chacun et repliez.

3 Placez les papillotes sur la grille du four et laissez cuire 12 minutes, puis ouvrez les papillotes et laissez colorer les cailles 2 minutes. Déposez-les sur les assiettes et servez aussitôt.

Zéro préparation, longue cuisson

POUR 4 PERSONNES

PRÉPARATION : 10 min

CUISSON : 30 min

DIFFICULTÉ : ★

COÛT : €

- 800 g de gros sel
- 2 cuill. à soupe de concentré de tomate
- 2 blancs d'œufs
- 1 daurade de 1 kg non écaillée

Daurade en croûte de sel rouge

Cette gangue de sel coloré est belle à table et donne au poisson une saveur très délicate.

1 Préchauffez le four à 210 °C (therm. 7). Tapissez un plat à four d'une feuille d'aluminium.

2 Mettez le gros sel dans le bol d'un robot avec le concentré de tomate et les blancs d'œufs. Mixez à grande vitesse jusqu'à ce que le sel soit rouge.

3 Déposez une couche de sel à la tomate dans le plat, placez la daurade dessus et recouvrez-la entièrement de ce sel.

4 Faites cuire au four pendant 30 minutes, puis laissez reposer 5 minutes hors du four avant de casser la croûte de sel pour dégager le poisson.

5 Servez à l'aide d'une cuillère à soupe en prenant la chair sans toucher au sel.

MON PLUS

J'achète parfois deux petites daurades au lieu d'une grande.

TRUC DE CHEF

Il est indispensable que le poisson ne soit pas écaillé afin que le sel ne pénètre pas la chair.

⊳ **À SERVIR** avec des rondelles de citron et des tomates poêlées.

⊳ **C'EST AUSSI BON** avec une croûte de sel aromatisée avec des feuilles de thym frais et du basilic, ou encore du paprika.

POUR 4 PERSONNES
PRÉPARATION : 15 min
CUISSON : 1 h
DIFFICULTÉ : ★
COÛT : € €

- 800 g de rumsteck maigre
- 200 g de champignons de Paris
- 200 g d'oignons
- 4 brins de persil
- 2 cuill. à soupe d'huile d'olive
- 1 cuill. à soupe de farine
- 50 cl de bière
- 2 cuill. à soupe de concentré de tomate
- Sel et poivre du moulin

MON PLUS

Quand je suis pressé, je coupe la viande en petits dés pour raccourcir le temps de cuisson.

Bœuf à la bière

Ce plat est une recette traditionnelle flamande.

1 Découpez la viande en cubes. Lavez et épongez les champignons, émincez-les. Pelez et émincez les oignons. Lavez et ciselez le persil.

2 Dans une grande casserole, faites chauffer l'huile d'olive et faites rissoler les morceaux de viande pendant 10 minutes environ. Saupoudrez-les de farine puis remuez, pour bien les enrober.

3 Ajoutez dans la casserole les oignons et les champignons émincés, mélangez. Arrosez de bière puis incorporez le concentré de tomate. Versez 30 cl d'eau, salez, poivrez. Couvrez et laissez mijoter pendant 40 minutes.

4 Retirez le couvercle, et laissez mijoter pendant encore 10 minutes, afin que la sauce épaississe.

5 Versez dans un plat de service et saupoudrez de persil ciselé.

⩾ **À SERVIR** avec des pommes de terre à la vapeur.

POUR 4 PERSONNES
PRÉPARATION : 15 min
CUISSON : 50 min
DIFFICULTÉ : ★
COÛT : €

- 1 kg de rouelle de porc
- 1 cuill. à soupe d'huile d'olive
- 4 gousses d'ail
- 500 g de choux de Bruxelles en conserve
- 2 brins de persil
- Sel et poivre du moulin

TRUC DE CHEF

Les gousses d'ail cuites « en chemise » ont l'avantage de ne pas avoir un goût trop prononcé.

Porc à la bruxelloise

Cette rouelle parfumée est un excellent plat d'hiver bien réconfortant.

1 Enlevez le gras et la couenne de la rouelle, puis coupez-la en cubes.

2 Dans une cocotte, faites dorer les morceaux de viande à feu vif dans l'huile d'olive, pendant 5 minutes, en mélangeant. Ajoutez les gousses d'ail sans les éplucher. Salez, poivrez et arrosez avec 5 cl d'eau. Couvrez et laissez cuire à feu très doux pendant 40 minutes.

3 Ajoutez les choux de Bruxelles et continuez la cuisson pendant 5 minutes pour les réchauffer.

4 Lavez et ciselez le persil. Versez le porc à la bruxelloise dans un plat creux et parsemez de persil ciselé.

> **À SERVIR** avec des petites pommes de terre en sachet, à réchauffer au micro-ondes.

> **C'EST AUSSI BON** avec des petits lardons fumés ajoutés en début de cuisson.

POUR 4 PERSONNES
PRÉPARATION : 10 min
CUISSON : 1 h 15
DIFFICULTÉ : ★
COÛT : €

- 300 g d'oignons
- 800 g de rouelle de porc
- 3 cuill. à soupe d'huile d'olive
- 1 os de veau
- 3 cuill. à café de mélange quatre-épices
- Sel et poivre du moulin

Rouelle de porc au quatre-épices

Ne vous laissez pas décourager par la cuisson un peu longue de ce plat, car elle ne demande pas de surveillance.

1 Épluchez et émincez les oignons. Retirez la couenne et le gras qui entourent la rouelle. Coupez la viande en cubes, gardez l'os du milieu.

2 Dans une cocotte, faites revenir dans l'huile d'olive les cubes de porc et l'os de la rouelle ainsi que l'os de veau, pendant 10 minutes, en ajoutant le mélange de quatre-épices, après 5 minutes de cuisson. Ajoutez les oignons émincés et faites-les dorer, en remuant toujours, pendant 5 minutes.

3 Arrosez la viande avec 50 cl d'eau chaude, salez et poivrez. Couvrez et laissez mijoter à feu doux pendant 1 heure.

4 Versez dans un plat creux et servez la rouelle de porc bien chaude.

> **À SERVIR** avec de la purée de pommes de terre.

ULTRA RAPIDE !

Utilisez des oignons émincés surgelés, c'est tellement pratique !

POUR 4 PERSONNES
PRÉPARATION : 10 min
CUISSON : 1 h 10
DIFFICULTÉ : ★
COÛT : € €

- 50 g de beurre
- 1 kg de sauté de veau coupé en morceaux
- 100 g de farine
- 30 cl de vin blanc
- 1 l de bouillon de volaille
- 1 bâton de cannelle
- 2 cuill. à soupe de miel
- 50 g de concentré de tomate
- 100 g de raisins secs
- 100 g d'abricots secs
- 100 g de figues sèches
- Sel et poivre du moulin

MON PLUS

Je fais cuire la viande le matin, ou même la veille, pendant 45 minutes. Juste avant le repas, je la réchauffe pendant 15 minutes, en ajoutant les fruits secs.

Sauté de veau confit aux fruits secs

Ce sauté de veau parfumé peut être réchauffé sans problème.

1 Faites fondre le beurre dans une sauteuse, mettez-y les morceaux de veau et faites-les dorer sur toutes leurs faces, pendant 10 minutes environ.

2 Saupoudrez les morceaux de viande de farine, mélangez puis arrosez de vin blanc et de bouillon de volaille. Ajoutez la cannelle, le miel et le concentré de tomate. Salez, poivrez et couvrez, puis laissez mijoter à feu doux pendant 45 minutes. Ajoutez les fruits secs et poursuivez la cuisson pendant 15 minutes.

3 Vérifiez l'assaisonnement et servez aussitôt.

> **À SERVIR** avec du riz basmati.

> **C'EST AUSSI BON** avec des grains de raisin frais.

POUR 4 PERSONNES
PRÉPARATION : 20 min
MARINADE : 12 h
CUISSON : 1 h 30
DIFFICULTÉ : ★
COÛT : € €

- 2 oranges non traitées
- 1 citron non traité
- 500 g de tendron de veau coupé en gros cubes
- 500 g de poitrine de veau avec os
- 1 oignon
- 3 carottes
- 1 poireau
- 1 clou de girofle
- 2 feuilles de laurier
- Sel et poivre du moulin

Pour la sauce :

- 1 orange non traitée
- 40 g de beurre
- 2 cuill. à soupe de farine
- 1 jaune d'œuf
- 3 cuill. à soupe de crème fraîche
- 1 pincée de coriandre

Blanquette de veau à l'orange

Un classique du plat mijoté à découvrir dans cette nouvelle version...

1 La veille du repas, prélevez le zeste de 2 oranges et pressez leur jus. Mélangez-le avec le jus de 1 citron et faites mariner la viande au réfrigérateur dans ce jus d'agrumes.

2 Le jour du repas, épluchez l'oignon, les carottes et le poireau. Piquez l'oignon avec le clou de girofle. Coupez les carottes en grosses rondelles. Versez la viande et la marinade dans une cocotte, couvrez d'eau et portez à ébullition. Laissez cuire 30 minutes en écumant régulièrement, puis ajoutez l'oignon, le laurier, le poireau et les rondelles de carotte. Salez, poivrez, couvrez et laissez mijoter à nouveau 1 heure.

3 Préparez la sauce : pressez 1 orange, prélevez le zeste et découpez celui-ci en fines lanières. Mettez le jus d'orange à bouillir et faites-y blanchir le zeste d'orange pendant 2 minutes. Faites fondre le beurre dans une casserole, ajoutez la farine. Filtrez la totalité du bouillon de cuisson, ajoutez le jus d'orange et le zeste blanchi et incorporez progressivement ce mélange dans la casserole, sur feu doux, pour obtenir une sauce onctueuse. Hors du feu, ajoutez le jaune d'œuf (ne faites pas bouillir la sauce avec le jaune). Ajoutez la crème fraîche et la coriandre.

4 Versez la viande nappée de sauce dans le plat de service, ou présentez-la dans la cocotte.

⊳ **À SERVIR** avec des tagliatelles fraîches.

⊳ **C'EST AUSSI BON** avec du filet mignon de porc.

MON PLUS

Avec ce plat, je fais un repas orange ! Soupe aux carottes et à l'orange en entrée, et des oranges à la marocaine en dessert (page 578).

Nos alliés les surgelés

Produits indispensables pour parer aux imprévus et gagner du temps : vraiment sympa les surgelés !

Boisson fraîcheur

Préparez un **granité :** mélangez de l'eau, du sucre et le parfum choisi (menthe, thé, citron, café...), chauffez, filtrez, mettez au **congélateur** pendant 1h30. Grattez avec une fourchette pour obtenir des paillettes, remettez au congélateur 30 minutes. Sortez, buvez : c'est **frais** !

LÉGUMES

- Petits pois
- Poêlée de légumes
- Brocolis
- Carottes
- Courgettes

AROMATES et HERBES

- Ail
- Persil
- Aneth
- Basilic
- Échalote
- Oignon

POISSONS et Cie

- Crevettes
- Saint-Jacques
- Encornets
- Cabillaud ou colin
- Pavés de saumon
- Cocktail de fruits de mer

PÂTES et PAIN

- Baguette ou pain en tranches
- Pâte sablée
- Pâte brisée
- Pâte feuilletée
- Pâte à pizza

GLACES et SORBETS

- Fraise, vanille, pêche, rhum-raisin + des coulis à assortir

FRUITS

- Cerises
- Fraises
- Rhubarbe
- Framboises
- Fruits rouges
- Mirabelles

Attention ! Vérifiez bien les dates de péremption des produits surgelés.
Au premier signe de décongélation, consommez le produit dans la journée.

POUR 4 PERSONNES
PRÉPARATION : 10 min
CUISSON : 1 h 40
DIFFICULTÉ : ★
COÛT : € €

- 50 g de farine
- 4 rouelles de jarret de veau de 2,5 cm d'épaisseur
- 3 cuill. à soupe d'huile d'olive
- 10 cl de vin blanc sec
- 1 citron non traité
- 1 filet d'anchois
- 1 gousse d'ail
- 4 brins de persil
- Sel et poivre du moulin

TRUC DE CHEF

Choisissez si possible des rouelles prises au centre du jarret.

Osso-buco gremolata

La gremolata est un assaisonnement à base de zeste de citron, d'ail et de persil, dont on garnit traditionnellement l'osso-buco en Lombardie, région du nord-ouest de l'Italie.

1 Versez la farine dans une assiette creuse. Enrobez les rouelles de farine, secouez-les pour enlever l'excès. Faites chauffer l'huile d'olive dans une grande cocotte en fonte, rangez-y les rouelles côte à côte et faites-les bien dorer à feu moyen, pendant 5 minutes de chaque côté.

2 Ajoutez le vin blanc, salez, poivrez. Couvrez et laissez mijoter 1 h 30 environ, en mouillant avec un peu d'eau de temps en temps, pour éviter que la viande ne se dessèche.

3 Préparez la gremolata : râpez le zeste du citron, pressez le fruit, puis hachez l'anchois, l'ail et les feuilles de persil. Ajoutez le tout dans la cocotte, mélangez et servez à l'assiette.

> **À SERVIR** avec du riz blanc ou des brocolis.

> **C'EST AUSSI BON** avec le zeste et le jus d'une orange.

POUR 4 PERSONNES
PRÉPARATION : 10 min
CUISSON : 1 h
DIFFICULTÉ : ★
COÛT : € €

- 350 g d'oignons
- 500 g de pommes de terre
- 3 cuill. à soupe d'huile d'olive
- 1 kg d'épaule d'agneau coupée en petits morceaux
- 350 g de tomates pelées concassées en conserve
- 60 g de parmesan râpé
- 2 branches de thym
- 4 pincées d'origan
- Sel et poivre du moulin

Agneau à l'italienne

Un plat complet plein de soleil, et qui cuit tout seul !

1 Préchauffez le four à 180 °C (therm. 6).

2 Pelez et émincez les oignons. Pelez les pommes de terre, coupez-les en petits cubes.

3 Faites chauffer l'huile dans une grande cocotte allant au four, faites-y dorer les morceaux d'agneau. Ajoutez les tomates, les pommes de terre en cubes, les oignons émincés, le parmesan, les herbes ; salez et poivrez. Couvrez, enfournez et laissez cuire pendant 1 heure, en remuant de temps en temps. Servez ce plat chaud.

⊳ **C'EST AUSSI BON** avec des souris d'agneau.

POUR 4 PERSONNES
PRÉPARATION : 15 min
CUISSON : 2 h
DIFFICULTÉ : ★
COÛT : € €

Agneau en cocotte, haricots et navets

Ce plat est un peu long à cuire, mais il est délicieux réchauffé. Vous pouvez le préparer la veille pour le lendemain.

- 1 oignon
- 8 navets
- 800 g de haricots frais à écosser
- 2 cuill. à soupe d'huile d'olive
- 1 épaule d'agneau coupée en morceaux
- 2 cuill. à soupe de miel
- 1 cuill. à café de cumin
- Sel et poivre du moulin

1 Pelez l'oignon, hachez-le finement. Pelez les navets et coupez-les en quatre. Écossez les haricots.

2 Faites chauffer l'huile dans une grande cocotte et faites-y blondir l'oignon. Ajoutez l'agneau et laissez-le dorer de tous les côtés. Ajoutez le miel et le cumin, salez, poivrez et continuez de retourner la viande pour qu'elle caramélise un peu, pendant 15 minutes.

3 Versez 10 cl d'eau, ajoutez les haricots et les navets. Couvrez et laissez mijoter pendant 1 h 45, en remuant de temps en temps. Servez ce plat bien chaud.

ULTRA RAPIDE !
Utilisez des oignons hachés surgelés, des navets surgelés et des haricots en conserve.

TRUC DE CHEF
Ajoutez 8 gousses d'ail en chemise que vous faites revenir avec la viande.

⊳ **C'EST AUSSI BON** avec des morceaux de collier d'agneau.

POUR 4 PERSONNES
PRÉPARATION : 10 min
CUISSON : 45 min
DIFFICULTÉ : ★
COÛT : €

- 3 gousses d'ail
- 1 oignon
- 4 tomates
- 1/2 branche de céleri
- 1 cuill. à soupe d'huile d'olive
- 1 cuill. à café de farine
- 1 cuill. à soupe de concentré de tomate
- 1 branche de thym
- 1 feuille de laurier
- 30 cl de vin blanc sec
- 30 cl de bouillon de volaille
- 1 poulet de 1,4 kg coupé en morceaux
- Sel et poivre du moulin

TRUC DE CHEF

Ne séparez pas les blancs de poulet de la carcasse, mais coupez celle-ci en deux, les blancs seront ainsi plus goûteux.

Capilotade de poulet

Ce plat se congèle très bien : l'idéal pour parer aux imprévus.

1 Épluchez et hachez l'ail et l'oignon. Pelez, épépinez les tomates et hachez-les grossièrement. Coupez la demi-branche de céleri en tronçons.

2 Dans une cocotte, faites chauffer l'huile d'olive et mettez-y l'ail et l'oignon. Laissez-les fondre pendant 3 minutes, saupoudrez de farine, ajoutez les tomates hachées, les tronçons de céleri, le concentré de tomate, le thym effeuillé et la feuille de laurier. Arrosez de vin blanc et de bouillon de volaille. Poivrez, salez très modérément.

ULTRA RAPIDE !

Utilisez une petite boîte de tomates concassées, de l'ail et des oignons émincés surgelés.

3 Mettez les morceaux de poulet dans la cocotte, couvrez et laissez cuire pendant 40 minutes à feu doux.

4 Versez dans un plat de service et servez chaud.

⊳ **À SERVIR** avec de la polenta ou des pâtes fraîches.

POUR 4 PERSONNES
PRÉPARATION : 5 min
CUISSON : 1 h
DIFFICULTÉ : ★
COÛT : €

- 3 citrons
- 1 brin de persil plat
- 1 poulet fermier coupé en morceaux
- 2 cuill. à soupe de thym effeuillé
- 50 cl de lait
- Sel et poivre du moulin

Poulet au citron frais

Seulement cinq minutes de préparation !

1 Préchauffez le four à 200 °C (therm. 6-7). Pressez les citrons. Lavez et ciselez le persil.

2 Disposez les morceaux de poulet dans un plat à four, salez, poivrez. Parsemez d'un peu de thym et de persil. Versez le lait sur le poulet et arrosez-le avec le jus des citrons.

3 Faites cuire pendant 1 heure en retournant les morceaux deux fois en cours de cuisson.

4 Servez le poulet au citron bien chaud.

> **À SERVIR** avec une purée de pommes de terre ou de patates douces.

POUR 4 PERSONNES
PRÉPARATION : 15 min
CUISSON : 1 h
DIFFICULTÉ : ★
COÛT : €

- 50 g de beurre salé
- 1 cuill. à soupe d'huile d'olive
- 1 rôti de dindonneau de 1 kg
- 4 oignons
- 4 pommes
- 10 cl de cidre brut
- 1 bouquet garni
- Sel et poivre du moulin

Rôti de dindonneau aux pommes

Le cidre donne beaucoup de caractère à la viande un peu fade du dindonneau.

1 Faites chauffer 25 g de beurre et l'huile d'olive dans une cocotte allant au four, faites-y dorer le rôti de 12 à 15 minutes en le retournant sur toutes ses faces, salez et poivrez.

2 Préchauffez le four à 210 °C (therm. 7).

3 Pelez et émincez les oignons. Épluchez les pommes et coupez-les en quartiers.

4 Retirez le rôti de la cocotte et jetez la graisse de cuisson. Remettez la viande dans la cocotte non lavée en ajoutant les oignons émincés et les quartiers de pomme. Versez le cidre, ajoutez le reste du beurre coupé en petits morceaux sur les pommes, et le bouquet garni. Couvrez la cocotte et mettez-la au four pendant 45 minutes.

5 Découpez le rôti et servez-le entouré de la fondue de pommes et d'oignons, puis nappez du jus de cuisson.

ULTRA RAPIDE !
Évitez la corvée d'épluchage et prenez des oignons émincés surgelés.

> **C'EST AUSSI BON** avec un rôti de porc.

POUR 4 PERSONNES
PRÉPARATION : 5 min
CUISSON : 1 h
DIFFICULTÉ : ★
COÛT : €

Pintade aux pruneaux

Farcie de pruneaux, cette pintade moelleuse vous séduira à coup sûr.

- 2 cuill. à soupe d'huile d'olive
- 1 pintade fermière
- 16 pruneaux dénoyautés
- 10 cl de vin blanc
- Sel et poivre du moulin

1 Préchauffez le four à 210 °C (therm. 7). Huilez un plat à four.

2 Salez, poivrez l'intérieur de la pintade et ajoutez les pruneaux. Déposez la pintade farcie dans le plat, faites-la cuire pendant 30 minutes, arrosez-la de vin blanc, ajoutez 5 cl d'eau, salez, poivrez, retournez-la et prolongez la cuisson de 30 minutes.

3 Découpez la pintade, placez les morceaux sur le plat de service entourés de pruneaux.

> **À SERVIR** avec des endives braisées ou des pâtes fraîches.

TRUC DE CHEF

Arrosez très souvent la pintade pour éviter qu'elle se dessèche en cuisant.

Le best of des enfants

POUR 4 PERSONNES
PRÉPARATION : 10 min
CUISSON : 20 min
DIFFICULTÉ : ★
COÛT : €

- 4 oignons frais
- 2 cuill. à soupe d'huile d'olive
- 2 petites tomates
- 125 g de champignons de Paris
- 400 g de mozzarella
- 10 feuilles de basilic
- 400 g de pâte à pizza
- 200 g de sauce tomate en conserve
- Sel et poivre du moulin

MON PLUS

J'ajoute des olives noires.

Pizza mozzarella et basilic

Une recette inratable et que tous les enfants aiment !

1 Préchauffez le four à 210 °C (therm. 7).

2 Pelez les oignons, coupez-les en lamelles. Dans une poêle, faites chauffer 1 cuillerée à soupe d'huile d'olive et faites revenir les oignons pour qu'ils soient translucides, sans les laisser dorer.

ULTRA RAPIDE !
Utilisez des oignons et des champignons émincés surgelés.

3 Lavez les tomates puis coupez-les en petits dés. Découpez les champignons et la mozzarella en lamelles. Lavez le basilic puis ciselez les feuilles.

4 Disposez une feuille de papier sulfurisé sur la plaque du four. Étalez dessus la pâte à pizza et découpez-la en quatre.

5 Garnissez les pizzas. Déposez les oignons émincés, puis la sauce tomate, les lamelles de mozzarella et de champignons et les dés de tomate. Salez, poivrez, parsemez de basilic. Arrosez de 1 cuillerée à soupe d'huile d'olive. Humectez les bords avec un peu d'eau et rabattez-les en pinçant la pâte. Enfournez la plaque et laissez cuire 15 minutes environ.

> **C'EST AUSSI BON** en ajoutant du jambon, des anchois ou du thon.

POUR 4 PERSONNES
PRÉPARATION : 15 min
CUISSON : 40 min
DIFFICULTÉ : ★
COÛT : €

- 800 g de pommes de terre
- 100 g de mozzarella
- 1 poivron rouge
- 1 poivron jaune
- 4 cuill. à soupe d'huile d'olive
- 8 œufs
- Sel et poivre du moulin

MON PLUS

Je fais cuire les pommes de terre le matin, ce qui me fait gagner du temps sur la cuisson.

TRUC DE CHEF

Ajoutez deux cuillerées à soupe d'eau aux œufs battus pour que la frittata soit plus légère.

Frittata aux pommes de terre, aux poivrons et à la mozzarella

Cette omelette nourrissante est aussi colorée que parfumée.

1 Faites cuire les pommes de terre à l'eau bouillante pendant 20 minutes. Égouttez-les et pelez-les. Coupez-les en petits dés, ainsi que la mozzarella.

2 Pelez les poivrons, épépinez-les et coupez-les en larges lanières. Faites chauffer 2 cuillerées à soupe d'huile d'olive dans une grande poêle. Faites revenir les lanières de poivron à feu moyen pendant environ 10 minutes.

3 Battez les œufs en omelette dans un saladier. Salez, poivrez et ajoutez les poivrons, les pommes de terre et la mozzarella.

4 Allumez le gril du four.

5 Faites chauffer le reste d'huile d'olive dans la poêle, versez les œufs battus aux légumes et à la mozzarella. Faites cuire à feu moyen 5 minutes environ. Dès que la frittata est dorée, faites-la glisser dans un plat à four et passez-la sous le gril jusqu'à ce qu'elle soit bien dorée.

> **À SERVIR** en toute saison. La frittata se sert chaude, tiède ou froide, en pique-nique ou à l'apéritif, découpée en petits cubes.

> **C'EST AUSSI BON** avec des tomates, du jambon, du fromage de chèvre.

POUR 4 PERSONNES
PRÉPARATION : 10 min
CUISSON : 20 min
DIFFICULTÉ : ★★
COÛT : €

- 800 g de pommes de terre
- 2 oignons
- 3 brins de persil
- 12 brins de ciboulette
- 5 cuill. à soupe d'huile d'olive
- 4 œufs
- Sel et poivre du moulin

TRUC DE CHEF

Utilisez des poêles à blinis, ou des formes de pâtissier, pour obtenir des galettes bien rondes.

Röstis Madame

Un véritable régal, d'origine suisse, mais en version revue et agrémentée.

1 Épluchez et lavez les pommes de terre et pelez les oignons. Râpez-les avec une râpe à gros trous. Lavez le persil et la ciboulette, ciselez-les. Dans un saladier, mélangez les pommes de terre, les oignons, le persil et la ciboulette avec du sel et du poivre. Partagez la préparation en quatre.

2 Faites chauffer l'huile dans une poêle, déposez les röstis, tassez-les en leur donnant une forme ronde. Laissez cuire pendant 10 minutes, puis retournez-les et prolongez la cuisson pendant 5 minutes.

3 Faites cuire les quatre œufs au plat dans une poêle à revêtement antiadhésif bien chaude.

4 Déposez un rösti dans chaque assiette et déposez l'œuf au plat dessus. Servez chaud.

⊳ **À SERVIR** avec une salade verte.

⊳ **C'EST AUSSI BON** avec des lardons fumés ajoutés aux pommes de terre.

POUR 4 PERSONNES
PRÉPARATION : 5 min
CUISSON : 10 min
DIFFICULTÉ : ★
COÛT : €

- 1 brin d'estragon
- 8 brioches rondes
- 200 g d'allumettes de jambon
- 8 œufs
- 8 cuill. à café de crème fraîche épaisse
- Sel et poivre du moulin

Œufs en brioche

Un plat surprise ? Les enfants vont adorer !

1 Préchauffez le four à 210 °C (therm. 7).

2 Lavez et ciselez les feuilles d'estragon. Retirez le chapeau des brioches et évidez celles-ci très délicatement pour ne pas les percer. Placez dans chacune d'elles quelques allumettes de jambon et un peu d'estragon. Cassez 1 œuf par-dessus, salez, poivrez et recouvrez de 1 cuillerée à café de crème fraîche.

3 Déposez les brioches et leurs chapeaux dans un plat à four, et enfournez pendant 10 minutes.

4 Vérifiez que le blanc est pris et replacez les chapeaux sur les brioches avant de répartir dans les assiettes.

⪢ **À SERVIR** avec un coulis de tomates tiède parfumé à l'estragon.

⪢ **C'EST AUSSI BON** avec des lamelles de saumon fumé à la place du jambon.

POUR 4 PERSONNES
PRÉPARATION : 10 min
CUISSON : 5 min
DIFFICULTÉ : ★
COÛT : €

- 600 g de filets de cabillaud
- 1 œuf
- 4 cuill. à soupe de farine
- 8 cuill. à soupe de chapelure
- 3 cuill. à soupe d'huile d'olive
- 1 citron
- Sel

Nuggets de poisson

Ces nuggets faits maison sont très simples à réaliser.

1 Taillez le poisson en gros cubes.

2 Dans une assiette creuse, battez l'œuf en omelette avec un peu de sel. Déposez la farine dans une deuxième assiette et la chapelure dans une troisième.

3 Passez successivement les cubes de poisson dans l'œuf battu, puis dans la farine et enfin dans la chapelure.

4 Faites chauffer l'huile dans une poêle. Déposez les cubes de poisson et laissez-les cuire pendant 5 minutes en les retournant souvent.

5 Proposez les nuggets avec le citron coupé en quartiers.

> **À SERVIR** avec des pâtes à la tomate.

> **C'EST AUSSI BON** avec de la lotte ou du merlan.

POUR 4 PERSONNES
PRÉPARATION : 15 min
CUISSON : 5 min
DIFFICULTÉ : ★
COÛT : €

- 1 bouquet de coriandre
- 1 gousse d'ail
- 300 g de filets de cabillaud
- 1/2 cuill. à café de gingembre en poudre
- 1 œuf
- 2 cuill. à soupe d'huile d'olive
- 1 citron vert
- Sel et poivre du moulin

TRUC DE CHEF

Mixez le poisson par à-coups pour ne pas le réduire en purée trop fine.

Petites galettes de poisson à la coriandre

Légèrement relevées, ces galettes feront l'unanimité de votre petit monde.

1 Lavez et hachez la coriandre. Pelez et dégermez l'ail. Mixez les filets de cabillaud, l'ail, le gingembre, l'œuf, du sel et du poivre en petite quantité. Versez ce hachis dans un saladier, puis mélangez avec la coriandre hachée.

2 Formez des petites galettes assez plates. Faites chauffer l'huile dans une grande poêle et déposez les galettes. Faites-les dorer à feu doux 2 minutes de chaque côté.

3 Présentez les galettes de poisson avec le citron vert coupé en quartiers.

⊳ **À SERVIR** avec une salade verte ou une salade de jeunes pousses d'épinards, assaisonnée de vinaigre de noix et de crème liquide.

⊳ **C'EST AUSSI BON** avec un autre poisson, comme du merlan ou du flétan.

POUR 4 PERSONNES
PRÉPARATION : 10 min
CUISSON : 5 min
DIFFICULTÉ : ★
COÛT : € €

Poisson de petit gastronome

*Les petits vont apprécier cette recette.
Et les grands en seront jaloux !*

- 20 cl de lait
- 1 brin d'estragon
- 50 g de beurre
- 4 morceaux de bar
- 1 sachet de flocons de pomme de terre pour 4 personnes
- 60 g de gouda
- Sel

1 Préparez la purée : portez le lait à ébullition. Plongez l'estragon dedans et laissez infuser pendant 5 minutes.

2 Pendant ce temps, faites fondre doucement 40 g de beurre dans une poêle. Mettez le poisson et faites-le cuire pendant 5 minutes à feu vif, en le retournant à mi-cuisson.

3 Retirez l'estragon du lait. Versez les flocons de pomme de terre dans le lait à l'estragon, puis ajoutez le reste du beurre ; salez et mélangez.

4 Taillez de fins copeaux dans le gouda à l'aide d'un épluche-légumes. Déposez dans chaque assiette un morceau de poisson, un peu de purée et parsemez de copeaux de gouda.

MON PLUS

J'ajoute des petits cubes de citron confit dans la purée.

⪢ **C'EST AUSSI BON** avec du merlan, du flétan ou du cabillaud.

FAITES-LA VOUS-MÊME !

Préparez une purée maison en faisant cuire 1 kg de pommes de terre, pelées et coupées en morceaux, pendant 20 minutes dans une casserole d'eau bouillante salée. Écrasez-les au presse-purée et fouettez-les avec le lait chaud parfumé à l'estragon.

POUR 4 PERSONNES
PRÉPARATION : 20 min
CUISSON : 35 min
DIFFICULTÉ : ★★
COÛT : €€

- 4 brins d'aneth
- 1/2 bouquet de ciboulette
- 2 brins de persil
- 800 g de pommes de terre
- 100 g de filets de saumon
- 20 cl de crème fraîche
- 40 g de gruyère râpé
- 2 cuill. à soupe d'huile d'olive
- 10 g de beurre
- 600 g de filets de julienne
- 1 filet d'huile d'olive
- Sel et poivre du moulin

Parmentier de poisson

Ils aimeront forcément ce hachis parfumé.

1 Préchauffez le four à 200 °C (therm. 6-7). Lavez les herbes, séchez-les puis hachez-les.

2 Pelez les pommes de terre, coupez-les en cubes et faites-les cuire 10 minutes dans une casserole d'eau bouillante salée.

3 Prélevez 8 lanières de saumon dans les filets et hachez le reste au couteau. Faites cuire les lanières de saumon à la vapeur pendant 5 minutes ; réservez-les.

4 Dans un saladier, mélangez les pommes de terre égouttées avec les herbes, le saumon haché, la crème fraîche, le gruyère râpé, l'huile d'olive ; salez et poivrez.

5 Étalez la moitié de cette préparation dans un plat à four beurré. Répartissez les filets de julienne par-dessus puis couvrez-les avec le reste de la préparation. Décorez avec les lanières de saumon réservées. Arrosez d'un filet d'huile d'olive et mettez au four pendant 20 minutes. Ce plat doit être consommé bien chaud.

ULTRA RAPIDE !
Utilisez une purée instantanée en flocons.

⊳ **À SERVIR** avec une salade d'endives.

⊳ **C'EST AUSSI BON** avec des filets de cabillaud, de lieu noir ou de colin.

POUR 4 PERSONNES
PRÉPARATION : 10 min
CUISSON : 5 min
DIFFICULTÉ : ★
COÛT : € €

- 2 brins d'estragon
- 1 yaourt à 0 % de matière grasse
- 1 cuill. à soupe de moutarde de Dijon
- 1 cuill. à café de concentré de tomate
- 4 filets de lieu noir de 150 g
- 3 cuill. à soupe de graines de sésame
- 1 cuill. à soupe de farine
- 2 cuill. à soupe d'huile d'olive
- 1 citron
- Sel

Filets de lieu noir panés au sésame

La panure au sésame donne un goût et un parfum délicats. Les enfants ne vous diront plus qu'ils n'aiment pas le poisson !

1 Lavez et hachez l'estragon. Dans une jatte, mélangez le yaourt, la moutarde, le concentré de tomate et l'estragon haché. Déposez-y les filets de lieu en les retournant pour qu'ils soient bien couverts de marinade.

ULTRA RAPIDE !
Gagnez du temps avec de l'estragon haché surgelé.

2 Mélangez dans une assiette creuse les graines de sésame avec la farine et un peu de sel. Égouttez les filets de lieu, enrobez-les avec cette panure. Déposez-les sur une grille et placez-les au réfrigérateur pendant 10 minutes pour permettre à la panure de durcir.

3 Dans une poêle antiadhésive, faites chauffer l'huile d'olive à feu modéré. Déposez les filets de lieu et faites-les dorer pendant 2 ou 3 minutes de chaque côté.

4 Disposez les filets de lieu noir panés au sésame sur chaque assiette. Coupez le citron en quartiers, garnissez-en les assiettes.

▷ **À SERVIR** avec une purée de pommes de terre.

▷ **C'EST AUSSI BON** avec des filets de merlan ou de cabillaud.

POUR 4 PERSONNES
PRÉPARATION : 20 min
CUISSON : 5 min
DIFFICULTÉ : ★
COÛT : €

- 3 tomates
- 1 poivron rouge
- 400 g de crevettes roses décortiquées
- 1 gousse d'ail
- 5 branches de coriandre
- 1 piment vert (facultatif)
- 2 cuill. à soupe d'huile d'olive
- 2 cuill. à soupe d'oignons hachés surgelés
- 8 tacos (galettes de farine de maïs)

Tacos aux crevettes

Autorisation de manger ces tacos avec les doigts !

1 Préchauffez le four à 210 °C (therm. 7).

2 Préparez la farce : lavez les tomates et le poivron, puis pelez-les ; ouvrez le poivron et épépinez-le. Coupez poivron et tomates en dés, ainsi que les crevettes.

3 Pelez la gousse d'ail et écrasez-la. Hachez la coriandre, et éventuellement le piment vert.

4 Dans une poêle, faites chauffer l'huile d'olive. Ajoutez les crevettes, les oignons hachés, l'ail et le piment écrasés, les dés de poivron et de tomate, la coriandre hachée et faites revenir pendant 1 ou 2 minutes.

5 Déposez la farce sur les tacos. Déposez ceux-ci dans un plat à four et enfournez pendant 4 minutes. Apportez à table aussitôt.

> **À SERVIR** avec une salade verte l'été, ou des haricots rouges en hiver.

> **C'EST AUSSI BON** avec 2 pincées de piment d'Espelette en poudre ou encore sans piment, pour les plus petits.

S.O.S. enfants difficiles

Cachez les légumes dans des clafoutis, gratins, crumbles, galettes...

Pas toujours simple de transformer le « moi j'aime pas » des enfants difficiles en sourire ravi et estomac bien rempli... Voici quelques conseils pour y remédier.

Mixez les légumes dans des smoothies...

Vive les légumes !

Voici quelques délicieuses recettes pour faire passer les légumes...

- pennes aux brocolis (recette page 312)
- pâtes aux légumes et à l'œuf cassé (recette page 307)
- galette croustillante de chou et de pommes de terre (recette page 130)
- crumble de courgettes (recette page 342)
- clafoutis de tomates au chèvre (recette page 344)

Piquez les légumes sur des cure-dents ou mélangez-les avec des pâtes.

Chouette, du poisson !

Essayez ces recettes pour qu'ils raffolent du poisson...

- nuggets de poisson (recette page 270)
- petites galettes de poisson à la coriandre (recette page 271)
- poisson de petit gastronome (recette page 272)
- parmentier de poisson (recette page 274)
- riz cantonais sauté aux crevettes (recette page 511)

Panez le poisson avec de la chapelure, du parmesan ou des noisettes concassées.

Servez le poisson avec des pommes de terre ou accommodez-le dans une recette exotique.

Super ! Des fruits !

Crus ou cuits, c'est trop bon !

- fondue de fruits au chocolat (recette page 585)
- soupe de fraises aux framboises et sucettes glacées (recette page 588)
- petits-suisses aux fruits (recette page 588)
- compote d'ananas (recette page 577)

POUR 4 PERSONNES
PRÉPARATION : 15 min
CUISSON : 10 min
DIFFICULTÉ : ★
COÛT : €

- 1 gros oignon rouge
- 2 tomates
- 8 malossols (gros cornichons doux)
- 4 pains ronds pour hamburger
- 4 cuill. à soupe de moutarde forte
- 4 cuill. à soupe de ketchup
- 4 tranches de cheddar
- 4 steaks hachés de 130 g chacun
- 20 g de beurre
- 8 tranches de bacon
- Sel et poivre du moulin

Maxi-hamburgers au bacon

Un favori des enfants à dévorer avec les doigts !

1 Pelez et hachez l'oignon. Lavez les tomates puis découpez-les en fines tranches. Détaillez les gros cornichons en rondelles. Coupez les pains ronds en deux dans l'épaisseur, et toastez-les.

2 Tartinez une moitié des demi-pains avec de la moutarde, et l'autre moitié avec du ketchup. Placez les demi-pains sur le plan de travail. Déposez sur la moitié d'entre eux un peu d'oignon haché, des tranches de tomate et de cheddar.

3 Faites cuire les steaks hachés dans une poêle avec le beurre pendant 5 à 8 minutes, en les retournant à mi-cuisson ; salez et poivrez. Retirez-les et déposez-les sur quatre demi-pains garnis.

4 Mettez à la place, dans la poêle, les tranches de bacon. Faites-les cuire pendant 2 minutes. Placez 2 tranches de bacon sur chaque steak, disposez les rondelles de cornichon par-dessus, et enfin recouvrez avec les demi-pains restants. Disposez aussitôt dans les assiettes.

> **À SERVIR** avec des frites et du coleslaw, ou de la salade verte.

> **C'EST AUSSI BON** avec un œuf sur le plat posé sur la viande.

POUR 4 PERSONNES
PRÉPARATION : 10 min
CUISSON : 20 min
DIFFICULTÉ : ★
COÛT : €

- 3 gros oignons
- 2 cuill. à soupe d'huile d'olive
- 500 g de viande de bœuf hachée
- 4 cuill. à café de moutarde
- 50 g de beurre
- Sel et poivre du moulin

MON PLUS

Je prépare la fondue d'oignon à l'avance.

Steaks hachés aux oignons

Une variante au classique steak haché.

1 Pelez et hachez les oignons. Dans une poêle, faites-les revenir dans l'huile d'olive à feu doux pendant 10 minutes, afin qu'ils soient juste dorés.

2 Partagez la viande en huit parts. Façonnez des galettes très plates. Salez et poivrez.

ULTRA RAPIDE !

Pour éviter l'épluchage des oignons, utilisez des oignons émincés surgelés.

3 Tartinez 4 galettes d'une fine couche de moutarde et d'une couche d'oignons cuits, recouvrez avec les galettes restantes.

4 Faites cuire les steaks dans le beurre bien chaud, pendant 5 minutes de chaque côté. Servez-les aussitôt.

▷ **À SERVIR** avec des pommes dauphines, des frites ou des chips, et une salade verte. Vous pouvez aussi mettre les steaks dans des petits pains ronds à hamburger, et ajouter du ketchup.

POUR 4 PERSONNES
PRÉPARATION : 20 min
CUISSON : 30 min environ
DIFFICULTÉ : ★
COÛT : €

- 8 grosses pommes de terre
- 300 g de bœuf haché
- 1 cuill. à soupe d'huile d'olive
- 300 g de sauce tomate cuisinée en conserve
- 150 g de gruyère râpé
- Sel

MON PLUS

Je prépare les pommes de terre farcies à l'avance et je les passe au four au dernier moment.

Pommes de terre farcies à la bolognaise

Cette recette change un peu des spaghettis à la bolognaise.

1 Faites bouillir de l'eau dans une casserole. Épluchez et lavez les pommes de terre, coupez-les en deux dans le sens de la longueur. Creusez-les avec une cuillère. Dès que l'eau bout, salez-la, ajoutez les pommes de terre et faites-les cuire environ 15 minutes. Surveillez la cuisson en piquant une pomme de terre avec la pointe d'un couteau : elle doit pénétrer facilement.

2 Préchauffez le four à 240 °C (therm. 8).

3 Faites revenir la viande hachée dans une poêle avec l'huile d'olive. Versez la sauce tomate. Mélangez et laissez chauffer 2 minutes.

4 Égouttez les pommes de terre, garnissez la partie creuse avec la sauce à la viande et rangez-les dans un plat à gratin. Saupoudrez de gruyère râpé. Enfournez le plat et faites dorer pendant 10 minutes.

> **À SERVIR** avec une salade verte.

> **C'EST AUSSI BON** avec de l'agneau haché.

POUR 4 PERSONNES
PRÉPARATION : 10 min
CUISSON : 15 min environ
DIFFICULTÉ : ★
COÛT : €

- 80 g de jeunes pousses d'épinards
- 2 cuill. à soupe d'huile d'olive
- 8 ciabattinas précuites (petits pains italiens, plats et rectangulaires)
- 300 g de fromage de chèvre frais
- 8 tranches de jambon cru
- Sel

Paninis chèvre-jambon-épinards

Pour les petites faims, les repas sur le pouce ou les plateaux télé.

1. Préchauffez le four à 240 °C (therm. 8).

2. Lavez et essorez les pousses d'épinards. Versez 1 cuillerée à soupe d'huile d'olive dans une poêle puis ajoutez les épinards. Laissez cuire pendant 2 minutes à feu vif en retournant puis réservez.

3. Coupez les pains en deux, tartinez-les de fromage frais. Salez, arrosez de 1 cuillerée à soupe d'huile d'olive, recouvrez d'une tranche de jambon cru puis d'épinards ; fermez les pains.

4. Mettez-les pendant 12 minutes au four puis dégustez ces paninis aussitôt.

⊳ **À SERVIR** avec une salade de roquette.

⊳ **C'EST AUSSI BON** avec du fromage à raclette et de la pancetta, ou de la mozzarella et du bacon.

POUR 4 PERSONNES
PRÉPARATION : 10 min
CUISSON : 5 min
DIFFICULTÉ : ★
COÛT : €

- 2 cuill. à soupe d'huile d'olive
- 4 tranches épaisses de jambon
- 50 cl de crème fraîche liquide
- 4 cuill. à soupe de ketchup
- 4 tranches de pain de campagne ou aux céréales
- Poivre du moulin

Jambon à la crème

Tous les enfants raffolent de ce plat… et leurs parents aussi !

1 Faites chauffer l'huile d'olive dans une poêle. Faites dorer à feu très vif chaque tranche de jambon, l'une après l'autre. Réservez-les au chaud.

2 Lorsque les 4 tranches sont dorées, déglacez la poêle avec la crème liquide. Grattez bien le fond pour récupérer tous les sucs, ajoutez le ketchup, mélangez bien, poivrez ; remettez les tranches de jambon.

3 Toastez les tranches de pain. Servez, à l'assiette, une tranche de pain grillé, recouverte d'une tranche de jambon et nappez de sauce.

⪢ **À SERVIR** avec de gros macaronis nature.

⪢ **C'EST AUSSI BON** avec un peu de fromage râpé incorporé à la sauce.

POUR 4 PERSONNES
PRÉPARATION : 10 min
CUISSON : 10 min environ
DIFFICULTÉ : ★
COÛT : €

- 2 tomates bien mûres
- 4 brins de thym
- 2 boules de mozzarella
- 2 gousses d'ail
- 4 grandes tranches de pain de campagne au levain
- 4 tranches de jambon de Parme
- 4 cuill. à café d'huile d'olive
- Poivre du moulin

MON PLUS

Je prépare une huile parfumée au thym en laissant macérer 2 brins de thym dans un bocal d'huile d'olive pendant 2 semaines.

Tartines de jambon de Parme à la mozzarella

Simples à réaliser, ces tartines sont à déguster sans modération.

1 Pelez et épépinez les tomates, coupez-les en petits cubes. Effeuillez le thym. Coupez la mozzarella en tranches. Pelez les gousses d'ail et enlevez le germe.

2 Allumez le gril du four.

3 Toastez légèrement les tranches de pain puis frottez-les avec les gousses d'ail. Recouvrez chaque tranche de pain avec les cubes de tomate, une tranche de jambon et une tranche de mozzarella. Ajoutez un peu de poivre. Arrosez chaque tartine de 1 cuillerée à café d'huile et parsemez de thym.

4 Placez les tartines sous le gril du four jusqu'à ce que la mozzarella ait fondu. Proposez ces tartines chaudes ou tièdes.

> **À SERVIR** avec une salade de roquette.

POUR 4 PERSONNES
PRÉPARATION : 15 min
CUISSON : 40 min
DIFFICULTÉ : ★
COÛT : € €

Pain d'agneau, sauce au yaourt

Les enfants apprécient beaucoup ce plat qui peut aussi se manger froid : idéal pour vos pique-niques en été.

- 2 cuill. à soupe de pignons de pin
- 15 feuilles de menthe
- 2 oignons
- 2 brins de persil
- 2 cuill. à soupe d'huile de tournesol
- 500 g d'agneau maigre haché
- 80 g de boulgour cuit
- 2 blancs d'œufs
- Sel et poivre du moulin

Pour la sauce :

- 2 cuill. à soupe de graines de sésame
- 2 yaourts nature
- 2 cuill. à café de sauce soja
- 2 cuill. à soupe de persil haché

1 Préchauffez le four à 210 °C (therm. 7).

2 Mixez les pignons de pin, lavez puis ciselez les feuilles de menthe. Pelez les oignons, hachez-les avec le persil.

3 Huilez un moule à gâteau rond, de 20 cm de diamètre. Dans un saladier, mélangez la viande, le boulgour cuit, les oignons et le persil hachés, les pignons de pin et les blancs d'œufs. Salez et poivrez. Mélangez et versez dans le moule en pressant bien. Faites cuire au four pendant 40 minutes.

4 Préparez la sauce : mixez les graines de sésame, mélangez-les avec les yaourts, la sauce soja et le persil haché.

5 Servez le pain d'agneau accompagné de sauce, parsemez de menthe ciselée et avec des tranches de pain de campagne.

ULTRA RAPIDE !
Prenez des oignons et du persil hachés surgelés.

MON PLUS
Je prépare le pain d'agneau le matin et je le fais cuire avant le repas.

> **À SERVIR** avec de la semoule.

> **C'EST AUSSI BON** avec du bœuf haché.

POUR 4 PERSONNES
PRÉPARATION : 10 min
CUISSON : 10 min
DIFFICULTÉ : ★
COÛT : €

- 75 g de semoule fine
- 20 g de beurre
- 1/2 cuill. à café de paprika
- 4 cuill. à soupe de farine
- 1 œuf
- 4 blancs de poulet
- 3 cuill. à soupe d'huile d'olive
- Sel

Blancs de poulet panés à la semoule et au paprika

Semoule et paprika donnent une touche d'originalité à cette panure.

1 Dans un bol, mouillez la semoule avec 7 cl d'eau bouillante salée. Laissez gonfler pendant 5 minutes, puis malaxez la semoule avec le beurre. Ajoutez le paprika.

2 Placez la farine dans une assiette creuse, l'œuf battu dans une deuxième et la semoule dans une troisième. Passez chaque blanc de poulet dans la farine, puis dans l'œuf battu, et enfin dans la semoule.

3 Faites chauffer l'huile d'olive dans une grande poêle, et mettez-y à cuire les blancs de poulet, pendant 3 minutes de chaque côté. Présentez ce plat bien chaud.

> **À SERVIR** avec une salade verte assaisonnée à l'huile d'olive et au citron, parsemée de graines de sésame.

> **C'EST AUSSI BON** avec des escalopes de dinde ou des grillades de porc.

POUR 4 PERSONNES
PRÉPARATION : 5 min
CUISSON : 25 min
DIFFICULTÉ : ★
COÛT : €

Ailes de poulet caramélisées au miel et au thym

Les enfants adorent ces ailes de poulet croustillantes.

- 2 cuill. à soupe d'huile d'arachide
- 20 ailes de poulet
- 1 cuill. à soupe de paprika
- 6 brins de thym frais
- 3 cuill. à soupe de miel
- 4 cuill. à soupe de vinaigre balsamique
- Sel et poivre du moulin

1 Faites chauffer l'huile d'arachide dans une cocotte. Saisissez les ailes sur toutes les faces. Salez, poivrez, ajoutez le paprika et le thym. Laissez cuire pendant 5 minutes en remuant.

2 Versez le miel sur les ailes de poulet. Laissez-les colorer légèrement puis ajoutez le vinaigre balsamique. Faites mijoter pendant 10 minutes en arrosant le poulet de temps en temps avec la sauce.

TRUC DE CHEF

Conservez les épices dans un placard à l'abri de l'humidité et de la lumière, et vérifiez périodiquement la date de péremption, car elles perdent vite leurs propriétés gustatives.

> **À SERVIR** avec du riz blanc.

> **C'EST AUSSI BON** avec d'autres épices que le paprika, comme du curry ou du cumin.

POUR 4 PERSONNES
PRÉPARATION : 10 min
MARINADE : 1 h
CUISSON : 6 min
DIFFICULTÉ : ★
COÛT : €

Tortilla de poulet

Pas d'hésitation : la tortilla se mange avec les doigts.

- 2 blancs de poulet
- 1 gousse d'ail
- Le jus de 1 citron vert
- 4 cuill. à soupe d'huile d'olive
- Quelques gouttes de sauce au piment
- 1 cuill. à soupe de vinaigre balsamique
- 2 avocats
- 400 g de cœurs de palmier en conserve
- 1 poivron rouge
- 4 tortillas de blé souples
- Sel et poivre du moulin

1 Coupez les blancs de poulet en lanières. Pelez l'ail, enlevez le germe et écrasez-le dans un plat creux. Mélangez-le avec le jus du citron vert, 2 cuillerées à soupe d'huile d'olive et quelques gouttes de sauce au piment. Ajoutez les blancs de poulet, un peu de sel et de poivre, mélangez et laissez mariner pendant 1 heure.

ULTRA RAPIDE !

Si vous êtes pressé, ne faites pas mariner le poulet. Ajoutez la sauce au piment directement dans la sauce et citronnez les lamelles d'avocat.

2 Dans un bol, préparez la vinaigrette : mélangez le reste d'huile avec le vinaigre balsamique, du sel et du poivre.

3 Prélevez la chair des avocats et coupez-la en lamelles. Coupez les cœurs de palmier et le poivron en fines lamelles, dans le sens de la longueur.

4 Égouttez les lanières de poulet (réservez la marinade) et faites-les cuire dans une poêle à feu vif, pendant 3 minutes de chaque côté.

5 Faites chauffer les tortillas pendant 30 secondes au micro-ondes. Répartissez les morceaux de poivron, d'avocats et de cœurs de palmier, puis les blancs de poulet. Arrosez de marinade et servez aussitôt avec le bol de vinaigrette.

⪢ **À SERVIR** avec des haricots rouges.

POUR 4 PERSONNES
PRÉPARATION : 15 min
CUISSON : 10 min
DIFFICULTÉ : ★
COÛT : €

- 2 cuill. à soupe de thym effeuillé
- 60 g de parmesan râpé
- 60 g de farine
- 1 œuf
- 4 blancs de poulet fermier
- 2 cuill. à soupe d'huile d'arachide
- 80 g de beurre
- 1/2 citron
- 1/2 bouquet de ciboulette
- Poivre du moulin

TRUC DE CHEF

Pour avoir un parmesan vraiment parfumé, râpez-le au dernier moment.

Aiguillettes de poulet panées au parmesan et au thym

La panure au parmesan et au thym donne à ce poulet une saveur incomparable.

1 Mélangez le thym et le parmesan avec un peu de poivre dans une assiette creuse. Versez la farine dans une deuxième assiette, et l'œuf, battu, dans une troisième.

2 Découpez chaque blanc de poulet en 5 aiguillettes. Roulez-les successivement dans la farine puis dans l'œuf battu, et enfin dans le parmesan au thym.

3 Faites chauffer l'huile d'arachide dans une poêle. Mettez-y les aiguillettes de poulet et faites-les dorer des deux côtés pendant 8 à 10 minutes.

4 Faites fondre le beurre dans une casserole. Pressez le demi-citron puis ajoutez-le au beurre, mélangez.

5 Disposez les aiguillettes sur les assiettes et arrosez de beurre au citron. Parsemez de ciboulette ciselée.

⊳ **À SERVIR** avec des asperges, fraîches ou surgelées, cuites pendant 5 minutes dans de l'eau bouillante salée.

⊳ **C'EST AUSSI BON** avec des filets de dinde, pour changer du poulet.

Et pourquoi pas des pâtes ?

POUR 4 PERSONNES
PRÉPARATION : 10 min
CUISSON : 15 min environ
DIFFICULTÉ : ★★
COÛT : €

- 40 g de petits pois
- 12 asperges vertes
- 200 g de haricots verts
- 200 g de coquillettes
- 16 tomates cerises
- 20 g de parmesan en copeaux
- Sel

Pour la crème de petits pois :

- 300 g de petits pois
- 4 cuill. à soupe de fromage blanc à 0 % de matière grasse
- 2 cuill. à café de jus de citron
- Sel et poivre du moulin

Coquillettes aux asperges et aux petits pois

Pâtes et légumes : le plein d'énergie sans prendre un gramme !

1 Faites bouillir de l'eau salée dans trois casseroles. Préparez et lavez les légumes.

2 Préparez la crème de petits pois : blanchissez les 300 g de petits pois pendant 1 minute, dans la première casserole. Rafraîchissez-les dans de l'eau glacée, puis mixez-les finement avec le fromage blanc. Ajoutez le jus de citron et 2 cuillerées à soupe d'eau ; salez et poivrez. Réservez.

3 Dans la deuxième casserole, faites cuire les 40 g de petits pois pendant 8 minutes, puis ajoutez les asperges et les haricots verts, continuez la cuisson pendant environ 8 minutes. Égouttez tous les légumes.

4 Pendant ce temps, faites cuire les coquillettes dans la troisième casserole pendant 6 à 8 minutes (voir encadré ci-dessus).

5 Égouttez les coquillettes, versez-les dans un grand saladier, ajoutez les légumes, les tomates cerises coupées en deux et la crème de petits pois. Mélangez délicatement. Parsemez de copeaux de parmesan, servez tiède ou froid.

LA CUISSON DES PÂTES

Portez à ébullition 3 litres d'eau salée, jetez les pâtes en pluie et remuez jusqu'à reprise de l'ébullition, puis maintenez à petits bouillons. Goûtez les pâtes pour vérifier la cuisson *al dente* (légèrement fermes sous la dent).

> **À SERVIR** avec du jambon ou des œufs à la coque.

> **C'EST AUSSI BON** avec des pois gourmands pour remplacer les petits pois, ou des petits bouquets de brocoli à la place des asperges.

POUR 4 PERSONNES
PRÉPARATION : 10 min
CUISSON : 15 min
DIFFICULTÉ : ★
COÛT : € €

- 40 cl de crème fraîche liquide
- 120 g de sauce aux truffes en conserve
- 300 g de coquillettes
- 80 g de parmesan râpé
- 200 g de dés de jambon cuit au torchon
- Sel et poivre du moulin

Coquillettes au jambon, sauce aux truffes

Contraste entre une note de luxe et un plat enfantin : le résultat est étonnant !

1 Dans une grande casserole, portez la crème liquide à ébullition. Ajoutez la sauce aux truffes et laissez chauffer à feu très doux pendant 10 minutes. Surveillez bien la cuisson de la sauce, qui ne doit pas attacher à la casserole.

2 Pendant ce temps, dans une autre casserole, faites cuire les pâtes *al dente* (voir « La cuisson des pâtes » page 296).

3 Égouttez les pâtes, puis plongez-les dans la sauce aux truffes. Prolongez la cuisson pendant 3 minutes. Ajoutez le parmesan et le jambon, rectifiez l'assaisonnement et servez.

⊳ **C'EST AUSSI BON** avec une sauce madère.

FAITES-LA VOUS-MÊME !

Pour une sauce aux truffes faite maison, mettez à fondre 3 échalotes hachées très finement dans 1 cuillerée à soupe de graisse d'oie, saupoudrez d'une cuillerée à café de farine, mouillez avec 8 cl de vin blanc et 30 cl de bouillon de bœuf. Laissez épaissir pendant 3 minutes en fouettant, salez, poivrez et ajoutez des pelures de truffe avec leur jus.

POUR 4 PERSONNES
PRÉPARATION : 20 min
CUISSON : 35 min
DIFFICULTÉ : ★
COÛT : €

- 200 g de potiron
- 2 oignons
- 2 cuill. à soupe d'huile d'arachide
- 240 g de crozets (petites pâtes carrées)
- 100 g de lardons
- 200 g de tomme de Savoie
- 20 cl de crème fraîche liquide
- Sel

Gratin de crozets à la tomme de Savoie

Ce plat typiquement savoyard est un régal en hiver.

1 Épluchez et détaillez le potiron en morceaux. Pelez et émincez les oignons.

2 Dans une cocotte, faites revenir dans l'huile, à feu moyen, la moitié des oignons émincés avec les morceaux de potiron, pendant 3 ou 4 minutes. Ajoutez un peu d'eau, du sel et laissez cuire pendant 15 minutes à feu doux.

3 Pendant ce temps, faites cuire dans une autre casserole les crozets, pendant 25 minutes.

4 Préchauffez le four à 210 °C (therm. 7).

5 Faites revenir à la poêle les lardons, ajoutez le reste des oignons émincés et poursuivez la cuisson pendant 5 minutes.

6 Ôtez la croûte de la tomme, puis détaillez celle-ci en fines tranches.

7 Égouttez les crozets. Mixez la chair cuite du potiron. Versez la mixture dans un grand saladier. Ajoutez la crème liquide, les crozets, les lardons et les oignons émincés. Mélangez délicatement et versez dans un plat à four. Recouvrez avec les tranches de tomme et faites gratiner au four pendant 10 minutes, jusqu'à ce que le dessus soit doré.

> **À SERVIR** avec du jambon de montagne et une salade d'endives.

> **C'EST AUSSI BON** avec des dés de jambon de Savoie à la place des lardons.

POUR 4 PERSONNES
PRÉPARATION : 15 min
CUISSON : 25 min
DIFFICULTÉ : ★
COÛT : €

- 250 g de macaronis
- 200 g de champignons de Paris
- 1 cuill. à soupe d'huile d'olive
- 3 œufs
- 20 cl de crème fraîche liquide
- 150 g de gruyère râpé
- Sel et poivre du moulin

Gratin de macaronis à la milanaise

Nourrissant, ce gratin est délicieux aussi bien en plat unique qu'en accompagnement.

1 Faites cuire les macaronis (voir « La cuisson des pâtes » page 296).

2 Pendant ce temps, lavez, essuyez et émincez les champignons. Faites-les revenir à feu moyen dans une poêle avec l'huile d'olive, jusqu'à complète évaporation de l'eau.

ULTRA RAPIDE !
Prenez des champignons surgelés émincés.

3 Préchauffez le four à 220 °C (therm. 7-8).

4 Battez les œufs en omelette, ajoutez la crème liquide, du sel et du poivre. Égouttez les macaronis.

5 Dans un moule à gratin, disposez une couche de macaronis, puis une couche de champignons, puis recouvrez de gruyère râpé. Recommencez l'opération jusqu'à épuisement des ingrédients. Terminez en versant par-dessus les œufs battus et faites cuire au four 15 minutes.

⩥ **À SERVIR** avec des côtelettes d'agneau dorées à la poêle avec 1 cuillerée à soupe d'huile d'olive et quelques brins de thym. Ce plat peut aussi être accompagné d'une bonne sauce tomate prête à l'emploi.

⩥ **C'EST AUSSI BON** avec des dés de jambon ajoutés aux champignons.

POUR 4 PERSONNES

PRÉPARATION : 15 min

CUISSON : 15 min environ

DIFFICULTÉ : ★

COÛT : €

- 400 g de macaronis
- 120 g de pecorino (fromage de brebis)
- 1 cuill. à soupe d'huile d'olive
- 50 g de pancetta en tranches
- 10 cl de vin blanc sec
- Sel et poivre du moulin

Macaronis à la gricia

Dépaysement garanti avec cette savoureuse spécialité romaine.

1 Faites cuire les macaronis (voir « La cuisson des pâtes » page 296).

2 Pendant ce temps, râpez le pecorino. Faites chauffer l'huile d'olive dans une grande poêle. Faites-y revenir les tranches de pancetta à feu doux pendant 5 minutes, puis versez le vin blanc et laissez réduire pendant 3 minutes.

3 Quand les pâtes sont cuites, égouttez-les et mettez-les dans la poêle avec les tranches de pancetta ; ajoutez le pecorino râpé. Mélangez sans cesse pendant 3 minutes, pour que les macaronis s'imbibent de fromage fondu. Poivrez et servez les macaronis à la gricia aussitôt.

⊳ **À SERVIR** avec une salade de roquette.

⊳ **C'EST AUSSI BON** avec du fromage de brebis des Pyrénées à la place du pecorino.

POUR 4 PERSONNES
PRÉPARATION : 15 min
CUISSON : 15 min environ
DIFFICULTÉ : ★
COÛT : €

- 400 g de courgettes
- 4 ½ cuill. à soupe d'huile d'olive
- 400 g d'orecchiettes
- 2 gousses d'ail
- 200 g de tomates concassées en conserve
- 4 brins de basilic
- Sel et poivre du moulin

Orecchiettes aux courgettes et au basilic

Toutes les couleurs de l'Italie sont dans ce plat de pâtes.

1 Lavez et essuyez les courgettes, coupez-les en dés. Dans une sauteuse, faites-les revenir dans 2 cuillerées à soupe d'huile d'olive, salez, poivrez.

2 Faites cuire les orecchiettes *al dente* (voir « La cuisson des pâtes » page 296). Égouttez-les.

3 Pelez et écrasez les gousses d'ail. Dans une sauteuse, faites dorer l'ail dans 2 cuillerées à soupe d'huile d'olive. Ajoutez les tomates concassées, salez et poivrez ; laissez cuire pendant 5 minutes à feu moyen.

4 Effeuillez et ciselez le basilic. Ajoutez-le dans la sauteuse, puis mettez les courgettes et les pâtes. Mélangez délicatement, arrosez d'un filet d'huile d'olive. Présentez aussitôt.

⊳ **À SERVIR** avec des chipolatas grillées.

⊳ **C'EST AUSSI BON** avec du parmesan, saupoudré au dernier moment.

POUR 4 PERSONNES
PRÉPARATION : 10 min
CUISSON : 10 min
DIFFICULTÉ : ★
COÛT : €

- 3 gousses d'ail
- 3 anchois au sel
- 2 cuill. à soupe de chapelure
- 3 cuill. à soupe d'huile d'olive
- 150 g de câpres
- 1/2 botte de basilic
- 400 g de farfalles
- 100 g d'amandes en poudre
- 60 g de parmesan râpé
- Sel et poivre du moulin

Farfalles aux câpres

Des amandes pour la douceur, des câpres et des anchois pour le piquant, et du basilic pour le parfum : ces pâtes sont exquises !

1 Pelez les gousses d'ail, écrasez-les. Rincez les anchois sous l'eau courante et égouttez-les.

2 Préparez la sauce aux anchois et aux câpres : dans un saladier, écrasez à la fourchette les anchois, mélangez-les avec la chapelure. Ajoutez l'huile d'olive, les câpres, l'ail écrasé et le basilic ciselé.

3 Faites cuire les farfalles (voir « La cuisson des pâtes » page 296), puis égouttez-les.

4 Faites chauffer la sauce aux anchois et aux câpres dans une sauteuse pendant 2 minutes à feu doux, ajoutez les pâtes et les amandes en poudre. Remuez délicatement avec une fourchette, salez si nécessaire et poivrez. Ajoutez du parmesan et servez les pâtes bien chaudes dans des assiettes creuses.

ULTRA RAPIDE !
L'ail haché surgelé : un indispensable du congélateur !

> **À SERVIR** avec une salade verte.

> **C'EST AUSSI BON** avec des tagliatelles ou des conchiglies (pâtes en forme de coquillage).

MON PLUS

Je prépare la sauce aux anchois et aux câpres à l'avance, que je place au réfrigérateur (elle peut même être congelée). Puis, je réchauffe la sauce pendant la cuisson des pâtes.

POUR 4 PERSONNES
PRÉPARATION : 15 min
CUISSON : 10 min
ATTENTE : 30 min
DIFFICULTÉ : ★
COÛT : €

Salade de papillons aux noisettes

Vous apprécierez cette salade de pâtes en été comme en hiver.

- 500 g de papillons (farfalles)
- Un peu d'huile d'olive
- 4 tomates
- 2 oignons
- 150 g de dés de jambon blanc
- 20 g de noisettes hachées
- Sel

Pour l'assaisonnement :

- 2 cuill. à café de moutarde
- 4 cuill. à café de crème fraîche liquide
- 3 cuill. à soupe d'huile d'olive
- Le jus de 1 citron
- Sel et poivre du moulin

1 Faites cuire les pâtes *al dente* (voir « La cuisson des pâtes » page 296).

2 Dans un bol, préparez l'assaisonnement en mélangeant la moutarde avec la crème liquide. Fouettez avec l'huile d'olive versée en filet, salez, poivrez et ajoutez le jus de citron.

3 Égouttez les pâtes, versez-les dans un saladier. Arrosez-les d'un filet d'huile d'olive, mélangez et laissez refroidir.

4 Lavez les tomates et découpez-les en dés. Épluchez et émincez les oignons.

5 Quand les pâtes sont froides, versez l'assaisonnement. Ajoutez les dés de tomate, les dés de jambon, les noisettes hachées et les oignons émincés crus. Mélangez.

> **C'EST AUSSI BON** avec du thon à la place du jambon.

MON PLUS

Je prépare les pâtes et la sauce à l'avance, je les réunis au moment du repas.

POUR 4 PERSONNES
PRÉPARATION : 10 min
CUISSON : 15 min
DIFFICULTÉ : ★
COÛT : €

- 3 tranches de speck (jambon cru italien) de 3 mm d'épaisseur
- 1 petite courgette
- 1 botte de fines asperges vertes
- 1/2 bulbe de fenouil
- 1 gousse d'ail
- 500 g de pâtes (coquillettes, macaronis, farfalles…)
- 4 cuill. à soupe d'huile d'olive
- 4 œufs extra-frais
- 50 g de parmesan râpé
- Sel et poivre du moulin

Pâtes aux légumes et à l'œuf cassé

Un jaune d'œuf au milieu d'un nid de pâtes : une présentation digne d'un resto chic !

1 Détaillez le speck en petites lanières. Découpez la courgette en fines tranches. Gardez les pointes des asperges et découpez les queues en rondelles. Découpez le demi-fenouil en petits dés. Épluchez et écrasez la gousse d'ail.

ULTRA RAPIDE !
Pour gagner du temps, pensez à utiliser des légumes surgelés.

2 Faites cuire les pâtes (voir « La cuisson des pâtes » page 296).

3 Pendant ce temps, faites chauffer la moitié de l'huile d'olive dans une poêle. Faites revenir le speck, tous les légumes et l'ail 5 minutes à feu vif. Baissez le feu, salez, poivrez et laissez un peu caraméliser.

4 Égouttez les pâtes et incorporez les légumes et l'huile restante. Mélangez, puis répartissez les pâtes aux légumes dans les assiettes. Lavez et essuyez délicatement les œufs. Cassez-les en séparant le jaune du blanc. Remettez chaque jaune dans une demi-coquille et posez-en une au centre de chaque assiette. Parsemez de parmesan râpé et servez aussitôt.

> **À SERVIR** avec une salade de laitue à l'huile de noix.

> **C'EST AUSSI BON** avec une côte de céleri tendre pour remplacer le fenouil, du jambon de montagne pour remplacer le speck, et en ajoutant des champignons ou des brocolis.

POUR 4 PERSONNES
PRÉPARATION : 10 min
CUISSON : 10 min
DIFFICULTÉ : ★
COÛT : €

- 400 g de papillons (farfalles)
- 140 g de piments en conserve
- 5 grosses olives vertes dénoyautées
- 400 g de thon à l'huile d'olive
- 2 cuill. à soupe de câpres
- 1 dizaine de tomates cerises
- 2 cuill. à soupe d'huile d'olive
- Sel et poivre du moulin

MON PLUS

Je laisse le pédoncule des tomates ou des câpres pour une plus belle présentation.

TRUC DE CHEF

Ajoutez quelques feuilles de basilic et une pincée de piment d'Espelette.

Papillons au piment, olives, thon et câpres

Vous allez devenir fan de ce plat délicatement corsé, à déguster chaud, tiède ou froid.

1 Faites cuire les pâtes (voir « La cuisson des pâtes » page 296).

2 Pendant ce temps, découpez les piments en petits morceaux et les olives en rondelles. Dans une sauteuse, mettez le thon émietté, avec un peu de son huile, les piments coupés en morceaux, les câpres, les olives et les tomates cerises. Faites chauffer pendant 5 minutes en mélangeant. Salez et poivrez si nécessaire.

3 Quand les pâtes sont cuites *al dente,* égouttez-les et versez-les dans la sauteuse. Mélangez délicatement, versez dans un plat creux et arrosez d'huile d'olive.

⊳ **À SERVIR** en plat unique, avec une salade de roquette ou de mesclun pour accompagner.

⊳ **C'EST AUSSI BON** avec n'importe quelle autre variété de pâtes : tagliatelles, coquillettes, fusillis…

POUR 4 PERSONNES
PRÉPARATION : 10 min
CUISSON : 15 min
DIFFICULTÉ : ★
COÛT : €

- 2 courgettes moyennes
- 2 cuill. à soupe d'huile d'olive
- 50 g de lardons fumés
- 350 g de fusillis
- 3 jaunes d'œufs
- 5 cl de lait
- 50 g de ricotta fumée
- Sel et poivre du moulin

Fusillis à la carbonara, courgettes et ricotta fumée

Cette recette change un peu de la carbonara classique.

1 Lavez les courgettes puis découpez-les en bâtonnets, en gardant la peau. Faites chauffer l'huile d'olive dans une grande poêle et faites cuire les bâtonnets de courgette pendant 5 minutes.

2 Faites dorer les lardons fumés à sec dans une autre poêle.

3 Mettez les fusillis à cuire (voir « La cuisson des pâtes » page 296).

4 Pendant ce temps, mélangez dans un bol les jaunes d'œufs avec le lait, et ajoutez les lardons fumés.

5 Égouttez les fusillis, ajoutez-les dans la grande poêle avec les courgettes, puis incorporez les jaunes d'œufs et les lardons. Mélangez délicatement sur feu doux, jusqu'à ce que les œufs épaississent et nappent les fusillis. Poivrez et recouvrez de ricotta râpée. Servez aussitôt.

TRUC DE CHEF

Surveillez bien la cuisson des œufs, qui doivent rester onctueux.

> **C'EST AUSSI BON** avec des dés de jambon, pour remplacer les lardons.

POUR 4 PERSONNES
PRÉPARATION : 10 min
CUISSON : 15 min
DIFFICULTÉ : ★
COÛT : €

- 500 g de fusillis
- 4 courgettes moyennes
- 4 oignons
- 200 g de ricotta
- 4 brins de menthe
- 3 cuill. à soupe d'huile d'olive
- 30 g de pignons de pin
- 4 brins de thym
- 150 g de petits pois surgelés
- 20 petites olives noires de Nice
- Sel et poivre

TRUC DE CHEF

Utilisez une mandoline (râpe à gros trous) pour râper les courgettes.

Fusillis aux petits pois, aux courgettes et à la menthe

Pâtes, légumes verts et olives : un appétissant mélange de couleurs et de saveurs.

1 Faites cuire les fusillis (voir « La cuisson des pâtes » page 296).

2 Pendant ce temps, lavez les courgettes, essuyez-les puis râpez-les. Pelez et émincez les oignons. Découpez la ricotta en petits morceaux. Lavez et ciselez la menthe.

3 Faites chauffer l'huile d'olive dans une sauteuse, mettez-y les courgettes râpées, les oignons émincés et les pignons de pin ; salez et poivrez. Ajoutez le thym et faites cuire 3 minutes, à feu moyen, sans cesser de remuer. Environ 5 minutes avant la fin de la cuisson des pâtes, ajoutez les petits pois sans les décongeler au préalable. Égouttez.

4 Ajoutez les fusillis dans la sauteuse avec les morceaux de ricotta et la menthe ciselée ; mélangez sans cesse pendant 2 minutes. Versez dans un plat creux. Décorez d'olives noires et servez aussitôt.

⊳ **À SERVIR** avec du jambon de pays.

POUR 4 PERSONNES
PRÉPARATION : 15 min
CUISSON : 35 min
DIFFICULTÉ : ★
COÛT : €

- 1 oignon
- 3 cuill. à soupe d'huile d'olive
- 500 g de tomates pelées
- 600 g de brocolis
- 400 g de pennes
- 2 gousses d'ail
- 6 anchois à l'huile
- 30 g de raisins secs
- 45 g de pignons de pin
- 6 cuill. à soupe de parmesan râpé
- Sel et poivre du moulin

TRUC DE CHEF

Ajoutez 1 cuillerée à soupe d'huile dans l'eau des pâtes pour qu'elles ne s'agglomèrent pas, et tournez jusqu'à la reprise de l'ébullition.

Pennes aux brocolis

Moelleux et croustillant : ce plat contrasté est une réussite !

1 Préparez une sauce à la tomate : pelez et hachez l'oignon ; mettez 2 cuillerées à soupe d'huile d'olive dans une cocotte sur feu moyen. Faites-y revenir l'oignon jusqu'à ce qu'il soit transparent. Ajoutez les tomates pelées, salez, poivrez. Couvrez et poursuivez la cuisson pendant 20 minutes.

ULTRA RAPIDE !

Facilitez-vous la vie avec des brocolis surgelés et une bonne sauce tomate en conserve.

2 Séparez les brocolis en petits bouquets. Faites chauffer une grande quantité d'eau salée, faites cuire les pennes et les brocolis en même temps pendant 10 minutes, puis égouttez-les.

3 Pendant ce temps, pelez et écrasez les gousses d'ail. Faites chauffer 1 cuillerée d'huile d'olive dans une sauteuse, faites revenir doucement pendant 3 minutes les filets d'anchois écrasés avec l'ail.

4 Ajoutez dans la sauteuse la sauce à la tomate, puis les raisins secs, les pignons, les pennes et les bouquets de brocoli. Faites-les cuire ensemble pendant 2 minutes. Versez dans un plat creux et saupoudrez de parmesan râpé.

▷ **À SERVIR** avec des tranches de coppa.

▷ **C'EST AUSSI BON** avec des tortillis ou des gros macaronis.

POUR 4 PERSONNES
PRÉPARATION : 15 min
CUISSON : 15 min
DIFFICULTÉ : ★★
COÛT : € €

- 200 g de pruneaux dénoyautés
- 20 cl de vin rouge
- 2 cuisses entières de confit de canard
- 1 brin de thym
- 400 g de pennes
- 3 cuill. à soupe de crème fraîche liquide
- 2 brins de persil
- Sel et poivre du moulin

Pennes au canard

Ces pâtes réconfortantes sont idéales pour un dîner d'hiver.

1 Faites macérer les pruneaux dénoyautés dans le vin rouge, pendant 10 minutes.

2 Pendant ce temps, enlevez le gras autour des cuisses de confit de canard. Effilochez les morceaux avec une fourchette, et faites revenir dans une sauteuse à feu doux pendant 5 minutes. Retirez le surplus de gras, ajoutez les pruneaux et le vin, le thym et laissez mijoter pendant 5 minutes.

3 Faites cuire les pâtes (voir « La cuisson des pâtes » page 296).

4 Quelques minutes avant la fin de la cuisson des pâtes, faites réduire presque entièrement le vin autour du confit, à feu moyen, pour obtenir une sauce sirupeuse. Ajoutez la crème liquide, salez, poivrez.

5 Égouttez les pâtes, versez-les dans la sauteuse avec le confit de canard. Mélangez bien, saupoudrez de persil ciselé et présentez aussitôt.

MON PLUS

Je prépare la sauce au canard à l'avance et je la réchauffe pendant la cuisson des pâtes.

> **À SERVIR** avec une salade verte.

POUR 4 PERSONNES
PRÉPARATION : 10 min
CUISSON : 10 min environ
DIFFICULTÉ : ★
COÛT : €

- 400 g de pennes
- 400 g de tomates cerises
- 400 g de fines tranches de rosbif cuit
- 6 brins de ciboulette
- Sel

Pour la vinaigrette :

- 1 cuill. à soupe de moutarde à l'ancienne
- 2 cuill. à soupe de vinaigre de vin
- 6 cuill. à soupe d'huile d'olive
- Sel et poivre du moulin

Salade de pennes

C'est une façon un peu plus originale que le hachis parmentier d'utiliser un reste de rosbif froid.

1 Faites cuire les pennes (voir « La cuisson des pâtes » page 296).

2 Pendant ce temps, lavez les tomates cerises, puis coupez-les en deux.

3 Préparez la vinaigrette : dans un bol, mélangez la moutarde, le vinaigre et l'huile d'olive. Salez et poivrez.

4 Égouttez les pennes et versez-les dans un saladier. Ajoutez les demi-tomates cerises, la vinaigrette, les tranches de rosbif et la ciboulette ciselée. Mélangez.

⊳ **C'EST AUSSI BON** avec des conchiglies (pâtes en forme de coquillage) et du poulet froid, ou des dés de jambon à la place du rosbif.

MON PLUS

J'ajoute des rondelles de cornichon dans la salade.

POUR 4 PERSONNES
PRÉPARATION : 10 min
CUISSON : 35 min
DIFFICULTÉ : ★★
COÛT : €

- Un peu d'huile d'olive
- 1 gousse d'ail
- 2 oignons
- 2 brins de cerfeuil
- 2 brins de persil plat
- 2 cuill. à soupe de pignons de pin
- 300 g de brousse de brebis
- 15 cannellonis précuits
- 50 cl de sauce béchamel
- 150 g de gruyère râpé
- Sel

Cannellonis farcis à la brousse

Brousse et pignons : deux alliés de choix pour ces cannellonis.

1. Préchauffez le four à 180 °C (therm. 6). Huilez un plat à gratin. Pelez et hachez l'ail et les oignons. Lavez et ciselez les herbes.

2. Dans une sauteuse, faites chauffer un filet d'huile d'olive. Mettez-y les oignons et l'ail hachés, les pignons, les herbes ciselées, la brousse de brebis et un peu de sel. Faites cuire en mélangeant pendant 5 minutes.

3. Farcissez les cannellonis avec cette préparation (utilisez une petite cuillère, et bouchez l'une des extrémités du cannelloni avec votre doigt). Déposez les cannellonis au fur et à mesure dans le plat à gratin.

4. Arrosez avec la béchamel, parsemez de gruyère râpé et faites cuire pendant 30 minutes au four. Servez très chaud.

> **À SERVIR** avec des tranches de jambon d'Aoste.

> **C'EST AUSSI BON** avec de la sauce tomate pour remplacer la béchamel (recette ci-dessous).

FAITES-LA VOUS-MÊME !

Faites une béchamel en mélangeant 50 g de beurre fondu avec 2 cuillerées à soupe de farine, laissez cuire doucement 2 minutes en remuant ; salez, poivrez, versez 50 cl de lait et faites épaissir à feu doux.

POUR 4 PERSONNES
PRÉPARATION : 10 min
CUISSON : 10 min environ
DIFFICULTÉ : ★
COÛT : €

- 800 g d'épinards frais
- 1 botte d'oignons frais
- 2 cuill. à soupe d'huile d'olive
- 3 cuill. à soupe de raisins secs
- 2 pincées de piment d'Espelette
- 4 cuill. à soupe de crème fraîche épaisse
- 250 g de pâtes (tagliatelles, pennes, fusillis…)
- 150 g de pélardon (fromage de chèvre)
- Sel et poivre du moulin

Pâtes aux épinards et au chèvre

Couleurs et saveurs sont au rendez-vous pour ces pâtes familiales.

ULTRA RAPIDE !
Utilisez des épinards en branches et des oignons grelots surgelés.

1 Épluchez les épinards en retirant les grosses tiges ; lavez-les plusieurs fois puis égouttez-les. Pelez les oignons et émincez-les.

2 Préparez la sauce aux épinards : dans une sauteuse, faites revenir les oignons émincés à feu moyen, avec 1 cuillerée à soupe d'huile d'olive. Ajoutez les épinards en remuant souvent, puis les raisins, le piment, la crème fraîche et 4 cuillerées à soupe d'eau ; salez et poivrez. Laissez mijoter à feu doux pendant 3 minutes.

3 Faites cuire les pâtes (voir « La cuisson des pâtes » page 296).

4 Égouttez les pâtes, mettez-les dans un grand plat et versez la sauce aux épinards. Émiettez le fromage de chèvre sur les pâtes, ajoutez l'huile restante, mélangez et servez sans attendre.

> **À SERVIR** avec de la charcuterie ou du jambon braisé.

> **C'EST AUSSI BON** avec du crottin de Chavignol.

POUR 4 PERSONNES
PRÉPARATION : 15 min
CUISSON : 15 min
DIFFICULTÉ : ★
COÛT : €

- 4 tomates
- 4 cuill. à soupe d'huile d'olive
- 3 gousses d'ail
- 150 g de tapenade noire
- 600 g de spaghettis au blé complet
- 200 g de thon à l'huile
- 4 brins de basilic
- Sel

Spaghettis au thon

Faciles à faire, ces pâtes sont parfaites pour un pique-nique ou pour un repas express.

1 Lavez les tomates et découpez-les en quatre. Versez 1 cuillerée à soupe d'huile d'olive dans une poêle et faites cuire les quartiers de tomate à feu vif pendant 5 minutes.

2 Épluchez et écrasez l'ail. Mettez à chauffer le reste d'huile d'olive dans une autre poêle. Faites revenir l'ail écrasé et la tapenade pendant 1 minute, puis versez le mélange dans un grand saladier.

3 Faites cuire les spaghettis *al dente* (voir « La cuisson des pâtes » page 296). Égouttez-les et versez-les dans le saladier.

4 Mélangez les pâtes avec la préparation dans le saladier, puis ajoutez le thon en l'émiettant finement. Mélangez de nouveau et déposez les quartiers de tomate cuits et le basilic ciselé.

ULTRA RAPIDE !
Remplacez les tomates cuites par des tomates confites en conserve.

> **C'EST AUSSI BON** en ajoutant des olives noires coupées en rondelles.

Le caddie magique

Des menus pratiques
pour une famille de 4 personnes,
pour chaque soir de la semaine,
et la liste complète des courses
qui va avec...

Pensez aussi aux courses du petit déjeuner !

LUNDI

- Pissaladière aux sardines (recette page 141) et laitue
- Glace

MARDI

- Pennes aux brocolis (recette page 312)
- Compote de pommes

MERCREDI

- Tartines au jambon cru et au comté grillées au four + mâche
- Vacherin minute au chocolat (recette page 574)

Humm ! le menu spécial kids

JEUDI

- Soupe de légumes (au choix !)
- Œufs cocotte
- Salade d'oranges à la marocaine (recette page 578)

Ma liste de courses

Une liste clés en main pour ne rien oublier !

Fruits et légumes
- 6 oranges
- des fruits de saison
- 2 citrons
- du gingembre
- 8 endives
- 1 frisée
- 1 laitue
- de la mâche
- de la roquette
- 600 g de brocolis
- 2 poireaux, 2 navets, 3 carottes, 8-10 pommes de terre, 1 branche de céleri ou 1 brique de soupe prête à l'emploi
- 4 oignons
- 7 gousses d'ail

Herbes
- menthe
- persil
- basilic
- thym

Fruits secs
- cerneaux de noix
- amandes effilées
- pistaches
- pignons de pin
- raisins secs
- dattes

Charcuterie
- 8 tranches de jambon blanc
- 4 tranches de jambon cru

Poissonnerie
- 4 soles

Fromagerie
- 1 paquet de gruyère râpé
- 1 morceau de comté (100 g)
- 1 morceau de roquefort (50 g)
- 1 sachet de parmesan râpé
- 2 boules de mozzarella

Rayon frais
- 2 rouleaux de pâte à pizza
- 4 yaourts
- 4 œufs
- 1 briquette de crème liquide
- 1 plaque de beurre

Rayon surgelés
- 1 pot de glace (goût au choix)
- 1/2 litre de glace au chocolat
- 30 filets de sardines

Rayon des conserves
- 1 grosse boîte d'abricots au sirop
- de la béchamel prête à l'emploi
- 3 grosses boîtes de tomates pelées
- 2 boîtes d'anchois à l'huile
- 1 bocal d'olives noires
- 1 boîte de compote de pommes

Épicerie
- 1 paquet de pennes
- 1 flacon d'eau de fleur d'oranger
- 1 paquet de farine

Boulangerie-pâtisserie
- 4 meringues nature
- 1 pain de campagne

le samedi, c'est le jour des courses

VENDREDI

* Frisée aux fromages et aux noix (recette page 27)
* Pizza (tomates concassées + mozzarella + olives noires)
* Yaourts

SAMEDI

* Endives au jambon (recette page 97) et salade verte
* Des fruits !

DIMANCHE

* Salade de roquette
* Soles meunières (recette page 92)
* Poêlée d'abricots au gingembre (recette page 590)

Le samedi et le dimanche midi c'est papa qui cuisine avec les courses du marché !

POUR 4 PERSONNES
PRÉPARATION : 10 min
CUISSON : 10 min environ
DIFFICULTÉ : ★
COÛT : €

- 4 brins de basilic
- 2 oignons
- 1 gousse d'ail
- 1 citron non traité
- 6 cuill. à soupe d'huile d'olive
- 250 g de spaghettis
- 400 g de crevettes décortiquées
- Sel et poivre du moulin

MON PLUS

Au moment de servir, je décore le plat avec des petites feuilles de basilic.

Spaghettis aux crevettes

Un peu d'ail, de basilic, quelques crevettes et des pâtes : elle est pas belle la vie ?

1 Préparez une sauce basilic-huile d'olive : lavez et hachez le basilic, épluchez et émincez les oignons. Pelez et écrasez l'ail. Prélevez le zeste du citron et hachez-le. Dans un bol, mélangez 4 cuillerées à soupe d'huile d'olive avec le basilic haché, l'ail écrasé et le zeste de citron, salez, poivrez.

2 Faites cuire les pâtes (voir « La cuisson des pâtes » page 296).

3 Pendant ce temps, faites chauffer 2 cuillerées à soupe d'huile d'olive dans une poêle, et faites-y revenir les crevettes pendant 2 ou 3 minutes selon leur taille, salez et poivrez.

4 Égouttez les pâtes, mettez-les dans un plat creux, ajoutez la sauce basilic-huile d'olive, les crevettes et les oignons crus émincés. Mélangez, vérifiez l'assaisonnement puis servez.

POUR 4 PERSONNES
PRÉPARATION : 10 min
CUISSON : 10 min environ
DIFFICULTÉ : ★
COÛT : € €

- 250 g de spaghettis
- 2 échalotes
- 1 gousse d'ail
- 25 g de beurre
- 10 cl de vin blanc
- 2 cuill. à soupe de crème fraîche épaisse
- 500 g de fruits de mer surgelés (noix de saint-jacques, crevettes, moules, calamars)
- 150 g de haricots verts surgelés
- 50 g de parmesan râpé
- Sel et poivre du moulin

MON PLUS

Je remplace parfois les haricots verts par des pointes d'asperge.

Spaghettis aux fruits de mer

Des pâtes aux saveurs douces et marines, qui plairont à tous.

1 Faites cuire les spaghettis (voir « La cuisson des pâtes » page 296).

2 Pendant ce temps, épluchez et émincez les échalotes et l'ail. Faites-les revenir dans une poêle, avec le beurre. Arrosez de vin blanc et ajoutez la crème fraîche. Laissez mijoter pendant 5 minutes puis ajoutez le mélange de fruits de mer, sans les décongeler au préalable. Laissez cuire pendant 1 minute, mélangez et ajoutez les haricots verts surgelés. Laissez cuire encore 5 minutes.

3 Égouttez les spaghettis et ajoutez-les dans la sauteuse. Mélangez, rectifiez l'assaisonnement. Saupoudrez de parmesan et servez ce plat bien chaud.

ULTRA RAPIDE !

Les échalotes et l'ail hachés surgelés sont pratiques et vous feront gagner du temps.

POUR 4 PERSONNES
PRÉPARATION : 10 min
CUISSON : 15 min
DIFFICULTÉ : ★
COÛT : € € €

- 50 g de chorizo
- 200 g de spaghettis
- 100 g de nouilles au sarrasin
- 30 g de beurre
- 1 ½ cuill. à soupe d'huile d'olive
- 16 langoustines
- Quelques feuilles de cerfeuil
- Sel

MON PLUS

Je remplace parfois le cerfeuil par de la coriandre.

Pâtes aux langoustines et au chorizo

Chic et tendance, ces pâtes allient la force du chorizo au goût subtil des langoustines.

1 Détaillez le chorizo en petits morceaux.

2 Faites cuire les spaghettis et les nouilles au sarrasin (voir « La cuisson des pâtes » page 296) ; les pâtes doivent rester bien fermes.

3 Dans une sauteuse, faites chauffer à feu vif la moitié du beurre et 1 cuillerée à soupe d'huile d'olive. Saisissez les langoustines pendant 1 ou 2 minutes de chaque côté, selon leur grosseur. Retirez-les, laissez-les refroidir pour retirer les carapaces.

4 Faites fondre le reste du beurre dans la même poêle. Égouttez les pâtes et versez-les dans la poêle. Ajoutez les langoustines décortiquées et les morceaux de chorizo, mélangez pendant 1 minute à feu moyen.

5 Répartissez les pâtes aux langoustines et au chorizo dans les assiettes. Parsemez de quelques feuilles de cerfeuil et arrosez d'un filet d'huile d'olive.

> **C'EST AUSSI BON** avec des nouilles soba (à la farine de sarrasin), que vous trouverez dans les magasins diététiques, dans les rayons étrangers des supermarchés ou dans les magasins asiatiques.

POUR 4 PERSONNES
PRÉPARATION : 5 min
CUISSON : 8 min environ
DIFFICULTÉ : ★
COÛT : € € €

- 2 échalotes
- 1 botte de ciboulette
- 350 g de spaghettis
- 6 cuill. à soupe d'huile d'olive
- 70 g de caviar
- Sel et poivre du moulin

Spaghettis au caviar

Ce plat ultra rapide à réaliser, mais très chic, surprendra vos convives un soir de fête.

1 Épluchez les échalotes, émincez-les finement. Lavez et ciselez la ciboulette.

2 Faites cuire les spaghettis *al dente* (voir « La cuisson des pâtes » page 296).

3 Égouttez les pâtes, versez-les dans un saladier, arrosez-les d'huile d'olive. Ajoutez les échalotes émincées et poivrez.

4 Répartissez les pâtes dans quatre assiettes chaudes, déposez 1 cuillerée de caviar et parsemez de ciboulette ciselée. Servez aussitôt.

ULTRA RAPIDE !

Les surgelés sont pratiques : n'oubliez pas d'utiliser des échalotes hachées surgelées.

> **C'EST AUSSI BON** avec des œufs de hareng fumé ou des œufs de saumon... mais c'est moins chic que le caviar.

POUR 4 PERSONNES
PRÉPARATION : 15 min
CUISSON : 25 min
DIFFICULTÉ : ★
COÛT : €

- 3 gousses d'ail
- 5 gros oignons
- 1 piment frais
- 4 cuill. à soupe d'huile d'olive
- 2 feuilles de laurier
- 1 brin de thym
- 1 brin d'origan
- 2 petites tomates bien mûres
- 25 cl de bouillon de légumes
- 300 g de spaghettis
- 5 feuilles de basilic
- Sel

MON PLUS

Je sers ces pâtes dans des assiettes creuses individuelles ou dans des coupelles.

Spaghettis aux oignons et au piment

Légèrement corsées — voire très épicées — ces pâtes sont à réserver aux amateurs de saveurs fortes.

1 Pelez et hachez les gousses d'ail et les oignons. Hachez le piment.

2 Faites chauffer l'huile d'olive dans une grande cocotte, faites revenir à feu doux l'ail et les oignons hachés. Ajoutez le laurier, le thym et l'origan. Salez et laissez cuire 15 minutes ; les oignons doivent réduire de moitié.

3 Pendant ce temps, pelez les tomates, épépinez-les et découpez-les en petits dés.

4 Lorsque les oignons sont cuits, ajoutez dans la cocotte les dés de tomate, le piment haché et laissez cuire 5 minutes en mouillant avec le bouillon de légumes.

5 Faites cuire les pâtes *al dente* (voir « La cuisson des pâtes » page 296).

6 Égouttez les pâtes et mettez-les dans la cocotte avec la sauce. Laissez 1 minute sur le feu en mélangeant bien. Versez dans un plat creux et parsemez de basilic haché.

> **À SERVIR** avec du jambon de pays ou du jambon blanc.

POUR 4 PERSONNES
PRÉPARATION : 10 min
CUISSON : 18 min environ
DIFFICULTÉ : ★
COÛT : €

- 3 courgettes
- 2 cuill. à soupe d'huile d'olive
- 100 g de bleu d'Auvergne
- 240 g de spaghettis au blé complet
- Sel et poivre du moulin

MON PLUS

J'enrichis ce plat de 260 g de petits pois extrafins (en conserve) qui ajoutent une note légèrement sucrée.

Spaghettis complets au bleu et aux courgettes

Faites découvrir les pâtes au blé complet à toute la famille !

1 Lavez les courgettes et découpez-les en morceaux, sans les éplucher.

2 Faites revenir les courgettes dans une poêle avec l'huile d'olive pendant 10 minutes, salez et poivrez. Ajoutez le fromage coupé en morceaux et laissez-le fondre.

3 Faites cuire les pâtes (voir « La cuisson des pâtes » page 296).

4 Égouttez les pâtes, mettez-les dans un plat creux. Versez les courgettes au fromage, mélangez et servez aussitôt.

⊳ **À SERVIR** avec du jambon de pays.

POUR 4 PERSONNES
PRÉPARATION : 10 min
CUISSON : 10 min environ
DIFFICULTÉ : ★
COÛT : € € €

- 2 oignons
- 250 g de sardines à l'huile en conserve
- Le jus de 1/2 citron
- 600 g de linguines
- 100 g d'olives noires dénoyautées
- 70 g de raisins secs
- 1 dose de safran
- 70 g de pignons de pin
- 1 cuill. à soupe de graines de fenouil
- Sel

MON PLUS

Je sers ce plat dans des assiettes creuses chaudes.

Linguines à la sarde

Voici une nouvelle manière de déguster des sardines, qui enchantera les amateurs de sucré-salé.

1 Pelez puis hachez les oignons. Égouttez les sardines en réservant leur huile. Posez les filets dans une assiette et arrosez-les de jus de citron.

2 Faites cuire les pâtes (voir « La cuisson des pâtes » page 296).

3 Pendant ce temps, versez l'huile des sardines dans une poêle et faites-la chauffer à feu doux ; mettez-y les oignons hachés à blondir. Ajoutez les olives coupées en deux, les raisins et le safran. Laissez cuire 3 minutes à feu doux, puis ajoutez les pignons et réservez.

4 Égouttez les pâtes et mettez-les dans un plat creux. Versez par-dessus le contenu de la poêle et mélangez. Posez par-dessus les filets de sardine et leur marinade, décorez avec des graines de fenouil.

> **C'EST AUSSI BON** avec du thon à l'huile à la place des sardines.

POUR 4 PERSONNES
PRÉPARATION : 15 min
CUISSON : 10 min environ
DIFFICULTÉ : ★
COÛT : € €

Pappardelles aux cèpes

Simples, raffinées et pimentées, ces pâtes sortent vraiment de l'ordinaire.

- 1 gousse d'ail
- 300 g de cèpes frais
- 400 g de pappardelles à l'œuf
- 3 cuill. à soupe d'huile d'olive
- 1 piment oiseau
- 200 g de tomates concassées en conserve
- 3 brins de persil
- Sel et poivre du moulin

1 Épluchez l'ail. Nettoyez les cèpes et découpez-les en lamelles.

2 Faites cuire les pappardelles (voir « La cuisson des pâtes » page 296).

3 Pendant ce temps, dans une sauteuse, faites revenir dans l'huile d'olive l'ail écrasé et le piment émietté. Ajoutez les tomates concassées, le persil ciselé, du sel et du poivre. Remuez et faites cuire pendant 2 minutes à feu vif. Ajoutez les cèpes et faites-les sauter quelques minutes.

4 Égouttez les pâtes. Mettez-les dans la sauteuse, mélangez pour les enrober de sauce et versez sur le plat de service. Servez bien chaud.

ULTRA RAPIDE !
Optez pour des cèpes surgelés.

> **À SERVIR** avec un rôti de bœuf.

TRUC DE CHEF

Faites peu cuire les cèpes pour qu'ils conservent leur parfum. Si vous utilisez des cèpes séchés, réhydratez-les dans de l'eau tiède pendant 30 minutes avant de les cuisiner.

POUR 4 PERSONNES
PRÉPARATION : 5 min
CUISSON : 10 min environ
DIFFICULTÉ : ★
COÛT : €

- 400 g de tagliatelles
- 50 g de beurre
- 400 g de noix de pétoncle surgelées
- 20 cl de crème fraîche liquide
- 1 cuill. à soupe de ketchup
- Sel et poivre du moulin

MON PLUS

J'ajoute quelques pointes d'asperge surgelées revenues rapidement dans de l'huile d'olive.

Tagliatelles aux noix de pétoncle

Un plat coloré au petit goût iodé : ces pâtes sont exquises.

1 Faites cuire les pâtes (voir « La cuisson des pâtes » page 296).

2 Pendant ce temps, mettez le beurre à fondre dans une poêle, et faites-y dorer les noix de pétoncle (sans les décongeler au préalable) pendant 2 minutes de chaque côté. Retirez-les et réservez au chaud.

3 Versez la crème liquide dans la poêle et mélangez avec une cuillère en bois pour décoller tous les sucs. Ajoutez le ketchup et mélangez.

4 Égouttez les pâtes, versez-les dans un grand saladier. Ajoutez les noix de pétoncle et la sauce au ketchup, mélangez ; poivrez et servez.

> **C'EST AUSSI BON** avec des petites crevettes roses à la place des pétoncles.

POUR 4 PERSONNES
PRÉPARATION : 10 min
CUISSON : 15 min
DIFFICULTÉ : ★★
COÛT : €

- 300 g de courgettes
- 1 cube de bouillon d'aromates échalote-persil
- 300 g de tagliatelles
- 1 gousse d'ail
- 60 g de fromage de chèvre frais
- Sel et poivre du moulin

TRUC DE CHEF

Retirez le germe de l'ail, responsable de son odeur forte. L'ail sera aussi plus digeste.

Tagliatelles au coulis de courgettes

Le fromage de chèvre corse les courgettes qui, quant à elles, adoucissent l'ail.

1 Lavez les courgettes. Avec un couteau Économe, prélevez 4 rubans de peau, réservez-les, puis découpez les courgettes en lamelles.

2 Faites bouillir 10 cl d'eau dans une casserole, ajoutez le bouillon-cube d'aromates et les lamelles de courgette. Couvrez et laissez cuire pendant 15 minutes.

3 Pendant ce temps, faites cuire les pâtes (voir « La cuisson des pâtes » page 296).

4 Pelez et écrasez la gousse d'ail. Lorsque les courgettes sont cuites, mixez-les, puis ajoutez le fromage de chèvre émietté et l'ail, mixez à nouveau. Vérifiez l'assaisonnement et conservez au chaud.

5 Égouttez les tagliatelles, servez-les directement dans les assiettes. Nappez-les de coulis de courgettes et déposez un ruban de peau de courgette sur chaque assiette.

> **À SERVIR** avec un filet de poisson à la vapeur ou du jambon de Parme.

POUR 4 PERSONNES
PRÉPARATION : 10 min
CUISSON : 20 min
DIFFICULTÉ : ★
COÛT : €

- 2 cuill. à soupe d'huile d'olive
- 200 g de bœuf haché
- 400 g de tomates concassées en conserve
- 160 g de plaques de lasagnes précuites
- 50 g de parmesan râpé
- 25 cl de crème fraîche liquide
- Sel et poivre du moulin

Lasagnes à la bolognaise express

Classiques mais rapides, ces lasagnes feront l'unanimité.

1 Préchauffez le four à 220 °C (therm. 7-8).

2 Dans une poêle, faites chauffer l'huile d'olive. Faites dorer rapidement la viande hachée. Ajoutez les tomates concassées, salez, poivrez et faites revenir l'ensemble en remuant, pendant 2 minutes.

3 Dans un plat à four, disposez, en alternant, une couche de lasagnes, une couche du mélange viande-tomates, et terminez par les plaques de lasagnes.

4 Dans un bol, mélangez le parmesan râpé avec la crème liquide. Étalez sur les lasagnes et enfournez pendant 15 minutes environ. Servez bien chaud.

⊳ **À SERVIR** avec une salade d'endives, de roquette ou une simple salade verte.

⊳ **C'EST AUSSI BON** avec du jambon haché et du comté.

POUR 4 PERSONNES

PRÉPARATION : 15 min + décongélation des épinards

MARINADE : 10 min

CUISSON : 20 min

DIFFICULTÉ : ★★

COÛT : € €

- 500 g d'épinards en branches surgelés
- Le jus de 1 citron vert
- 200 g de dos de saumon
- 400 g de tomates pelées concassées en conserve
- 1 boule de mozzarella
- 10 plaques de lasagnes précuites
- Un peu d'huile d'olive

MON PLUS

J'ajoute du parmesan par-dessus, que je fais gratiner.

Lasagnes au saumon et aux épinards

Ce plat est aussi bon à déguster qu'agréable à regarder.

1 Faites décongeler les épinards dans une passoire, à température ambiante, pendant 15 minutes.

2 Versez le jus de citron vert dans une assiette creuse. Découpez le saumon en lanières, mettez celles-ci dans le jus de citron et laissez mariner pendant 10 minutes.

3 Faites chauffer le four à 210 °C (therm. 7). Mettez les tomates concassées dans un saladier. Découpez la boule de mozzarella en fines rondelles.

4 Étalez un peu de tomates au fond d'un plat à gratin. Disposez une couche de lasagnes, puis la moitié des lanières de saumon égouttées, des épinards et des tomates. Mettez une nouvelle couche de lasagnes puis disposez le reste des ingrédients, en gardant un peu de tomates. Terminez par un dernier rang de lasagnes, et mettez par-dessus des rondelles de mozzarella, le reste des tomates et un filet d'huile d'olive. Enfournez et laissez cuire pendant 20 minutes. Dégustez très chaud.

> **À SERVIR** avec une salade de roquette.

Des légumes sinon rien !

POUR 4 PERSONNES
PRÉPARATION : 10 min
CUISSON : 10 min
DIFFICULTÉ : ★
COÛT : €

- 1 kg de carottes
- 2 cuill. à soupe d'huile d'olive
- 1/2 cuill. à soupe d'anis en grains
- 2 cuill. à soupe de crème fraîche
- 2 cuill. à soupe de persil haché
- Sel et poivre du moulin

Carottes à l'anis

Rapides, parfumées et légères, ces carottes accompagneront avec goût la plus modeste tranche de jambon.

1 Épluchez les carottes, coupez-les en rondelles.

2 Versez l'huile dans une casserole, ajoutez les carottes, du sel, du poivre et l'anis. Faites cuire à l'étouffée pendant 10 minutes en mélangeant souvent.

3 Avant de servir, ajoutez la crème et le persil haché puis mélangez.

ULTRA RAPIDE !
Prenez des carottes sous vide déjà coupées en rondelles et du persil haché surgelé.

> **À SERVIR** avec du poulet rôti ou des tranches de jambon à l'os.

> **C'EST AUSSI BON** sans la crème fraîche !

POUR 4 PERSONNES
PRÉPARATION : 20 min
CUISSON : de 20 à 25 min
DIFFICULTÉ : ★
COÛT : €

- 1 kg de courgettes
- 1 cuill. à soupe de semoule fine
- 1/2 bouquet de menthe fraîche
- 250 g de fromage de chèvre frais

Pour le crumble :

- 75 g de beurre
- 150 g de farine complète
- 2 cuill. à café d'huile d'olive
- Sel

Crumble de courgettes

Un crumble version salée et parfumée.

1 Préchauffez le four à 210 °C (therm. 7). Sortez le beurre du réfrigérateur pour le ramollir.

2 Lavez les courgettes à l'eau froide, ôtez les extrémités et râpez les courgettes finement. Pressez-les entre les mains pour les essorer, déposez-les dans un saladier et saupoudrez-les de semoule.

3 Lavez puis ciselez les feuilles de menthe et découpez le chèvre frais en dés. Mélangez ceux-ci aux courgettes et étalez la préparation dans un plat à four.

4 Préparez le crumble : mélangez dans un saladier la farine avec le beurre ramolli et un peu de sel, versez l'huile d'olive et pétrissez pour obtenir une semoule grossière. Si la pâte a un aspect trop sec, ajoutez de l'huile d'olive.

5 Répartissez ce crumble sur les courgettes, enfournez et laissez cuire de 20 à 25 minutes. Parsemez de menthe et servez le crumble bien chaud.

▷ **À SERVIR** avec du jambon de pays ou du poisson grillé.

▷ **C'EST AUSSI BON** avec du fromage frais à tartiner, assaisonné de poivre moulu, à la place du fromage de chèvre.

POUR 4 PERSONNES
PRÉPARATION : 10 min
CUISSON : 20 min
DIFFICULTÉ : ★
COÛT : €

Courgettes à la brousse et au thym

Vous pouvez servir ces délicieuses courgettes farcies aussi bien en entrée qu'en accompagnement.

- 4 belles courgettes
- 100 g de brousse (ou de fromage frais de chèvre)
- 2 œufs
- 1 cuill. à café de thym frais
- 1 cuill. à soupe d'huile d'olive
- 2 cuill. à soupe de chapelure
- Poivre du moulin

1 Préchauffez le four à 240 °C (therm. 8).

2 Lavez les courgettes et coupez-les en deux dans le sens de la longueur, sans les éplucher. Faites-les cuire pendant 10 minutes à la vapeur.

3 Enlevez la pulpe des courgettes précuites avec une cuillère à café, écrasez-la à la fourchette. Mélangez-la avec le fromage, les œufs et le thym. Poivrez, mais ne salez pas.

4 Remplissez les demi-courgettes avec la préparation, disposez-les dans un plat à four huilé, saupoudrez de chapelure et faites gratiner pendant 10 minutes.

> **À SERVIR** avec des blancs de poulet ou de dinde cuits à la vapeur.

> **C'EST AUSSI BON** avec des tomates à la place des courgettes, ou en ajoutant à la farce du jambon haché.

MON PLUS

Je prends des courgettes rondes, pour une plus jolie présentation.

TRUC DE CHEF

Faites attention à ne pas trouer la peau des courgettes en les évidant.

POUR 4 PERSONNES
PRÉPARATION : 15 min
CUISSON : 20 min
DIFFICULTÉ : ★
COÛT : €

- 500 g de tomates cerises
- 3 courgettes
- 1 branche de thym
- 4 œufs
- 10 cl de crème fraîche
- 20 cl de lait
- 1 saint-marcellin
- Sel et poivre du moulin

MON PLUS

Je varie la présentation du clafoutis en utilisant des ramequins.

Clafoutis de tomates au chèvre

Faites entrer le soleil dans votre cuisine avec ce clafoutis.

1 Préchauffez le four à 180 °C (therm. 6).

2 Lavez et séchez les tomates et les courgettes. Coupez les tomates en deux et les courgettes en fines rondelles, mettez l'ensemble dans un plat et saupoudrez de thym frais. Réservez.

3 Dans un saladier, fouettez les œufs entiers avec la crème et le lait. Coupez le saint-marcellin en petits morceaux, ajoutez ceux-ci à la préparation. Salez et poivrez.

4 Versez le mélange œufs-fromage-lait sur les légumes. Enfournez et faites cuire de 15 à 20 minutes.

5 Servez ce clafoutis chaud ou tiède.

> **À SERVIR** avec une salade verte.

> **C'EST AUSSI BON** avec 100 g de parmesan à la place du saint-marcellin.

POUR 4 PERSONNES
PRÉPARATION : 20 min
CUISSON : de 20 à 30 min
DIFFICULTÉ : ★
COÛT : €

- 8 tomates moyennes
- 4 cuill. à soupe d'olives noires dénoyautées
- 200 g de champignons blancs
- 2 petites courgettes
- 2 tranches de pain de mie
- 5 cl de lait
- 2 cuill. à soupe de fromage frais aux herbes
- 4 cuill. à soupe d'huile d'olive
- 100 g de gruyère râpé
- Sel et poivre du moulin

Tomates gratinées

Ces tomates sont bien plus originales et plus légères que les tomates farcies à la viande.

1 Préchauffez le four à 200 °C (therm. 6-7) Huilez un plat à gratin.

2 Lavez et séchez les tomates. Coupez les chapeaux et évidez les tomates avec une cuillère à soupe. Jetez les graines mais conservez la pulpe, hachez-la au couteau. Salez l'intérieur des tomates, retournez-les sur du papier absorbant et réservez.

3 Préparez la farce : coupez les olives en morceaux ; lavez et essuyez les champignons, coupez-les en petits dés. Faites de même avec les courgettes. Trempez le pain de mie dans le lait et émiettez-le. Dans un saladier, mélangez la pulpe de tomates hachée, les dés de courgette et de champignon, les olives, le pain de mie, le fromage aux herbes, salez et poivrez.

4 Essuyez les tomates et farcissez-les. Placez-les dans le plat. Arrosez d'un filet d'huile d'olive, parsemez de gruyère râpé et enfournez. Laissez cuire de 20 à 30 minutes, le fromage doit être bien doré.

⊳ **À SERVIR** avec du riz basmati.

⊳ **C'EST AUSSI BON** avec du parmesan râpé à la place du gruyère râpé, ou en ajoutant du thon au naturel.

POUR 4 PERSONNES
PRÉPARATION : 10 min
CUISSON : 30 min
DIFFICULTÉ : ★
COÛT : €

- 4 longues aubergines
- 10 tomates
- 3 cuill. à soupe d'huile d'olive
- 1 cuill. à café de thym
- Sel et poivre du moulin

MON PLUS

Je sers les tians dans des petits plats à gratin individuels.

Tian d'aubergines et de tomates

Ce plat typiquement provençal est aussi bon que beau.

1 Préchauffez le four à 240 °C (therm. 8).

2 Lavez puis essuyez les aubergines, retirez le pédoncule. Lavez et essuyez les tomates.

3 Huilez un plat à four. Découpez les aubergines en rondelles de 1/2 cm d'épaisseur et les tomates en tranches de 1 cm d'épaisseur. Rangez dans le plat huilé les rondelles d'aubergine et les tranches de tomate verticalement et en les alternant. Salez, poivrez, saupoudrez de thym et arrosez du reste d'huile.

4 Enfournez et laissez cuire 30 minutes en arrosant les légumes avec le jus de cuisson. Présentez le tian chaud ou tiède.

▷ **À SERVIR** avec du poisson à la vapeur.

▷ **C'EST AUSSI BON** avec du romarin au lieu du thym.

POUR 4 PERSONNES
PRÉPARATION : 15 min
CUISSON : 25 min environ
DIFFICULTÉ : ★
COÛT : €

- 3 longues aubergines
- 4 cuill. à soupe d'huile d'olive
- 200 g de feta
- 2 cuill. à soupe de pistaches nature concassées
- 2 cuill. à soupe de miel
- Sel et poivre du moulin

Aubergines grillées à la feta et au miel

Le miel apporte une touche d'originalité à ce plat tout simple.

1 Préchauffez le four à 210 °C (therm. 7).

2 Enlevez le pédoncule des aubergines, lavez celles-ci puis essuyez-les. Coupez-les en tranches fines dans le sens de la longueur.

3 Faites chauffer l'huile d'olive dans une grande poêle, faites dorer des deux côtés les tranches d'aubergine. Déposez celles-ci au fur et à mesure dans un plat à four.

4 Lorsque toutes les tranches sont dorées et déposées dans le plat, émiettez la feta par-dessus, et parsemez de pistaches concassées. Faites couler le miel en zigzag sur le plat et enfournez. Laissez cuire pendant 15 minutes.

5 Servez ce plat chaud ou tiède.

> **À SERVIR** avec du poulet rôti.

> **C'EST AUSSI BON** avec des amandes ou des noisettes.

MON PLUS

Je prépare le plat à l'avance et je le passe au four juste avant le repas.

POUR 4 PERSONNES
PRÉPARATION : 10 min
CUISSON : 30 min
DIFFICULTÉ : ★
COÛT : €

Tarte aux blettes et à la ricotta

Belle harmonie de couleurs et de saveurs pour cette tarte rustique.

- 2 oignons
- 2 cuill. à soupe d'huile d'olive
- 6 filets d'anchois à l'huile
- 500 g de vert de blettes
- 150 g de cèpes surgelés
- 3 œufs
- 90 g de ricotta
- 1 rouleau de pâte brisée préétalée de 230 g
- Sel et poivre du moulin

1 Faites préchauffer le four à 210 °C (therm. 7). Pelez et émincez les oignons.

2 Faites chauffer l'huile d'olive dans une casserole et faites-y revenir les oignons émincés jusqu'à ce qu'ils soient translucides, sans être dorés. Ajoutez les anchois, le vert de blettes, les cèpes et 2 cuillerées à soupe d'eau. Salez, poivrez et laissez mijoter pendant 5 minutes.

3 Battez les œufs avec la ricotta dans un saladier. Ajoutez ce mélange aux légumes poêlés.

4 Garnissez un moule à tarte avec la pâte brisée et versez-y la préparation. Faites cuire pendant 25 minutes environ.

MON PLUS

Je dispose la pâte dans le moule avec le papier afin de démouler facilement la tarte.

> **À SERVIR** avec une salade de roquette et quelques tranches de jambon de Parme.

> **C'EST AUSSI BON** avec des épinards en branches ou des champignons de Paris.

POUR 4 PERSONNES
PRÉPARATION : 10 min
CUISSON : 8 min
DIFFICULTÉ : ★
COÛT : €

- 500 g de brocolis surgelés
- 4 cuill. à soupe d'amandes effilées
- 1 gousse d'ail
- 1 morceau de gingembre frais
- 3 cuill. à soupe d'huile d'olive
- 2 cuill. à soupe de vinaigre de vin
- 2 cuill. à soupe de sauce soja
- 2 cuill. à soupe d'huile de sésame

Brocolis aux amandes

Qui a dit que les brocolis étaient tristes ?

1 Faites cuire les brocolis dans une casserole d'eau bouillante salée, pendant 3 minutes environ, en veillant à ce qu'ils restent croquants.

2 Faites griller les amandes effilées dans une poêle, sans matière grasse, réservez-les sur une assiette.

3 Épluchez la gousse d'ail dégermée et le gingembre, émincez-les finement. Dans la même poêle, faites chauffer l'huile d'olive, ajoutez l'ail et le gingembre émincés, et les brocolis égouttés. Faites sauter à feu vif pendant 5 minutes en remuant, puis retirez la poêle du feu.

4 Fouettez le vinaigre, la sauce soja et l'huile de sésame dans un bol, versez sur les brocolis, mélangez. Disposez les brocolis assaisonnés sur un plat de service et saupoudrez d'amandes grillées.

ULTRA RAPIDE !
Utilisez de l'ail et du gingembre hachés surgelés.

⊳ **À SERVIR** avec un pavé de saumon, ou tout autre poisson grillé ou cuit à la vapeur.

POUR 4 PERSONNES
PRÉPARATION : 15 min
CUISSON : 30 min
DIFFICULTÉ : ★
COÛT : €

Quiche aux brocolis et aux tomates

Cette délicieuse tarte réconciliera vos enfants avec les brocolis.

- 500 g de brocolis
- 3 tomates en grappe bien mûres
- 1 rouleau de pâte brisée
- 2 cuill. à soupe de moutarde
- 4 œufs
- 30 cl de crème fraîche
- 30 cl de lait
- Sel et poivre du moulin

MON PLUS

J'ajoute des rondelles de mozzarella 10 minutes avant la fin de la cuisson.

1 Préchauffez le four à 210 °C (therm. 7). Faites chauffer de l'eau dans une casserole.

2 Lavez les brocolis, séparez-les en petits bouquets. Faites-les cuire pendant 6 minutes dans la casserole d'eau bouillante ; salez.

3 Lavez les tomates et coupez-les en rondelles. Posez la pâte brisée dans un moule à tarte, badigeonnez-la de 1 cuillerée à soupe de moutarde, puis disposez les rondelles de tomates.

4 Égouttez les brocolis, écrasez-les à la fourchettes et déposez-les sur les tomates. Dans un saladier, fouettez les œufs avec la crème, le lait et 1 cuillerée à soupe de moutarde. Salez et poivrez. Versez sur la quiche et faites cuire au four pendant 30 minutes.

ULTRA RAPIDE !
Utilisez des bouquets de brocolis surgelés.

⊳ **À SERVIR** avec une salade de roquette ou d'endives.

POUR 4 PERSONNES
PRÉPARATION : 10 min
CUISSON : 10 min
DIFFICULTÉ : ★
COÛT : €

- 1 chou-fleur
- 150 g de chèvre frais
- 1 oignon
- 1 cuill. à soupe de mayonnaise
- 2 cuill. à soupe de crème fraîche liquide
- 40 g de parmesan en morceaux
- 3 brins de ciboulette
- Sel et poivre du moulin

MON PLUS

Je fais cuire le chou-fleur le matin, et je prépare la sauce juste avant le repas.

TRUC DE CHEF

Choisissez un chou-fleur bien blanc sans aucune tache.

Salade de chou-fleur croquant

Dans cette recette, le très classique chou-fleur est transformé en un plat frais et original.

1 Faites bouillir une grande quantité d'eau dans une casserole. Séparez les bouquets de chou-fleur et lavez ceux-ci. Dès que l'eau frémit, salez-la et faites cuire les bouquets 10 minutes.

ULTRA RAPIDE !
Utilisez du chou-fleur cuit surgelé.

2 Préparez la sauce : écrasez le chèvre à la fourchette, pelez et hachez l'oignon puis mélangez-les dans un saladier. Ajoutez la mayonnaise et la crème, salez un peu, poivrez puis délayez avec 4 cuillerées à soupe d'eau chaude. Mélangez.

3 Égouttez le chou-fleur, mettez-le dans le saladier, mélangez pour qu'il soit bien enrobé de sauce.

4 Taillez des copeaux de parmesan à l'aide d'un couteau Économe. Lavez et ciselez la ciboulette et parsemez-en la salade. Ajoutez les copeaux de parmesan.

> **À SERVIR** avec des petites saucisses grillées, ou des saucisses de Strasbourg.

> **C'EST AUSSI BON** avec du roquefort à la place du chèvre.

POUR 4 PERSONNES
PRÉPARATION : 15 min
CUISSON : 25 min
DIFFICULTÉ : ★
COÛT : €

- 600 g d'épinards en branches surgelés
- 1 cuill. à soupe d'huile d'olive
- 100 g de lardons nature
- 3 œufs
- 20 cl de crème fraîche liquide
- 60 g de gruyère râpé
- Sel et poivre du moulin

TRUC DE CHEF

Laissez cuire les épinards jusqu'à évaporation complète de leur eau.

Flans d'épinards

On parie qu'ils vous en redemanderont ?

1 Préchauffez le four à 200 °C (therm. 6-7).

2 Faites décongeler les épinards dans une casserole d'eau avec l'huile d'olive. Mettez les lardons à griller dans une poêle sur feu vif.

3 Dans un saladier, battez les œufs, ajoutez la crème, salez, poivrez. Ajoutez les épinards, les lardons, le gruyère râpé, mélangez bien.

4 Versez la préparation dans quatre ramequins et faites cuire pendant 20 minutes. Servez les flans chauds ou tièdes.

⊳ **À SERVIR** avec un poisson grillé ou poché, des escalopes de veau ou des grillades de porc.

POUR 4 PERSONNES
PRÉPARATION : 20 min
CUISSON : 15 min
DIFFICULTÉ : ★
COÛT : €

- 2 petites courgettes
- 1 aubergine
- 1 poivron rouge
- 3 cuill. à soupe d'huile d'olive
- 200 g de pousses d'épinards
- 1 citron non traité
- 3 brins de basilic
- 600 g de blanc de poulet cuit
- 40 g de parmesan en morceaux
- Sel et poivre du moulin

MON PLUS

Je prépare les légumes à l'avance et je compose la salade juste avant de passer à table.

Salade d'épinards frais au poulet et aux légumes

Choisissez des feuilles d'épinards fermes et d'un beau vert pour cette salade composée.

1 Lavez les courgettes, coupez-les en rondelles. Lavez l'aubergine, retirez le pédoncule et coupez-la en cubes. Pelez et épépinez le poivron, coupez-le en lanières. Faites chauffer 2 cuillerées à soupe d'huile dans une sauteuse, et faites revenir les légumes pendant 15 minutes à feu moyen en mélangeant souvent, puis laissez tiédir.

2 Pendant ce temps, lavez et essorez les pousses d'épinards, mettez-les dans un saladier.

3 Préparez la sauce : râpez le zeste du citron, pressez celui-ci, mettez le zeste et le jus dans un bol ; ajoutez du sel, du poivre, 1 cuillerée à soupe d'huile d'olive et les feuilles de basilic.

4 Coupez le poulet en dés. Mettez-le dans le saladier avec les légumes tièdes, arrosez de sauce et mélangez délicatement. Taillez des copeaux de parmesan et déposez-les sur la salade.

⊳ **C'EST AUSSI BON** avec des allumettes de jambon, un reste de gigot froid ou du thon au naturel.

Les légumes dans tous leurs états

Et si vous achetiez des paniers de légumes de saison à des producteurs locaux ?

Variez la cuisson des légumes...

Cuits à la poêle, les légumes restent bien croquants !

Essayez ces recettes simplissimes et originales

* Asperges et épinards en duo (page 54)
* Brocolis aux amandes (page 351)
* Pommes de terre aux olives et aux anchois (page 366)

Cuisson à la cocotte... ça mijote !

Préparez ces petits plats pleins de vitamines

* Carottes à l'anis (page 340)
* Embeurrée de chou vert (page 367)
* Potée de châtaignes au chou (page 370)

Pensez à refroidir votre cocotte avant de l'ouvrir !

Testez ces recettes sans complexe

- Asperges sauce citronnée (page 38)
- Papillotes de cabillaud et brocolis, sauce aux épices (page 376)
- Poêlée de légumes verts au poulet (page 402)

Légumes à la vapeur, spécial programme minceur !

La cuisson au four ? Extra simple et délicieux !

Goûtez ces légumes fondants et gratinés

- Courgettes à l'auvergnate (page 343)
- Flans d'épinards (page 355)
- Tian d'aubergines et de tomates (page 347)

POUR 4 PERSONNES
PRÉPARATION : 10 min
CUISSON : 30 min
DIFFICULTÉ : ★
COÛT : €

- 200 g de fromage blanc en faisselle
- 100 g de feta
- 100 g de pousses d'épinards
- 1 rouleau de pâte feuilletée préétalée de 300 g
- 4 œufs
- 4 cuill. à soupe de pignons de pin
- 1 cuill. à soupe d'huile d'olive
- Sel et poivre du moulin

Quiche aux fromages et aux pousses d'épinards

Épinards et fromages : voici un plat familial plein de vitamines et de calcium, à déguster en toute saison.

1 Préchauffez le four à 210 °C (therm. 7). Faites égoutter la faisselle. Découpez la feta en dés. Lavez les pousses d'épinards, épongez-les, puis équeutez-les.

2 Étalez la pâte feuilletée dans un moule à tarte en laissant le papier sulfurisé, piquez-la de quelques légers coups de fourchette.

3 Battez les œufs entiers dans un saladier avec le fromage blanc égoutté ; ajoutez la feta, salez très peu, poivrez puis versez la préparation sur la pâte feuilletée. Parsemez de pignons, ajoutez les pousses d'épinards et arrosez d'huile d'olive.

4 Enfournez pour 20 minutes, puis baissez la température du four à 180 °C (therm. 6) et poursuivez la cuisson encore 10 minutes.

5 Au moment de servir, faites glisser la quiche sur le plat de service.

⊳ **À SERVIR** avec du jambon de pays et une salade verte.

⊳ **C'EST AUSSI BON** avec le fromage saint-florentin, à la place de la feta.

POUR 4 PERSONNES
PRÉPARATION : 10 min
CUISSON : 30 min
DIFFICULTÉ : ★
COÛT : €

- 700 g de pommes de terre
- 1 gros poivron rouge
- 4 gousses d'ail
- 2 citrons non traités
- 5 cuill. à soupe d'huile d'olive
- 200 g d'olives vertes
- 1 bouquet de coriandre fraîche
- Sel et poivre du moulin

Pommes de terre aux poivrons, citrons et olives

Parions que vous allez oublier les pommes de terre sautées...

1 Pelez les pommes de terre, lavez-les et coupez-les en quatre dans leur longueur. Lavez, épépinez et coupez en lanières le poivron rouge. Pelez et dégermez les gousses d'ail. Lavez et coupez en quartiers les citrons.

2 Dans une grande sauteuse antiadhésive, faites chauffer 3 cuillerées à soupe d'huile d'olive, faites-y revenir les légumes, l'ail et les citrons. Ajoutez les olives, salez, poivrez et laissez mijoter jusqu'à ce que les pommes de terre soient tendres, pendant 30 minutes environ.

3 Pendant ce temps, lavez, essorez et effeuillez la coriandre.

4 Au moment de servir, mélangez la coriandre aux légumes et ajoutez 2 cuillerées à soupe d'huile d'olive.

MON PLUS

Je choisis de préférence des pommes de terre charlottes.

> **À SERVIR** avec un filet de poisson à la vapeur.

POUR 4 PERSONNES
PRÉPARATION : 15 min
CUISSON : 20 min
DIFFICULTÉ : ★
COÛT : €

- 700 g de pommes de terre
- 3 cuill. à soupe de tapenade noire
- 2 cuill. à soupe d'huile d'olive
- 150 g de tomates confites
- Sel et poivre du moulin

Pommes de terre sauce tapenade

Cette recette change agréablement de la classique salade de pommes de terre à la vinaigrette.

1 Faites cuire les pommes de terre, avec la peau, à l'eau bouillante pendant 20 minutes.

2 Délayez la tapenade avec l'huile d'olive dans un bol.

3 Égouttez les pommes de terre, laissez-les tiédir. Pelez-les et coupez-les en quartiers, mélangez avec les tomates confites, arrosez avec la sauce à la tapenade et servez tiède.

> **À SERVIR** avec des filets de cabillaud à la vapeur.

> **C'EST AUSSI BON** avec des fèves ajoutées aux pommes de terre.

MON PLUS

Je fais cuire les pommes de terre à l'avance et je sers la salade froide.

FAITES-LA VOUS-MÊME !

Pour préparer la tapenade, mixez 6 filets d'anchois avec 12 olives noires dénoyautées, 2 cuillerées à soupe de câpres, 2 gousses d'ail et 5 cuillerées à soupe d'huile d'olive.

POUR 4 PERSONNES
PRÉPARATION : 15 min
CUISSON : 20 min
DIFFICULTÉ : ★
COÛT : €

- 1 kg de pommes de terre
- 1 feuille de laurier
- 4 cuill. à soupe d'huile d'olive
- 1 bouquet de persil plat
- 100 g d'olives noires dénoyautées
- 12 piquillos
- Sel et poivre du moulin

MON PLUS

Je varie la présentation en farcissant les piquillos de purée de pommes de terre et en les faisant dorer à l'huile dans une poêle.

TRUC DE CHEF

Achetez des pommes de terre bintjes pour cette recette.

Piquillos, purée de pommes de terre et olives

Ni vraiment poivron, ni complètement piment, le piquillo est un petit légume mi-français mi-espagnol qui s'achète en conserve ou en bocal aussi bien dans les épiceries fines que dans les supermarchés. Les piquillos AOC sont grillés au feu de bois, il ne faut surtout pas les rincer avant de les cuisiner.

1. Pelez les pommes de terre, coupez-les en deux, lavez-les et faites-les cuire dans une grande casserole d'eau bouillante salée, avec la feuille de laurier, pendant 20 minutes.

2. Égouttez les pommes de terre, mettez-les dans un saladier. Versez dessus de l'huile d'olive et écrasez-les grossièrement à la fourchette.

3. Lavez et ciselez le persil. Coupez les olives et les piquillos en dés et ajoutez-les aux pommes de terre, poivrez et parsemez de persil ciselé.

⊳ **À SERVIR** avec du poisson ou un poulet rôti.

POUR 4 PERSONNES
PRÉPARATION : 15 min
CUISSON : 30 min
DIFFICULTÉ : ★
COÛT : €

- 700 g de pommes de terre
- 90 g d'olives noires dénoyautées
- 6 filets d'anchois à l'huile
- 4 cuill. à soupe d'huile d'olive
- 1 cuill. à soupe de câpres
- 1 cuill. à soupe de persil haché
- Poivre du moulin

TRUC DE CHEF

Ne salez surtout pas : les anchois le sont suffisamment.

Pommes de terre aux olives et aux anchois

Proposez ces pommes de terre en accompagnement d'un poisson cuit à la vapeur.

1 Épluchez les pommes de terre, coupez-les en quartiers, puis lavez-les. Hachez grossièrement les olives et les anchois.

2 Dans une poêle en fonte, faites chauffer l'huile à feu moyen. Ajoutez les pommes de terre, les olives, les câpres et les anchois. Poivrez.

3 Couvrez, baissez le feu, laissez cuire pendant 30 minutes à feu doux en remuant régulièrement avec une large spatule pour ne pas endommager les quartiers de pommes de terre. Saupoudrez de persil haché.

4 Servez les pommes de terre dans un plat chaud.

ULTRA RAPIDE !

Prenez des pommes de terre précuites sous vide. Réduisez la cuisson à 10 minutes.

POUR 4 PERSONNES
PRÉPARATION : 10 min
CUISSON : 20 min
DIFFICULTÉ : ★
COÛT : €

- 1 chou vert
- 75 g de beurre
- Sel et poivre du moulin

Embeurrée de chou vert

Fondant à souhait, ce plat est un vrai régal.

1 Retirez les premières feuilles abîmées du chou. Coupez celui-ci en quatre, et faites-le cuire pendant 5 minutes dans de l'eau bouillante salée.

2 Égouttez le chou, coupez-le en lanières de 1 cm. Mettez les lanières de chou dans une casserole, ajoutez le beurre coupé en petits morceaux.

3 Faites cuire à feu doux pendant 15 minutes en mélangeant souvent. Salez, poivrez, servez bien chaud.

> **À SERVIR** avec un rôti de porc, des saucisses fumées ou des roulés de cabillaud au jambon de Parme (recette page 476).

> **C'EST AUSSI BON** avec du beurre demi-sel, et en ajoutant des lardons grillés ou des allumettes de jambon.

TRUC DE CHEF

Prenez le temps de bien mélanger pendant la cuisson afin que le chou se réduise en compote, sans attacher.

POUR 4 PERSONNES
PRÉPARATION : 30 min
CUISSON : 20 min
DIFFICULTÉ : ★
COÛT : €

- 150 g de fèves surgelées
- 1 botte de persil
- 1 citron non traité
- 1 concombre
- 200 g de boulgour
- 10 cl d'huile d'olive
- 150 g d'anchois frais marinés
- 1/2 botte de menthe
- 1/2 botte de coriandre
- Sel et poivre du moulin

MON PLUS

Je prépare le boulgour avec tous les ingrédients à l'avance et j'ajoute les anchois au moment de servir.

Salade de boulgour et de fèves à la menthe

Un petit goût de taboulé… avec plus d'originalité !

1 Faites cuire les fèves pendant quelques minutes dans de l'eau bouillante salée. Égouttez-les.

2 Mixez la botte de persil avec 4 cl d'eau froide, pressez la pulpe obtenue dans un torchon ou dans un tamis pour recueillir 1 verre de jus de persil.

3 Râpez le zeste du citron et pressez celui-ci. Épluchez, épépinez et découpez le concombre en petits dés.

4 Dans un saladier, mélangez le boulgour avec le jus de persil et l'huile d'olive. Salez et poivrez. Laissez gonfler pendant 20 minutes.

5 Égrainez le boulgour avec une fourchette, arrosez de jus de citron, ajoutez les dés de concombre, les fèves et le zeste du citron râpé, mélangez délicatement. Déposez par-dessus les anchois, saupoudrez de menthe et de coriandre ciselées.

> **C'EST AUSSI BON** avec du thon au naturel pour remplacer les anchois.

POUR 4 PERSONNES
PRÉPARATION : 15 min
CUISSON : 15 min
DIFFICULTÉ : ★
COÛT : €

Potée de châtaignes au chou

Ce plat bien réconfortant pour vos repas d'hiver fera vite partie de vos favoris.

- 500 g de chou vert
- 100 g d'oignons
- 1 petite côte de céleri
- 2 cuill. à soupe d'huile d'olive
- 30 g de beurre
- 1 bouquet garni
- 1 feuille de sauge
- 1 branche de romarin
- 1 citron
- 2 pommes reinettes
- 400 g de châtaignes sous vide
- 3 brins de persil
- Sel et poivre du moulin

1 Ôtez les premières feuilles du chou, blanchissez les autres dans de l'eau bouillante salée, égouttez-les et détaillez-les en lanières. Pelez et émincez les oignons, ainsi que le céleri.

2 Dans une sauteuse, faites chauffer l'huile et le beurre, saisissez les oignons émincés sans les laisser colorer, ajoutez le céleri, le chou, le bouquet garni, la sauge et le romarin, salez, poivrez. Mélangez, couvrez et laissez cuire à feu moyen 10 minutes.

3 Pendant ce temps, pressez le citron, pelez les pommes, coupez-les en quartiers, citronnez-les. Ajoutez-les au chou avec les châtaignes, couvrez et laissez cuire à nouveau 5 minutes.

4 Retirez le bouquet garni, la branche de romarin et la feuille de sauge. Versez dans un plat creux et parsemez de persil ciselé.

> **À SERVIR** avec des petits boudins noirs poêlés.

ULTRA RAPIDE !

Prenez des oignons émincés et du persil haché surgelés.

TRUC DE CHEF

Citronner les pommes évite qu'elles noircissent au contact de l'air.

POUR 4 PERSONNES

PRÉPARATION : 15 min

CUISSON : 15 min

DIFFICULTÉ : ★

COÛT : €

- 2 cuill. à soupe d'huile d'olive
- 100 g d'oignons émincés surgelés
- 400 g d'épinards en branches surgelés
- 300 g de haricots verts surgelés
- 250 g d'asperges surgelées
- 2 cuill. à soupe de miel
- 4 cuill. à soupe de sauce soja
- 2 cuill. à café de gingembre râpé surgelé
- 150 g de maïs en conserve

Bouquet de légumes sautés au gingembre

Le gingembre aromatise agréablement ce bouquet de légumes variés.

1 Dans une casserole, faites chauffer l'huile. Faites-y sauter les oignons émincés pendant 1 minute en remuant, puis ajoutez les épinards, les haricots verts et les asperges. Poursuivez la cuisson jusqu'à ce que les légumes soient tendres.

2 Ajoutez le miel, la sauce soja, le gingembre, le maïs égoutté, 20 cl d'eau, et portez à ébullition. Versez aussitôt dans le plat de service.

> **À SERVIR** avec du riz au jasmin.

> **C'EST AUSSI BON** en ajoutant du filet de porc coupé en tranches fines ou du poulet en lanières.

POUR 4 PERSONNES
PRÉPARATION : 15 min
CUISSON : 20 min
DIFFICULTÉ : ★★
COÛT : €

- 8 fonds d'artichaut en conserve
- 6 cuill. à soupe d'huile d'olive
- 200 g d'oignons
- 4 feuilles de sauge
- 4 cuill. à soupe de coulis de tomates
- 15 cl de crème fraîche
- 1 boule de mozzarella
- 75 g de parmesan râpé

Parmigiane d'artichauts

Pour changer un peu des aubergines.

1 Préchauffez le four à 210 °C (therm. 7).

2 Émincez les fonds d'artichaut en 3 tranches, dans l'épaisseur. Faites frire ces tranches dans une poêle avec 4 cuillerées d'huile d'olive. Égouttez-les sur du papier absorbant.

3 Épluchez et émincez les oignons, faites-les dorer dans l'huile restante avec les feuilles de sauge.

4 Mélangez le coulis de tomates avec la crème. Coupez la mozzarella en tranches fines.

5 Dans un plat à four, étalez les oignons, disposez par-dessus la moitié des tranches d'artichaut, recouvrez de la moitié de la crème à la tomate et de la moitié de la mozzarella coupée en lamelles, saupoudrez de parmesan. Recommencez l'opération et terminez par une couche de parmesan. Faites gratiner au four pendant 20 minutes.

> **À SERVIR** avec un filet de poisson à la vapeur.

ULTRA RAPIDE !
Utilisez des oignons émincés surgelés.

MON PLUS
Je prépare le plat le matin et je le mets au four avant de passer à table.

TRUC DE CHEF
Ne salez pas, le parmesan étant déjà salé.

Programme minceur

POUR 4 PERSONNES
PRÉPARATION : 10 min
CUISSON : 15 min environ
DIFFICULTÉ : ★
COÛT : € €

Papillotes de cabillaud et brocolis, sauce aux épices

- 600 g de brocolis
- 4 morceaux de cabillaud de 150 à 200 g chacun

Pour la sauce :

- 1 citron
- 1 gousse d'ail
- 1/2 bouquet de coriandre
- 2 yaourts nature brassés
- 1 cuill. à café de cannelle
- 1 cuill. à café de cumin
- 1 cuill. à café de paprika
- Sel et poivre blanc

La cuisson en papillote : aucune matière grasse, ainsi les vitamines sont préservées.

1 Faites chauffer 1,5 l d'eau dans le fond d'un cuit-vapeur. Lavez les brocolis, coupez les grosses tiges et séparez les bouquets. Faites cuire ceux-ci pendant 5 minutes à la vapeur.

2 Répartissez le cabillaud sur 4 carrés de papier sulfurisé ; salez et poivrez. Dès que les brocolis sont cuits, déposez-les sur le poisson. Fermez les papillotes hermétiquement et faites cuire 8 minutes dans le panier perforé du cuit-vapeur, à couvert.

3 Préparez la sauce : pressez le citron, pelez et écrasez l'ail, lavez et ciselez la coriandre. Mélangez les yaourts avec les épices, le jus de citron, la coriandre ciselée et l'ail écrasé, du sel, du poivre.

4 Déposez les papillotes dans les assiettes et présentez la sauce aux épices dans un bol.

⊳ **À SERVIR** avec du riz.

⊳ **C'EST AUSSI BON** avec des filets de lieu noir ou de julienne.

CUIT-VAPEUR

Si vous n'avez pas de cuit-vapeur (idéal pour une cuisine légère), utilisez un autocuiseur (5 minutes de cuisson à partir de la rotation de la soupape), ou le micro-ondes, à pleine puissance.

POUR 4 PERSONNES
PRÉPARATION : 5 min
CUISSON : 30 min
DIFFICULTÉ : ★
COÛT : €

- 3 carottes
- 1 cuill. à café d'ail en poudre
- 1 cuill. à soupe d'oignon en poudre
- 1 pincée de thym
- 1 cube de bouillon de légumes
- 150 g de quinoa
- 4 filets de cabillaud de 150 à 180 g chacun
- Sel et poivre du moulin

Filets de poisson et quinoa aux carottes

Voici un plat très léger pour les jours où vous surveillez votre ligne.

1 Préparez le quinoa aux carottes : lavez et épluchez les carottes, coupez-les en rondelles. Mettez-les dans une cocotte avec l'ail, l'oignon et le thym. Ajoutez le cube de bouillon de légumes et laissez cuire à feu doux pendant 15 minutes. Ajoutez le quinoa, couvrez et laissez cuire à nouveau 15 minutes.

ULTRA RAPIDE !
Utilisez des carottes en rondelles surgelées.

2 Pendant ce temps, faites cuire les filets de cabillaud à la vapeur, de 5 à 10 minutes.

3 Servez à l'assiette le filet de cabillaud entouré du quinoa aux carottes.

> **C'EST AUSSI BON** avec du colin, du flétan ou de l'églefin.

POUR 4 PERSONNES
PRÉPARATION : 5 min
CUISSON : 15 min
DIFFICULTÉ : ★
COÛT : €

- 4 brins d'estragon
- 4 pavés de saumon de 150 à 180 g chacun, sans peau et sans arêtes
- Sel et poivre du moulin

MON PLUS

J'assaisonne les pavés de saumon avec quelques grains de fleur de sel et un tour de moulin à poivre.

Saumon à l'unilatérale

Une recette simplissime à réaliser, et très légère !

1 Préchauffez le four à 180 °C (therm. 6).

2 Lavez et épongez l'estragon, effeuillez-le, puis ciselez-le finement.

3 Déposez les pavés de saumon dans un plat à four, sans ajouter de matière grasse. Parsemez-les d'estragon et enfournez. Laissez cuire pendant 15 minutes.

4 Servez les pavés sur des assiettes bien chaudes.

> **À SERVIR** avec des pois gourmands ou un clafoutis aux navets (recette page 443).

POUR 4 PERSONNES
PRÉPARATION : 15 min
CUISSON : 20 min
DIFFICULTÉ : ★
COÛT : €

- 4 pavés de saumon de 150 à 180 g chacun
- Fleur de sel
- Quelques brins de persil

Pour la sauce au cresson :

- 2 échalotes
- 1 botte de cresson
- 30 g de beurre
- 25 cl de lait de coco
- Le jus de 1 citron vert

Saumon vapeur au cresson-coco

La douceur du lait de coco et l'acidité du cresson se marient parfaitement, tout en apportant une note d'exotisme au saumon.

1 Préparez la sauce au cresson : épluchez et hachez les échalotes. Éliminez les grosses tiges du cresson puis lavez-le dans plusieurs bains d'eau. Dans une casserole, faites fondre le beurre à feu doux, ajoutez les échalotes hachées et le cresson. Poursuivez la cuisson sur feu doux pendant 10 minutes ; salez. Mixez les échalotes et le cresson avec le lait de coco et le jus de citron vert. Goûtez pour vérifier l'assaisonnement et réchauffez à feu très doux, pendant 5 minutes environ.

2 Lavez et séchez les pavés de saumon, saupoudrez-les de fleur de sel. Faites-les cuire à la vapeur pendant 5 minutes.

3 Disposez-les sur les assiettes, nappez de sauce au cresson et décorez de persil.

> **À SERVIR** avec du riz basmati et des courgettes cuites à la vapeur.

> **C'EST AUSSI BON** avec de la crème fraîche si vous n'aimez pas le lait de coco.

POUR 4 PERSONNES
PRÉPARATION : 10 min
CUISSON : 10 min
DIFFICULTÉ : ★
COÛT : € €

Flétan aux légumes

Voici comment concilier l'envie de faire attention à sa ligne, sans passer trop de temps à cuisiner.

- 1 cuill. à soupe d'huile d'olive
- 800 g de filets de flétan
- 500 g de julienne de légumes surgelés (carotte, céleri, courgette)
- 4 cuill. à soupe de crème fraîche épaisse
- 4 cuill. à soupe de fumet de poisson
- Sel et poivre

1 Faites chauffer l'huile d'olive dans une sauteuse. Déposez les filets de flétan et ajoutez la julienne de légumes surgelés. Laissez cuire pendant 3 minutes, retournez le poisson et ajoutez la crème fraîche, ainsi que le fumet de poisson et un peu de poivre. Couvrez, et poursuivez la cuisson pendant environ 7 minutes.

2 Rectifiez l'assaisonnement, et consommez aussitôt.

MON PLUS

J'utilise des filets de flétan surgelés.

> **À SERVIR** avec du riz blanc.

> **C'EST AUSSI BON** avec du cabillaud. Pour un plat vraiment léger, prenez de la crème fraîche à 8 % de matière grasse.

POUR 4 PERSONNES
PRÉPARATION : 5 min
CUISSON : 30 min
DIFFICULTÉ : ★
COÛT : € € €

- 1 bar de 1 kg environ, vidé et écaillé
- 1 cuill. à café de graines de fenouil
- 3 cuill. à soupe d'huile d'olive
- Le jus de 1 citron
- Sel et poivre

MON PLUS

Je prépare le poisson le matin. Je le place au réfrigérateur dans un plat recouvert de film alimentaire.

Bar grillé aux graines de fenouil

Subtil et raffiné, ce plat est parfait pour recevoir sans stress des amis.

1 Préchauffez le four à 210 °C (therm. 7).

2 Enduisez l'intérieur du poisson de sel, de poivre et d'une demi-cuillerée à café de graines de fenouil.

3 Versez 1 cuillerée à soupe d'huile d'olive au fond d'un plat à four. Déposez le bar, arrosez-le avec 2 cuillerées à soupe d'huile d'olive et le jus de citron, et parsemez-le du reste de graines de fenouil. Faites cuire pendant 30 minutes en arrosant plusieurs fois avec le jus de cuisson.

⋗ **À SERVIR** avec une poêlée de courgettes.

⋗ **C'EST AUSSI BON** avec des petits rougets, en réduisant le temps de cuisson à 10 minutes.

POUR 4 PERSONNES
PRÉPARATION : 5 min
CUISSON : 15 min environ
DIFFICULTÉ : ★
COÛT : € € €

- 4 brins de persil
- 1 gousse d'ail
- 1 kg de cœurs d'artichaut surgelés
- 1 cuill. à soupe d'huile d'olive
- 2 gouttes de sauce Worcestershire
- Le jus de 1 citron
- 4 filets de sole
- Sel et poivre du moulin

Filets de sole aux artichauts

Voici une façon inédite de manger des artichauts, qui se marient très bien avec la chair délicate des soles.

1 Hachez le persil. Pelez et écrasez la gousse d'ail. Dans une cocotte, faites légèrement dorer les cœurs d'artichaut dans 1 cuillerée à soupe d'huile d'olive. Avec l'ail et le persil haché, ajoutez 2 gouttes de sauce Worcestershire et le jus de citron, puis un peu de sel et un tour de moulin à poivre. Laissez mijoter pendant 6 minutes.

ULTRA RAPIDE !

Utilisez de l'ail et de l'estragon émincés surgelés, et du jus de citron prêt à l'emploi, vendu en petite bouteille.

2 Roulez les filets de sole avant de les cuire à la vapeur pendant 3 minutes.

3 Servez les filets de sole chauds avec les cœurs d'artichaut.

⊳ **À SERVIR** avec des spaghettis.

⊳ **C'EST AUSSI BON** avec du cabillaud.

POUR 4 PERSONNES
PRÉPARATION : 20 min
CUISSON : 25 min
DIFFICULTÉ : ★★
COÛT : € €

Rougets aux rouleaux d'aubergines

Délicieux, esthétique et léger, ce plat peut très bien convenir dans un menu de fête.

Pour le coulis de tomates au fenouil :

- 3 tomates bien mûres
- 1 bulbe de fenouil
- 1 cuill. à soupe d'huile d'olive
- Sel et poivre du moulin

Pour les aubergines :

- 2 aubergines
- 2 cuill. à soupe d'huile d'olive

Pour le fromage à la ciboulette :

- 1 bouquet de ciboulette
- 1 fromage de chèvre frais
- Sel et poivre du moulin

Pour les rougets :

- 16 filets de rouget
- 1 cuill. à soupe d'huile d'olive

MON PLUS

Je prépare à l'avance le coulis, le fromage à la ciboulette et les rouleaux d'aubergines, que je garde au réfrigérateur. Je les réchauffe ensuite doucement, pendant que les filets de rouget cuisent.

1 Préparez du coulis de tomates au fenouil : pelez les tomates, épépinez-les et coupez-les en petits morceaux. Lavez et émincez très finement le bulbe de fenouil. Faites chauffer 1 cuillerée à soupe d'huile d'olive dans une sauteuse, mettez le fenouil et les tomates, salez, poivrez et laissez cuire pendant 15 minutes. Mixez le tout pour obtenir un coulis. Réservez au chaud.

2 Lavez les aubergines et coupez chacune, dans le sens de la longueur, en six tranches fines. Faites frire celles-ci dans 2 cuillerées à soupe d'huile d'olive, puis laissez-les égoutter sur un papier absorbant.

3 Préchauffez le four à 120 °C (therm. 4).

4 Préparez du fromage à la ciboulette : lavez puis ciselez finement la ciboulette et mélangez-la avec le fromage de chèvre frais, du sel et du poivre. Déposez 1 cuillerée de ce mélange sur une tranche d'aubergine et roulez celle-ci. Répétez l'opération avec les autres tranches, puis déposez les rouleaux dans un plat à four. Faites-les tiédir quelques minutes au four.

5 Poêlez rapidement les filets de rouget avec 1 cuillerée à soupe d'huile d'olive, pendant 1 minute de chaque côté.

6 Disposez dans chaque assiette 4 filets de rougets et 3 rouleaux d'aubergines. Versez autour le coulis de tomates au fenouil.

> **À SERVIR** avec une salade de roquette.

POUR 4 PERSONNES
PRÉPARATION : 20 min
CUISSON : 20 min environ
DIFFICULTÉ : ★
COÛT : € €

- 3 cuill. à café de fumet de poisson déshydraté
- 10 cl de vin blanc
- 24 grosses moules d'Espagne surgelées
- 1 kg de filets de lotte coupés en tranches
- 1 petite dose de safran
- Sel et poivre du moulin

Lotte au safran

Léger et parfumé, ce plat est parfait pour un dîner entre amis.

1 Délayez le fumet de poisson dans 25 cl d'eau bouillante.

2 Portez le vin blanc à ébullition dans une cocotte, puis laissez-le réduire pendant 5 minutes. Ajoutez les moules d'Espagne surgelées. Laissez-les cuire pendant 3 minutes, puis ajoutez le fumet de poisson, les tranches de lotte, le safran, un peu de sel et du poivre.

3 Retirez la lotte et les moules après 10 minutes de cuisson. Gardez-les au chaud dans le plat de service, et faites réduire d'un tiers le jus de cuisson.

4 Versez le jus de cuisson réduit sur le poisson et les moules et servez bien chaud.

⊳ **À SERVIR** avec du riz ou des tagliatelles fraîches.

⊳ **C'EST AUSSI BON** avec tout autre poisson.

POUR 4 PERSONNES
PRÉPARATION : 15 min
CUISSON : 15 min environ
DIFFICULTÉ : ★
COÛT : € €

- 4 jeunes courgettes
- 2 cuill. à soupe d'huile d'olive
- 2 cuill. à café de quatre-épices
- 3 cuill. à café de graines de fenouil
- 4 pavés de thon de 150 à 180 g chacun
- Un peu d'huile d'olive
- Fleur de sel et poivre du moulin

Thon mi-cuit aux épices et tartare de courgettes

Ce tartare de courgettes accompagne parfaitement ce thon épicé : idéal pour l'été.

1 Faites cuire 3 courgettes dans de l'eau bouillante salée, pendant 10 minutes. Égouttez-les et mixez-les.

2 Coupez la dernière courgette en petits cubes. Mélangez ceux-ci avec la purée de courgettes, salez, poivrez et ajoutez 1 cuillerée à soupe d'huile d'olive.

3 Mélangez le quatre-épices et les graines de fenouil. Passez les 2 faces des pavés de thon dans l'assaisonnement aux épices. Dans une poêle légèrement huilée, faites revenir le thon pendant 2 ou 3 minutes de chaque côté.

4 Servez le thon mi-cuit aux épices accompagné du tartare de courgettes. Ajoutez de la fleur de sel et 1 filet d'huile d'olive.

⊳ **À SERVIR** avec des pâtes fraîches.

⊳ **C'EST AUSSI BON** avec des pavés de saumon.

POUR 4 PERSONNES
PRÉPARATION : 10 min
MARINADE : 30 min
CUISSON : 15 min environ
DIFFICULTÉ : ★
COÛT : € €

- 2 citrons verts non traités
- 600 g de filets de thon
- 10 baies roses écrasées
- 1 cuill. à café de fleur de thym
- 2 cuill. à soupe d'huile d'olive
- 450 g de julienne de légumes surgelés (carotte, céleri, courgette)
- 2 fonds d'artichaut surgelés
- Sel et poivre du moulin

Thon grillé aux légumes

Essayez ce plat léger, qui fait la part belle aux légumes.

1 Râpez le zeste des citrons, puis pressez les fruits.

2 Coupez le thon en quatre parts égales, posez celles-ci dans un plat. Assaisonnez de sel, de poivre, de baies roses écrasées et de fleur de thym. Arrosez d'huile d'olive et de jus de citron. Laissez mariner pendant 30 minutes au réfrigérateur.

3 Faites cuire les légumes surgelés, pendant 10 minutes environ, dans une sauteuse ; ils doivent rester croquants.

4 Faites griller les tranches de thon pendant 3 minutes de chaque côté sur un gril ou dans une poêle bien chaude.

5 Répartissez la julienne de légumes sur quatre assiettes, déposez par-dessus les tranches de thon. Décorez avec les zestes de citron vert.

> **À SERVIR** avec du riz.

> **C'EST AUSSI BON** avec du saumon et de la ratatouille, des courgettes ou des aubergines.

POUR 4 PERSONNES
PRÉPARATION : 15 min
CUISSON : 15 min
DIFFICULTÉ : ★
COÛT : € €

- 1 cuill. à café de graines de fenouil
- 1 cuill. à café de poivre en grains
- 4 pavés de thon de 125 g chacun
- 1 gousse d'ail
- 5 tomates olivettes
- 1 cuill. à soupe d'huile d'olive
- 2 cuill. à soupe de jus d'orange
- Quelques feuilles de basilic frais
- Sel

MON PLUS

Je prépare les pavés de poisson le matin, et je les laisse au réfrigérateur jusqu'au moment de les faire cuire.

Thon grillé, sauce tomate à l'orange

Vous aimerez la force du poivre et la douceur de l'orange pour accompagner ce thon.

1 Concassez les graines de fenouil et les grains de poivre, étalez-les sur une assiette plate. Enrobez les pavés de thon de ce mélange, en appuyant fermement pour que les épices adhèrent bien. Réservez le mélange restant dans l'assiette.

2 Allumez le gril du four. Recouvrez la plaque du four d'un papier sulfurisé. Déposez-y les pavés de thon et faites-les griller pendant 10 minutes en les retournant plusieurs fois en cours de cuisson. Réservez au chaud, dans le four éteint, porte ouverte.

3 Préparez la sauce tomate à l'orange : pelez la gousse d'ail, coupez-la en deux. Pelez les tomates olivettes, coupez-les en morceaux. Faites chauffer l'huile d'olive dans une petite poêle antiadhésive, mettez l'ail coupé en deux. Lorsqu'il commence à dorer, ajoutez les morceaux de tomates et le reste de graines de fenouil et de poivre concassés. Salez modérément et faites cuire à feu moyen pendant 2 minutes. Ajoutez le jus d'orange et laissez épaissir pendant 1 minute, puis retirez l'ail.

4 Déposez chaque pavé de thon grillé sur une assiette, nappez de sauce tomate à l'orange, et décorez de feuilles de basilic ciselées.

> **C'EST AUSSI BON** avec du saumon, pour changer du thon.

POUR 4 PERSONNES
PRÉPARATION : 10 min
CUISSON : 45 min environ
DIFFICULTÉ : ★
COÛT : €

- 1 petit oignon
- 1 gousse d'ail
- 1/2 côte de céleri branche
- Quelques brins de persil
- 2 tomates
- 1 cuill. à soupe d'huile d'olive
- 400 g de calamars nettoyés
- 1 cuill. à café de farine
- 150 g de cèpes surgelés
- 350 g d'épinards surgelés
- 25 cl de vin blanc
- Sel et poivre du moulin

TRUC DE CHEF

Ne laissez pas cuire trop longtemps les calamars, sinon ils deviendront caoutchouteux.

Calamars aux cèpes et aux légumes verts

Une poêlée gourmande, avec une touche marine.

1 Pelez et hachez l'oignon et l'ail. Lavez et hachez le céleri et le persil. Lavez les tomates et coupez-les en petits dés.

2 Dans une grande casserole, faites chauffer l'huile d'olive à feu moyen, mettez-y l'oignon, l'ail, le persil et le céleri branche. Faites revenir jusqu'à ce que l'oignon se colore.

3 Ajoutez les calamars dans la casserole, et laissez cuire 10 minutes à feu moyen. Saupoudrez de farine et mélangez. Ajoutez les cèpes coupés en fines lamelles, les dés de tomate, les épinards et le vin blanc. Salez et poivrez, couvrez et laissez mijoter 30 minutes.

4 Découvrez la casserole et laissez mijoter jusqu'à ce que le liquide s'épaississe. Versez dans un plat creux. Servez les calamars aux cèpes et aux légumes verts bien chauds.

ULTRA RAPIDE !
Utilisez de l'oignon et de l'ail surgelés.

▷ **À SERVIR** avec une polenta précuite, prête en 5 minutes.

▷ **C'EST AUSSI BON** avec du vert de blettes haché.

Les calories et moi !

Des aliments du moins au plus calorique pour faire le bon (ou le mauvais) choix.

Préparez des sauces allégées

Le mélange citron et yaourt à 0 % est parfait avec de la salade verte ou du concombre.

VIANDES

pour 100 grammes

- Lapin : 160 calories
- Côtes de veau : 168 calories
- Onglet (bœuf) : 200 calories
- Gigot d'agneau : 250 calories
- Palette (porc) : 300 calories
- Côtes de porc : 330 calories
- Jambon cru : 330 calories
- Boudin noir : 400 calories
- Pâté de campagne : 455 calories
- Lard fumé : 670 calories !

LÉGUMES

pour 100 grammes

- Endives : 20 calories
- Épinards : 25 calories
- Brocolis : 34 calories
- Carottes : 38 calories
- Pommes de terre à l'eau : 90 calories
- Chips : 570 calories

Tout sur la cuisson des légumes pages 358-359

Donnez des ailes à vos plats !

Pas de régime de l'extrême, juste de bonnes habitudes alimentaires...

PRODUITS LAITIERS

pour 100 grammes

- Fromage blanc à 0 % de M. G. : 44 calories
- Camembert : 312 calories
- Fromage de chèvre : 330 calories
- Comté : 396 calories
- Roquefort : 405 calories

Question de goût

Utilisez des herbes et des épices qui décorent et exaltent les saveurs, sans calorie supplémentaire.

BOISSONS

- Eau : 0 calorie !
- 1 verre de jus d'orange : 42 calories
- 1 verre de jus de raisin : 76 calories
- Bière (33 cl) : 140 calories

Le pain

Il est de loin préférable aux viennoiseries, biscuits et gâteaux, chargés en graisses et en sucres.

MATIÈRES GRASSES

- 1 noix de beurre : 70 calories
- 1 cuillère à soupe d'huile : 100 calories (Pour la cuisine, préférez de l'huile d'olive)

POUR 4 PERSONNES
PRÉPARATION : 15 min
CUISSON : 10 min
DIFFICULTÉ : ★
COÛT : €

- 100 g de mie de pain
- 20 cl de lait
- 2 gousses d'ail
- 1 œuf
- 1 cuill. à café de gingembre râpé.
- 1 cuill. à café de coriandre hachée
- 400 g de viande de bœuf hachée
- 1 cuill. à soupe d'huile d'arachide
- Farine
- Sel et poivre du moulin

Boulettes de bœuf au gingembre

Une recette ludique à préparer et originale dans l'assiette !

1 Émiettez la mie de pain dans un bol, versez le lait par-dessus et laissez reposer. Pelez et écrasez l'ail. Essorez la mie de pain en la pressant fortement.

2 Dans un saladier, battez l'œuf, ajoutez l'ail, le gingembre, la coriandre. la viande hachée, la mie de pain, du sel et du poivre. Mélangez bien.

3 Façonnez des petites boulettes de viande à la main et roulez-les dans une assiette de farine pour les enrober.

4 Dans une poêle, faites chauffer l'huile. Faites cuire les boulettes pendant 10 minutes environ, en les retournant régulièrement.

> **À SERVIR** avec de la purée de pommes de terre et des légumes verts.

> **C'EST AUSSI BON** avec du saumon frais finement coupé.

POUR 4 PERSONNES
PRÉPARATION : 15 min
CUISSON : 15 min
DIFFICULTÉ : ★★
COÛT : €

- 100 g de semoule parfumée aux épices
- 4 tomates
- 8 champignons moyens
- 2 brins de persil
- 2 tranches de jambon blanc
- Sel

Tomates et champignons farcis à la semoule

Ces petits farcis se dégustent aussi bien en entrée qu'en accompagnement d'un poisson, ou même en plat principal.

1 Faites chauffer 10 cl d'eau. Portez à ébullition puis versez la semoule. Couvrez et laissez gonfler pendant 5 minutes.

2 Préchauffez le four à 210 °C (therm. 7).

3 Lavez et essuyez les tomates, coupez les chapeaux, réservez-les. Creusez les tomates en gardant la chair. Lavez et essuyez les champignons. Coupez les queues des champignons et hachez-les avec le persil et le jambon découpé en petits morceaux.

4 Préparez la farce : dans un saladier, mélangez la chair des tomates, la semoule, le hachis aux champignons, jambon et persil, et ajoutez un peu de sel. Remplissez les tomates et les champignons avec la farce. Recouvrez les tomates des chapeaux.

5 Disposez les tomates et les champignons farcis dans un plat allant au four, en alternant tomates et champignons. Ajoutez 4 cl d'eau dans le fond du plat, et passez au four pendant 15 minutes.

> **À SERVIR** avec des filets de poisson à la vapeur.

> **C'EST AUSSI BON** avec des courgettes rondes, farcies avec la même préparation.

POUR 4 PERSONNES
PRÉPARATION : 15 min
CUISSON : 40 min environ
DIFFICULTÉ : ★
COÛT : € €

- 2 oignons
- 1/2 bouquet de persil plat
- 1 botte de carottes
- 4 cuisses de poulet
- 2 cuill. à soupe d'huile d'olive
- 1/2 cuill. à café de cumin
- 12 olives vertes dénoyautées
- Sel

Poulet aux olives

Léger et parfumé, ce poulet est un plat à servir idéalement au printemps. L'idéal est de le préparer avec des carottes nouvelles.

1 Pelez et émincez les oignons. Lavez puis hachez le persil. Lavez les carottes et coupez-les en rondelles.

2 Enlevez la peau des cuisses de poulet et faites-les revenir dans une cocotte avec l'huile d'olive pendant 5 minutes.

3 Quand les morceaux de poulet sont bien dorés, ajoutez les oignons, les carottes et le cumin et faites rissoler pendant quelques minutes en remuant délicatement. Ajoutez 1 verre d'eau puis salez. Couvrez et laissez cuire doucement pendant 30 minutes.

4 Ajoutez enfin les olives vertes et le persil haché. Laissez cuire pendant 10 minutes. Servez ce plat bien chaud.

> **À SERVIR** avec du boulgour ou de la semoule.

> **C'EST AUSSI BON** avec des blancs de dinde.

ULTRA RAPIDE !

Prenez des oignons émincés, des carottes extrafines en rondelles et du persil haché surgelés pour réduire le temps de préparation.

POUR 4 PERSONNES
PRÉPARATION : 10 min
CUISSON : 30 min
DIFFICULTÉ : ★
COÛT : €

- 4 blancs de poulet de 100 g chacun
- 4 cuill. à soupe de moutarde forte
- 4 tranches de lard nature de 15 g chacun
- Un peu d'herbes de Provence
- 8 cuill. à café de crème fraîche épaisse à 8 % de matière grasse
- Sel et poivre du moulin

Blancs de poulet en papillotes

Légers mais délicieux, ces blancs de poulet ne vous feront pas prendre un gramme !

1. Préchauffez le four à 180 °C (therm. 6).
2. Dégraissez les blancs de poulet si nécessaire, puis déposez chacun d'eux au centre d'une feuille d'aluminium.
3. Enduisez chaque blanc de poulet de 1 cuillerée à soupe de moutarde. Entourez-les d'une tranche de lard et saupoudrez-les d'herbes de Provence, salez et poivrez. Mettez 2 cuillerées à café de crème fraîche sur chaque blanc de poulet et refermez les papillotes.
4. Déposez les papillotes dans un plat à four et faites-les cuire pendant 30 minutes.

MON PLUS

Je prépare les papillotes le matin et je les mets au réfrigérateur. Je les fais cuire avant de passer à table.

> **À SERVIR** avec des tomates poêlées et une salade verte.

> **C'EST AUSSI BON** avec des morceaux de lapin enduits de moutarde de Meaux.

POUR 4 PERSONNES
PRÉPARATION : 15 min
CUISSON : 40 min
DIFFICULTÉ : ★
COÛT : €

- 1 poulet de 1 kg
- 4 petits-suisses
- 2 branches d'estragon
- 1 cuill. à soupe d'huile d'olive
- 1 kg de champignons de Paris émincés surgelés
- Sel et poivre du moulin

Poulet à l'estragon

L'estragon apporte saveur et couleur à ce poulet.

1 Préchauffez le four à 210 °C (therm. 7).

2 Ôtez la peau du poulet. Salez et poivrez l'intérieur, puis farcissez-le avec les petits-suisses et les branches d'estragon.

3 Dans un plat à four, faites un lit de champignons, arrosez d'huile d'olive, salez et poivrez puis déposez le poulet par-dessus.

5 Couvrez et mettez le plat au four pour 40 minutes.

ULTRA RAPIDE !
Utilisez des champignons émincés surgelés.

> **À SERVIR** avec de la purée de carottes.

> **C'EST AUSSI BON** avec des côtes de blettes précuites à la place des champignons.

POUR 4 PERSONNES
PRÉPARATION : 10 min
CUISSON : 20 min
DIFFICULTÉ : ★
COÛT : €

Poêlée de légumes verts au poulet

Ce plat est parfait pour les petits appétits ou les repas minceur.

- 1 kg de haricots verts et de pois gourmands surgelés
- 450 g de brocolis surgelés
- 1 citron confit
- 2 cuill. à soupe d'huile d'olive
- 3 blancs de poulet
- 10 feuilles de menthe
- Sel et poivre du moulin

1 Faites cuire les haricots verts, les pois gourmands et les brocolis à l'eau salée, 10 minutes environ, en les gardant un peu croquants.

2 Pendant ce temps, découpez le citron confit et les blancs de poulet en gros dés et faites revenir le tout dans une poêle bien chaude, avec 1 cuillerée à soupe d'huile d'olive ; salez et poivrez. Poursuivez la cuisson pendant 10 minutes.

3 Dans un grand plat, mélangez les légumes, le poulet et le citron bien chauds. Arrosez de 1 cuillère d'huile d'olive, parsemez de menthe ciselée et servez aussitôt.

POUR 4 PERSONNES
PRÉPARATION : 15 min
MARINADE : 30 min
CUISSON : 25 min
DIFFICULTÉ : ★
COÛT : €

Poulet au paprika

Des courgettes au goût plus relevé que d'habitude pour un plat coloré, simple et léger.

- 4 blancs de poulet
- 1/2 cuill. à café de paprika
- 4 petites courgettes
- 3 cuill. à soupe d'huile d'olive
- 4 petites tomates en grappe
- Sel et poivre

1 Coupez les blancs de poulet en gros cubes. Mettez ceux-ci dans un plat, saupoudrez de paprika. Mélangez et laissez mariner 30 minutes.

2 Lavez et essuyez les courgettes. Coupez-les en gros cubes et faites revenir ceux-ci dans 1 cuillerée à soupe d'huile, salez et poivrez. Laissez cuire 8 minutes en remuant régulièrement, puis ajoutez les tomates et continuez la cuisson 5 minutes, pour qu'elles soient chaudes sans être cuites.

3 Dans une casserole, faites revenir les dés de poulet égouttés dans 2 cuillerées à soupe d'huile d'olive, pendant 10 minutes, en remuant régulièrement, puis ajoutez les légumes. Mélangez, et répartissez dans quatre assiettes chaudes.

POUR 4 PERSONNES
PRÉPARATION : 30 min
CUISSON : 20 min
DIFFICULTÉ : ★
COÛT : € €

- 600 g de potimarron
- 4 blancs de poulet
- 2 cuill. à soupe d'huile d'olive
- Sel et poivre du moulin

Pour la sauce :

- 5 cl de crème fraîche liquide
- 10 cl de bouillon de volaille
- 1 dose de safran
- 1 anis étoilé (ou badiane)
- 2 pincées de curry en poudre
- 2 pincées de quatre-épices
- Sel et poivre du moulin

TRUC DE CHEF

C'est encore meilleur avec des blancs de poule faisane.

Blancs de poulet au potimarron

Le potimarron est une variété de potiron très riche en vitamines, et au goût de châtaigne très délicat.

1 Découpez le potimarron en plusieurs quartiers, sans l'éplucher. Ôtez les graines, puis découpez de belles tranches très fines de 1/2 cm d'épaisseur. Faites-les cuire à la vapeur, pendant 10 minutes environ.

2 Préparez la sauce : faites bouillir la crème liquide dans une casserole, ajoutez le bouillon de volaille et les épices, salez et poivrez. Couvrez et laissez infuser la sauce au chaud.

3 Dans une poêle, saisissez les blancs de poulet avec l'huile d'olive, pendant 3 minutes de chaque côté ; salez et poivrez.

4 Versez 1 cuillerée de sauce sur chaque assiette, déposez les blancs de poulet et entourez de tranches de potimarron. Présentez le reste de sauce dans un bol.

> **À SERVIR** avec des salsifis en conserve, simplement réchauffés à la vapeur.

> **C'EST AUSSI BON** avec des carottes ou des brocolis.

POUR 4 PERSONNES
PRÉPARATION : 15 min
CUISSON : 15 min
DIFFICULTÉ : ★
COÛT : €

- 500 g de haricots verts
- 200 g de champignons de Paris
- Le jus de 1/2 citron
- 400 g de blancs de poulet cuits
- 50 g de noisettes
- Sel

Pour la vinaigrette :

- 1 cuill. à café de moutarde forte
- 1 cuill. à soupe de vinaigre de vin
- 3 cuill. à soupe d'huile d'olive
- Sel et poivre du moulin

Salade de haricots verts au poulet

Cette salade vous séduira par sa légèreté.

1 Équeutez les haricots verts, lavez-les, puis faites-les cuire dans une grande quantité d'eau bouillante salée pendant 10 minutes. Égouttez-les. Lavez et épongez les champignons de Paris, émincez-les et citronnez-les avec le jus de citron.

2 Coupez les blancs de poulet en dés. Dans une poêle, sans matière grasse, faites griller les noisettes à feu vif pendant 3 minutes.

3 Préparez la vinaigrette : battez à la fourchette la moutarde avec du sel, du poivre, le vinaigre de vin et l'huile d'olive.

4 Dans un saladier, mélangez les haricots, les champignons, les blancs de poulet et les noisettes. Ajoutez la vinaigrette et mélangez de nouveau.

> **À SERVIR** avec du blé ou du riz pour les gros appétits.

MON PLUS

Je parsème la salade de feuilles de coriandre.

TRUC DE CHEF

Surveillez la cuisson des haricots verts, ils doivent rester légèrement croquants.

POUR 4 PERSONNES
PRÉPARATION : 10 min
REPOS : 1 h
CUISSON : 25 min
DIFFICULTÉ : ★
COÛT : €

- 1 citron vert non traité
- 2 gousses d'ail
- 2 cuill. à soupe de mélange cinq-baies
- 3 cuill. à soupe de sauce Worcestershire
- 2 coquelets fendus en deux
- Sel

Coquelets grillés au poivre doux

La marinade donne du goût au coquelet.

1 Lavez le citron vert, râpez le zeste puis pressez l'agrume. Pelez et écrasez les gousses d'ail.

2 Dans un bol, mélangez le zeste et le jus de citron avec l'ail écrasé, le mélange cinq-baies, la sauce Worcestershire et un peu de sel. Badigeonnez les coquelets de cette préparation et laissez reposer 1 heure.

3 Allumez le gril du four. Déposez les demi-coquelets dans un plat à four, côté peau en dessous. Installez le plat à 15 cm du gril bien chaud. Faites griller les coquelets pendant 10 minutes d'un côté, et 15 minutes de l'autre, en les arrosant souvent avec le jus de cuisson.

> **À SERVIR** avec un mesclun assaisonné de jus de citron vert et d'huile d'olive.

POUR 4 PERSONNES
PRÉPARATION : 10 min
CUISSON : 20 min
DIFFICULTÉ : ★
COÛT : €

- 8 dattes
- 4 escalopes de dinde de 150 g chacune
- 1 cuill. à café de curry
- 1 cuill. à soupe d'huile d'olive
- 30 g de gingembre râpé
- 20 cl de lait de coco
- Sel

Tajine de dinde

Gingembre et curry réveillent ces escalopes !

1 Dénoyautez et coupez les dattes en morceaux. Coupez les escalopes en lamelles, saupoudrez-les de curry et faites-les revenir dans une sauteuse avec l'huile d'olive.

2 Quand la viande est dorée, ajoutez le gingembre râpé, les dattes et le lait de coco. Salez, couvrez et laissez cuire pendant 20 minutes. Servez dans un plat à tajine.

> **À SERVIR** avec de la semoule.

Budget serré

POUR 4 PERSONNES
PRÉPARATION : 15 min
CUISSON : 10 min
DIFFICULTÉ : ★
COÛT : €

- 6 œufs
- 2 cœurs de salade romaine
- 50 g de parmesan râpé ou en copeaux

Pour les croûtons à l'ail :

- 4 tranches de pain
- 1 gousse d'ail
- 1 cuill. à soupe d'huile d'olive

Pour la sauce :

- 1 citron
- 2 filets d'anchois à l'huile
- 3 cuill. à soupe d'huile d'olive
- Sel et poivre du moulin

MON PLUS

Je fais parfois cuire les œufs un peu moins longtemps afin qu'ils soient mollets : le jaune est épais, mais coulant.

Salade César

Voici un grand classique de la cuisine américaine, à réaliser à moindre coût.

1 Faites cuire les œufs dans une casserole d'eau bouillante, pendant 10 minutes environ. Rafraîchissez les œufs durs à l'eau froide, puis écalez-les.

2 Préparez des croûtons à l'ail : toastez les tranches de pain, pelez l'ail et coupez-le en deux. Frottez les tranches de pain avec l'ail, arrosez-les avec 1 cuillerée à soupe d'huile et découpez-les en petits dés.

3 Lavez et essorez la salade, coupez les feuilles en larges lanières, mettez-les dans un saladier.

4 Préparez la sauce : pressez le citron, hachez les filets d'anchois avec le reste de la gousse d'ail ; salez modérément et poivrez. Dans un bol, mélangez-les avec le jus de citron et l'huile d'olive. Versez cette sauce sur la salade.

5 Coupez les œufs en quartiers, déposez-les sur la salade, parsemez de croûtons à l'ail et de parmesan râpé ou en copeaux.

> **C'EST AUSSI BON** en ajoutant des dés de poulet cuit, ou des petites crevettes roses.

POUR 4 PERSONNES
PRÉPARATION : 15 min
CUISSON : 3 min
DIFFICULTÉ : ★
COÛT : €

Salade de chou aux lardons et aux noisettes

Cette salade est un régal en hiver... et pas chère du tout !

- 1 cœur de chou blanc
- 300 g de gouda au cumin
- 300 g de lardons fumés
- 4 cuill. à soupe de noisettes concassées

Pour la vinaigrette :

- 1 cuill. à soupe de moutarde douce
- 1 cuill. à soupe de vinaigre de vin
- 4 cuill. à soupe d'huile de colza
- Sel et poivre du moulin

1 Émincez le chou, mettez-le dans un saladier. Coupez le gouda en dés, ajoutez-les dans le saladier.

2 Préparez la vinaigrette en mélangeant la moutarde, un peu de sel et de poivre, le vinaigre de vin et l'huile. Versez-la sur la salade.

3 Dans une poêle, faites griller à sec les lardons à feu vif en les retournant, pendant 3 minutes. Ajoutez-les à la salade, et parsemez le tout de noisettes concassées.

> **C'EST AUSSI BON** avec des allumettes de jambon, ou des dés de porc cuit.

MON PLUS

J'ajoute des graines de cumin dans la vinaigrette.

POUR 4 PERSONNES
PRÉPARATION : 10 min
CUISSON : 10 min
DIFFICULTÉ : ★
COÛT : €

- 100 g de lardons
- 200 g de poêlée de légumes à la méridionale surgelée (aubergines, salsifis, poivrons, haricots verts)
- 2 cuill. à soupe d'huile d'olive
- 100 g de dés de jambon
- 8 œufs
- 6 cuill. à soupe de crème fraîche épaisse

TRUC DE CHEF

Battez ensemble 6 œufs entiers et 2 jaunes, montez les 2 blancs en neige et incorporez-les aux œufs battus avant de les verser sur les légumes pour obtenir une omelette plus légère.

Omelette moelleuse aux petits légumes

Voici une nouvelle façon de marier des œufs et des légumes dans un plat complet.

1 Dans une grande poêle, faites dorer à sec les lardons. Ajoutez la poêlée de légumes, l'huile d'olive et continuez la cuisson à feu moyen en remuant souvent pendant 5 minutes jusqu'à ce que les légumes soient fondants. Ajoutez les dés de jambon, mélangez.

2 Pendant la cuisson des légumes, cassez les œufs, battez-les rapidement et versez-les dans la poêle. Salez, poivrez, mélangez et laissez prendre pendant 5 minutes à feu moyen. Nappez l'omelette de 2 cuillerées à soupe de crème fraîche, attendez 1 minute, puis roulez l'omelette et déposez-la dans un plat préchauffé.

3 Versez le reste de la crème fraîche dans la poêle, laissez chauffer 2 minutes avant d'en arroser l'omelette.

> **À SERVIR** avec une salade de roquette.

> **C'EST AUSSI BON** avec n'importe quelle poêlée de légumes.

POUR 4 PERSONNES
PRÉPARATION : 10 min
CUISSON : 15 min
DIFFICULTÉ : ★
COÛT : €

Œufs cocotte à l'oseille et au chèvre

L'oseille adore les œufs. Et vous aussi, vous allez adorer ce plat !

- 1 botte d'oseille de 100 à 120 g
- 30 g de beurre
- 8 œufs très frais
- 1 crottin de Chavignol
- 8 cuill. à café de crème fraîche épaisse
- Sel et poivre du moulin

1 Préchauffez le four à 240 °C (therm. 8).

2 Triez et nettoyez l'oseille en retirant les queues dures. Lavez-la puis épongez-la. Faites fondre le beurre dans une casserole, ajoutez l'oseille et laissez cuire à feu doux pendant 3 minutes, en mélangeant.

3 Répartissez l'oseille dans quatre ramequins. Cassez 2 œufs par ramequin, salez et poivrez. Coupez le crottin de Chavignol en morceaux, parsemez-les au-dessus des ramequins, puis recouvrez chaque portion de 2 cuillerées à café de crème fraîche.

4 Faites cuire les œufs au four, dans un bain-marie, pendant 7 à 10 minutes. Servez aussitôt.

> **À SERVIR** avec une salade de tomates.

> **C'EST AUSSI BON** avec des épinards frais, des lamelles de jambon braisé, du cantal ou du gruyère.

MON PLUS

J'accompagne ce plat de tranches de pain de campagne grillées.

TRUC DE CHEF

Surveillez la cuisson des œufs, le blanc doit être coagulé, et le jaune, liquide.

POUR 4 PERSONNES
PRÉPARATION : 5 min
CUISSON : 15 min
DIFFICULTÉ : ★
COÛT : €

- 1 gros oignon
- 2 cuill. à soupe d'huile d'olive
- 1 kg de ratatouille surgelée
- 4 œufs
- Quelques brins de persil
- Sel et poivre du moulin

Œufs au nid

Un plat tout simple pour un dîner familial.

1 Épluchez et émincez l'oignon. Faites-le revenir dans une grande poêle avec l'huile d'olive, puis ajoutez la ratatouille. Salez, poivrez et faites mijoter pendant 10 minutes en remuant de temps en temps.

2 Creusez 4 « nids » dans la ratatouille à l'aide d'une louche et cassez-y les 4 œufs. Laissez-les cuire pendant 5 minutes.

3 Lavez puis ciselez le persil et parsemez-en les œufs.

ULTRA RAPIDE !
Prenez des oignons émincés surgelés... vous éviterez la corvée d'épluchage.

⊳ **À SERVIR** avec des spaghettis nature.

⊳ **C'EST AUSSI BON** avec du bacon émincé.

POUR 4 PERSONNES
PRÉPARATION : 5 min
CUISSON : 30 min
DIFFICULTÉ : ★
COÛT : €

Tarte à la moutarde

Rapide à préparer, économique et nourrissante, cette tarte plaira aux petits comme aux grands.

- 3 œufs
- 20 cl de crème fraîche épaisse
- 100 g de moutarde douce
- 10 cl de lait
- 1 rouleau de pâte brisée préétalée de 230 g
- 125 g de gruyère râpé
- Sel et poivre du moulin

1 Préchauffez le four à 210 °C (therm. 7).

2 Battez les œufs en omelette, ajoutez la crème fraîche, la moutarde, le lait, salez, poivrez et mélangez.

3 Étalez la pâte brisée dans un moule à tarte (sans piquer le fond), répartissez le gruyère râpé puis versez le mélange.

4 Faites cuire pendant 30 minutes. Servez chaud ou tiède.

> **À SERVIR** avec une salade d'endives à l'huile de noix.

> **C'EST AUSSI BON** avec du cantal râpé.

FAITES-LA VOUS-MÊME !

Pour faire de la pâte brisée, pétrissez 250 g de farine avec 125 g de beurre en morceaux, 1 jaune d'œuf et 1 bonne pincée de sel.

POUR 4 PERSONNES

PRÉPARATION : 15 min

CUISSON : 5 min
+ 4 min par crêpe

DIFFICULTÉ : ★

COÛT : €

- 1 sachet de pousses d'épinards fraîches
- 1 cuill. à soupe d'huile d'olive
- 2 cuill. à soupe de ciboulette ciselée
- 1 citron
- Sel et poivre du moulin

Pour les crêpes :

- 125 g de farine
- 2 œufs
- 25 cl de lait
- Sel

TRUC DE CHEF

Conservez 4 petites feuilles d'épinard pour décorer chaque assiette.

Crêpes aux épinards

Inattendues, ces crêpes salées vont vous valoir bien des compliments.

1 Lavez et essorez les pousses d'épinards.

2 Faites chauffer l'huile dans une poêle et faites cuire les épinards 5 minutes à feu doux. Salez et poivrez.

3 Pendant ce temps, préparez la pâte à crêpes : versez la farine dans un saladier, formez un puits, ajoutez les œufs, un peu de sel et mélangez, puis incorporez lentement le lait sans cesser de remuer.

4 Mixez les épinards avec la ciboulette ; mélangez la purée ainsi obtenue à la pâte à crêpes.

5 Faites cuire les crêpes dans deux poêles huilées, pendant 4 minutes environ par crêpe. Déposez-les au fur et à mesure sur un plat. Servez les crêpes vertes bien chaudes, avec un filet de jus de citron.

ULTRA RAPIDE !

Utilisez des légumes surgelés et un sachet de pâte à crêpes prêt à l'emploi.

> **À SERVIR** avec des filets de cabillaud à la vapeur.

POUR 4 PERSONNES
PRÉPARATION : 5 min
CUISSON : 10 min
DIFFICULTÉ : ★
COÛT : €

- 50 cl de lait
- 250 g de polenta
- 2 oranges
- 75 g de gruyère râpé
- 3 cuill. à soupe d'huile d'olive
- Sel et poivre du moulin

MON PLUS

Pour une jolie présentation, répartissez la polenta dans des petits moules individuels.

Polenta à l'orange

Cette association surprenante de l'orange et de la semoule de maïs est très réussie.

1 Préparez la polenta : portez le lait à ébullition dans une casserole, avec 50 cl d'eau, puis versez la polenta en pluie. Faites cuire pendant environ 10 minutes sans cesser de mélanger. Salez et poivrez.

2 Pressez les oranges. Ajoutez à la polenta le gruyère râpé, l'huile d'olive et le jus d'orange.

3 Mélangez à nouveau et versez dans le plat de service.

> **À SERVIR** avec un sauté d'agneau minute (recette page 236).

POUR 4 PERSONNES
PRÉPARATION : 15 min
CUISSON : 20 min
DIFFICULTÉ : ★
COÛT : €

- 1 kg de pommes de terre bintjes
- 1 feuille de laurier
- 75 g d'olives vertes dénoyautées
- 15 cl de lait
- 4 cuill. à soupe d'huile d'olive
- Sel et poivre du moulin

Purée de pommes de terre aux olives vertes

Des olives avec une purée, il fallait y penser !

1 Faites chauffer de l'eau salée dans une grande casserole. Épluchez, lavez et coupez en morceaux les pommes de terre. Faites-les cuire 20 minutes dans l'eau bouillante avec le laurier.

VERSION MINI !

Mettez la purée dans des ramequins, puis démoulez-les.

2 Hachez grossièrement les olives vertes. Faites chauffer le lait. Égouttez les pommes de terre, passez-les au presse-purée.

3 Incorporez à la purée les olives et l'huile d'olive en fouettant énergiquement. Salez, poivrez puis versez le lait bouillant et remuez bien.

4 Servez la purée de pommes de terre aux olives vertes bien chaude.

⊳ **À SERVIR** avec un poisson à la vapeur.

Petit budget

Des menus pour recevoir sans faire exploser son budget...

N'oubliez pas les pâtes

Joliment présenté, avec quelques herbes et épices, c'est un plat nourrissant, apprécié de tous... et pas cher du tout !

Menu fraîcheur

- Soupe froide de courgette à la menthe (recette page 10)
- Œufs cocotte à l'oseille et au chèvre (recette page 414)
- Petits-suisses aux fruits (recette page 588)

Menus à 2 euros par personne

Bien manger, sans se ruiner

Prévoyez de justes portions

Il y a souvent des petits restes. Si le plat se réchauffe, prévoyez les proportions pour plusieurs repas et congelez.

Menu facile

- Champignons de Paris, sauce à la coriandre (recette page 36)
- Cannellonis à la brousse (recette page 316)
- Compote d'ananas (recette page 577)

Cassez-la plutôt pour les vacances !

Menus à 5 euros par personne

Menu du dimanche

- Clafoutis aux navets et au saumon (recette page 443)
- Rôti de porc à la confiture d'oignons (recette page 426)
- Brioche perdue à la confiture et aux amandes (recette page 560)

Cuisinez les restes

Une tranche de jambon dans une quiche, quelques légumes en clafoutis, une tranche de viande en boulette avec de la coriandre, un fruit en smoothie…

Menu entre amis

- Salade de mâche au comté et galettes de blé noir (recette page 31)
- Lasagnes au saumon et aux épinards (recette page 336)
- Tarte aux pommes à l'envers et crème au calvados (recette page 558)

Les produits pas chers

> pâtes, riz, semoule, pain
> blancs de poulet, œufs
> pommes de terre, haricots blancs, pois chiches, lentilles

Halte au gaspillage !

POUR 4 PERSONNES
PRÉPARATION : 10 min
CUISSON : 30 min
DIFFICULTÉ : ★
COÛT : €

- 4 œufs
- 200 g de ricotta
- 1 rouleau de pâte brisée
- 200 g de sardines à la tomate en conserve
- Sel et poivre du moulin

MON PLUS

Je laisse le papier sulfurisé de la pâte pour faciliter le démoulage.

Quiche aux sardines

Cette recette est idéale pour initier les enfants ou les ados à la cuisine.

1. Préchauffez le four à 240 °C (therm. 8).
2. Battez les œufs dans un saladier ; ajoutez la ricotta. Écrasez les sardines dans leur sauce et ajoutez-les à la préparation.
3. Étalez la pâte brisée dans un moule à tarte, versez le mélange et faites cuire pendant 30 minutes.
4. Proposez la quiche chaude ou tiède.

⊳ **À SERVIR** avec une salade de tomates l'été, ou une salade d'endives en hiver.

⊳ **C'EST AUSSI BON** avec du thon à la tomate à la place des sardines.

POUR 4 PERSONNES
PRÉPARATION : 15 min
CUISSON : 15 min
DIFFICULTÉ : ★
COÛT : €

Moules au curry

Une recette qui change un peu des classiques moules marinière.

- 2 kg de moules nettoyées
- 3 gousses d'ail
- 2 branches de thym

Pour la sauce :

- 35 g de beurre
- 1 cuill. à café de farine
- 1 cuill. à café de curry
- 1 pincée de piment de Cayenne en poudre
- Sel et poivre

TRUC DE CHEF

Si la sauce est trop épaisse, allongez-la avec le jus des moules.

1 Rincez les moules plusieurs fois sous l'eau froide.

2 Versez 10 cl d'eau dans une grande cocotte et portez à ébullition. Pelez l'ail, écrasez-le et mettez-le dans la cocotte, puis ajoutez le thym. Versez les moules dans l'eau bouillante, mélangez et laissez cuire en secouant la cocotte pendant environ 5 minutes, jusqu'à ce que les moules soient toutes ouvertes. Égouttez-les en gardant le jus de cuisson ; jetez les moules restées fermées.

3 Retirez la demi-coquille vide de chaque moule. Répartissez les moules dans des plats individuels.

4 Préparez la sauce : faites fondre 25 g de beurre dans une casserole, saupoudrez de farine, de curry et de piment et mélangez vivement. Versez progressivement 20 cl du jus de cuisson des moules en mélangeant et en laissant épaissir la sauce. Ajoutez le reste du beurre, salez, poivrez et fouettez.

5 Répartissez la sauce chaude sur les moules et consommez rapidement.

⊳ **À SERVIR** avec des tagliatelles ou des spaghettis.

POUR 4 PERSONNES
PRÉPARATION : 20 min
CUISSON : 1 h 20
DIFFICULTÉ : ★
COÛT : €

- 100 g de beurre
- 2 cuill. à soupe d'huile d'olive
- 30 g de sucre en poudre
- 1 rôti de porc de 1 kg dans le filet ou l'échine
- 6 à 8 oignons
- 1 cuill. à café de cannelle en poudre
- 2 branches de thym
- 3 feuilles de laurier
- Sel et poivre du moulin

TRUC DE CHEF

Préférez pour ce plat un rôti dans l'échine, plus moelleuse que le filet.

Rôti de porc à la confiture d'oignons

Une recette classique toujours appréciée, à déguster chaude ou froide.

1 Faites fondre la moitié du beurre et l'huile dans une cocotte. Ajoutez la moitié du sucre et laissez caraméliser pendant 5 minutes. Saisissez le rôti de porc dans le caramel et laissez-le dorer sur toutes ses faces pendant 5 minutes, à feu doux.

ULTRA RAPIDE !
Utilisez des oignons émincés surgelés.

2 Mettez le rôti sur une assiette. Épluchez et émincez les oignons.

3 Dans la cocotte, ajoutez le reste du beurre et du sucre, ainsi que les oignons émincés. Saupoudrez de cannelle. Laissez fondre pendant 10 minutes environ, à feu doux, pour que les oignons caramélisent et sans cesser de remuer pour éviter qu'ils attachent. Ajoutez le thym et le laurier, versez 10 cl d'eau et replacez le rôti dans la cocotte. Couvrez et laissez cuire pendant 1 heure à feu très doux.

4 Coupez le rôti en tranches, disposez-les sur un plat chaud et entourez-les de confiture d'oignons.

⊳ **À SERVIR** avec une purée de pommes de terre, ou des macaronis.

⊳ **C'EST AUSSI BON** avec des clous de girofle plantés dans des oignons entiers.

POUR 4 PERSONNES
PRÉPARATION : 20 min
CUISSON : 25 min
DIFFICULTÉ : ★ ★
COÛT : €

- 3 pommes goldens
- 20 g de beurre
- 600 g de boudin noir
- 3 œufs
- 20 cl de lait entier
- 40 cl de crème liquide
- 1 rouleau de pâte feuilletée préétalée de 230 g
- Sel et poivre du moulin

Tarte de boudin noir aux pommes

Le boudin aux pommes fruits revisité pour les gourmands.

1 Préchauffez le four à 240 °C (therm. 8).

2 Pelez et épépinez les pommes, puis coupez-les en huit quartiers. Faites-les dorer doucement dans une poêle avec le beurre. Réservez.

ULTRA RAPIDE !
Remplacez les quartiers de pomme par de la compote toute prête.

3 Coupez le boudin en rondelles de 1,5 cm d'épaisseur et faites-les revenir à sec dans une poêle pendant 7 minutes à feu moyen, en les retournant régulièrement. Lorsqu'elles sont cuites, retirez la peau.

4 Dans une jatte, battez les œufs, puis ajoutez le lait et la crème liquide en battant à nouveau. Salez et poivrez.

5 Garnissez un moule à tarte avec la pâte feuilletée. Déposez dessus les morceaux de pomme puis les rondelles de boudin. Versez le mélange œufs et crème, enfournez et laissez cuire pendant 25 minutes environ.

6 Laissez reposer la tarte chaude pendant 5 minutes avant de l'apporter à table.

> **À SERVIR** avec une salade de mâche et de betteraves.

> **C'EST AUSSI BON** avec de la pâte brisée.

POUR 4 PERSONNES
PRÉPARATION : 15 min
CUISSON : 30 min
DIFFICULTÉ : ★
COÛT : €

- 2 gousses d'ail
- 2 échalotes
- 3 tomates
- 4 cuill. à soupe d'huile d'olive
- 2 branches de thym
- 4 feuilles de chou vert
- 1 cuill. à soupe de crème fraîche épaisse
- 1 rouleau de pâte à pizza préétalée de 230 g
- 1 cuill. à café de moutarde de Dijon
- 4 tranches de pancetta
- Sel et poivre du moulin

MON PLUS

J'achète 250 g de pâte à pain chez mon boulanger à la place de la pâte à pizza du commerce.

Pizza au chou et à la pancetta

Cette pizza au chou est aussi inattendue que délicieuse.

1 Pelez et hachez l'ail et les échalotes. Pelez les tomates, épépinez-les et coupez-les en dés.

2 Faites chauffer dans une casserole 2 cuillerées à soupe d'huile d'olive. Ajoutez ail et échalotes hachés, faites-les revenir, sans les laisser dorer, puis ajoutez le thym et les tomates. Salez et poivrez. Laissez cuire doucement jusqu'à ce que l'eau des tomates s'évapore.

3 Pendant ce temps, lavez et émincez en fines lamelles les feuilles de chou. Faites-les sauter doucement dans 2 cuillerées à soupe d'huile d'olive. Lorsqu'elles sont légèrement dorées, ajoutez la crème fraîche.

4 Préchauffez le four à 210 °C (therm. 7).

5 Étalez la pâte à pizza dans un plat, badigeonnez le fond avec la moutarde. Versez dessus la préparation à la tomate, les feuilles de chou à la crème et, pour finir, les tranches de pancetta. Enfournez le plat et laissez cuire pendant 25 minutes.

> **À SERVIR** avec une salade verte.

> **C'EST AUSSI BON** avec du chou chinois, le pak-choï.

POUR 4 PERSONNES
PRÉPARATION : 15 min
CUISSON : 35 min
DIFFICULTÉ : ★
COÛT : €

- 800 g d'échine de porc
- 2 cuill. à soupe d'huile d'olive
- 16 oignons grelots surgelés
- 125 g d'abricots secs
- 4 cuill. à soupe de sauce soja
- 2 cuill. à soupe de miel
- 4 brins de persil plat
- Sel et poivre du moulin

MON PLUS

Je prépare le plat à l'avance et je le réchauffe à feu doux, juste avant le repas.

Porc sauté aux abricots

Belle association sucré-salé pour ce plat facile à réaliser.

1 Détaillez la viande en cubes. Dans une cocotte, faites-la revenir dans l'huile d'olive pendant 5 minutes. Lorsqu'elle est dorée, ajoutez les oignons, les abricots secs, la sauce soja, le miel et 20 cl d'eau. Salez et poivrez, couvrez et laissez mijoter 30 minutes à feu doux.

2 Lavez et ciselez le persil.

3 Versez le contenu de la cocotte dans le plat de service et parsemez de persil.

> **À SERVIR** avec du boulgour ou du quinoa.

> **C'EST AUSSI BON** avec des pruneaux.

POUR 4 PERSONNES

PRÉPARATION : 20 min

CUISSON : 30 min

DIFFICULTÉ : ★

COÛT : €

Riz à l'espagnole

Pour changer du riz tout simple, et mettre un peu de soleil dans vos menus, été comme hiver !

- 1 poivron rouge
- 1 gros oignon
- 100 g de chorizo
- 2 cuill. à soupe d'huile d'olive
- 250 g de riz
- 400 g de pulpe de tomate en conserve
- 50 cl de bouillon de volaille
- 1 dose de safran (facultatif)
- Sel et poivre du moulin

1 Lavez et essuyez le poivron, épépinez-le. Retirez les parties blanches et coupez-le en fines lamelles. Épluchez l'oignon et émincez-le finement. Découpez le chorizo en rondelles.

2 Faites chauffer l'huile d'olive dans une sauteuse, ajoutez les rondelles de chorizo et faites-les revenir pendant 2 minutes à feu vif. Ajoutez les lamelles de poivron et l'oignon émincé, faites revenir pendant 3 minutes. Mettez le riz et mélangez pendant 1 minute, puis ajoutez la pulpe de tomate. Recouvrez avec le bouillon de volaille, ajoutez éventuellement le safran, portez à ébullition, baissez le feu et laissez cuire à feu doux jusqu'à complète évaporation du bouillon.

⊳ **À SERVIR** avec des escalopes de dinde.

⊳ **C'EST AUSSI BON** avec un poivron vert.

POUR 4 PERSONNES
PRÉPARATION : 10 min
CUISSON : 45 min
DIFFICULTÉ : ★★★
COÛT : €

- 100 g de lardons fumés
- 1 rôti de porc de 800 g dans l'échine
- 6 cuill. à soupe de moutarde en grains
- 80 g de beurre
- 1 cuill. à soupe de fond de veau déshydraté
- 4 brins de persil
- 1 kg de carottes en rondelles
- 1 cuill. à café de sucre
- Sel et poivre du moulin

TRUC DE CHEF

Sucrer légèrement les carottes permet d'accentuer leur goût.

Rôti de porc aux carottes et aux graines de moutarde

Rustique et réconfortant, ce plat réchauffera vos soirées d'hiver.

1 Hachez finement les lardons. Découpez le rôti cru en tranches égales, et disposez-les côte à côte. Poivrez les tranches, étalez dessus un peu de moutarde, couvrez de lardons hachés, puis à nouveau de moutarde. Recomposez le rôti comme un mille-feuille en superposant les tranches, et ficelez-le.

2 Faites chauffer 20 g de beurre dans une cocotte, et faites dorer la viande sur toutes ses faces. Ajoutez le fond de veau dilué dans 10 cl d'eau, couvrez et laissez mijoter pendant 45 minutes à feu doux. Retournez et arrosez le rôti avec le jus de cuisson de temps en temps, ajoutez un peu d'eau si nécessaire.

3 Lavez et hachez le persil. Une quinzaine de minutes avant de servir, faites revenir les rondelles de carotte dans 60 g de beurre. Salez, sucrez puis saupoudrez-les de persil haché.

4 Enlevez la ficelle du rôti, disposez celui-ci sur un plat de service et entourez-le des carottes.

> **À SERVIR** avec des macaronis au beurre.

> **C'EST AUSSI BON** avec un rôti de veau.

POUR 4 PERSONNES
PRÉPARATION : 20 min
CUISSON : 25 min
DIFFICULTÉ : ★
COÛT : €

Curry de poulet au piment rouge et au lait de coco

- 500 g de blancs de poulet
- 20 cl de crème de coco non sucrée
- 3 cuill. à soupe de piment rouge en poudre
- 40 cl de lait de coco
- 2 cuill. à soupe de nuoc-mâm
- 2 feuilles de kaffir
- 1 morceau de sucre
- 200 g de petites asperges vertes surgelées
- 200 g de pois gourmands surgelés
- Quelques feuilles de basilic

Dépaysement garanti avec ce plat exotique très parfumé.

1 Coupez le poulet en petits morceaux.

2 Dans une cocotte, faites chauffer la crème de coco pendant 5 minutes, jusqu'à ce qu'elle prenne un aspect un peu huileux. Ajoutez le piment et mélangez. Versez le lait de coco, le nuoc-mâm, ajoutez les feuilles de kaffir et le sucre. Portez doucement à ébullition, mettez les morceaux de poulet et faites-les cuire dans le curry frémissant pendant 10 minutes. Incorporez les asperges et les pois gourmands surgelés et prolongez la cuisson de 10 minutes.

3 Lavez et effeuillez le basilic. Juste avant de servir, parsemez-en le curry.

⊳ **À SERVIR** avec du riz thaï.

TRUC DE CHEF

Tous les produits exotiques sont en vente dans les épiceries asiatiques.

POUR 4 PERSONNES
PRÉPARATION : 5 min
CUISSON : 25 min
DIFFICULTÉ : ★
COÛT : €

- 2 oignons
- 2 cuill. à soupe d'huile d'olive
- 4 blancs de poulet
- 15 cl de vin blanc
- 400 g d'oreillons d'abricot au sirop en conserve
- 1 pincée de cannelle
- 1 cuill. à café de curcuma
- 2 cuill. à soupe de jus de citron

Poulet sauté aux abricots et aux épices

Une note sucré-salé pour ce poulet parfumé vite prêt.

1 Épluchez et émincez les oignons. Faites chauffer l'huile d'olive dans une sauteuse, ajoutez les oignons émincés et les blancs de poulet. Faites dorer pendant 10 minutes, en remuant de temps en temps.

ULTRA RAPIDE !
Utilisez des oignons émincés surgelés.

2 Retirez le poulet, ajoutez le vin blanc, les oreillons d'abricot égouttés, la cannelle, le curcuma et le jus de citron. Couvrez et laissez cuire pendant 10 minutes à feu doux.

3 Remettez le poulet dans la sauteuse et faites cuire à nouveau pendant 5 minutes. Déposez sur chaque assiette un blanc de poulet, entourez d'oignons et d'abricots et nappez de sauce.

⊳ **À SERVIR** avec de la semoule à la vapeur.

⊳ **C'EST AUSSI BON** en remplaçant les abricots par des pruneaux et le poulet par de la dinde.

POUR 4 PERSONNES
PRÉPARATION : 15 min
CUISSON : 45 min
DIFFICULTÉ : ★
COÛT : €

- 1 gousse d'ail
- 1 oignon
- 1/2 citron non traité
- 1 petit morceau de gingembre frais
- 4 cuisses de poulet désossées
- 2 cuill. à soupe de farine
- 1/2 cuill. à café de paprika
- 4 cuill. à soupe d'huile d'olive
- 50 cl de vin blanc
- Sel et poivre du moulin

TRUC DE CHEF

Faites chauffer le vin avant de le verser dans la casserole.

Poulet au gingembre

Légèrement acidulé, ce plat plaira à toute la famille.

1 Épluchez l'ail, écrasez-le. Pelez l'oignon, hachez-le finement. Prélevez sur le citron, avec un couteau Économe, une lanière de 4 cm de long. Épluchez le gingembre. Coupez le gingembre et le zeste de citron en fines lanières. Découpez le poulet en cubes de 3 cm de côté environ. Pressez le demi-citron.

2 Versez la farine et le paprika dans un sac en plastique, ajoutez 1/2 cuillerée à café de sel et 1/2 cuillerée à café de poivre, ajoutez les dés de poulet, fermez le sac et secouez bien. Retirez les morceaux de poulet du sac en tapotant pour enlever l'excédent de farine.

3 Faites chauffer l'huile d'olive dans une sauteuse, faites dorer le poulet sur toutes ses faces pendant 10 minutes.

4 Ajoutez l'ail, l'oignon, la moitié du gingembre et du zeste de citron, faites revenir pendant 5 minutes. Ajoutez enfin le vin puis le jus de citron, baissez le feu, couvrez et laissez mijoter à feu doux pendant 30 minutes.

5 Goûtez et rectifiez l'assaisonnement. Versez dans un plat de service et parsemez du reste des lanières de gingembre et de zeste.

> **À SERVIR** avec du riz.

> **C'EST AUSSI BON** avec de la dinde à la place du poulet.

Surprises pour les papilles

POUR 4 PERSONNES
PRÉPARATION : 10 min
CUISSON : 15 min environ
DIFFICULTÉ : ★
COÛT : €

- 500 g de courgettes
- 2 gousses d'ail
- 1/2 bouquet de menthe
- 2 cuill. à soupe d'huile d'olive
- 1 pincée de gingembre en poudre
- 1 cuill. à soupe de sucre roux
- 2 cuill. à soupe de câpres
- 3 cuill. à soupe de raisins secs
- 2 cuill. à soupe de vinaigre balsamique
- 2 cuill. à soupe de noisettes concassées
- Sel et poivre du moulin

Courgettes à l'aigre-douce

Une façon surprenante de déguster l'un des légumes les plus présents sur nos tables.

1 Lavez les courgettes et coupez-les en dés. Pelez, dégermez et hachez l'ail. Lavez la menthe et ciselez finement ses feuilles.

2 Dans une poêle, mettez à chauffer l'huile d'olive et faites-y dorer les dés de courgette pendant 3 minutes, en remuant. Ajoutez l'ail, le gingembre, du sel et du poivre, et poursuivez la cuisson pendant 3 minutes. Ajoutez ensuite le sucre, les câpres égouttées, les raisins secs, le vinaigre et la moitié de la menthe et des noisettes ; laissez cuire encore de 5 à 8 minutes, jusqu'à ce que les courgettes soient tendres. Laissez tiédir.

3 Versez les courgettes dans un plat creux, parsemez-les avec le reste de noisette et de feuilles de menthe. Servez tiède.

ULTRA RAPIDE !
Utilisez de l'ail et de la menthe hachés et surgelés.

⪢ **À SERVIR** avec du jambon cru ou de la viande froide, du boulgour, de la semoule ou du quinoa. Vous pouvez même proposer des œufs à la coque.

⪢ **C'EST AUSSI BON** avec des amandes effilées grillées à sec à la place des noisettes.

POUR 4 PERSONNES
PRÉPARATION : 10 min
CUISSON : 20 min environ
DIFFICULTÉ : ★
COÛT : €

Artichauts à l'orange et à la réglisse

Parfum subtil pour ces cœurs d'artichaut, à servir en accompagnement ou en entrée.

- 2 gousses d'ail
- 2 oranges
- 2 cuill. à soupe d'huile d'olive
- 600 g de cœurs d'artichaut surgelés
- 3 cm de bâton de réglisse
- 6 brins de coriandre
- Sel et poivre du moulin

1 Pelez et écrasez les gousses d'ail. Pressez les oranges.

2 Faites chauffer l'huile d'olive dans une sauteuse, mettez l'ail et les cœurs d'artichaut surgelés. Faites-les dorer pendant 2 minutes, puis versez la moitié du jus d'orange, salez, poivrez ; ajoutez le bâton de réglisse, couvrez et laissez mijoter pendant 15 minutes. Versez le reste de jus d'orange, prolongez la cuisson de 5 minutes.

3 Versez dans un plat creux et parsemez de feuilles de coriandre ciselées.

> **À SERVIR** avec du saumon grillé ou poché.

TRUC DE CHEF

Vérifiez la cuisson des cœurs d'artichaut en les piquant avec la pointe d'un couteau : elle doit pénétrer facilement.

POUR 4 PERSONNES
PRÉPARATION : 10 min
CUISSON : 30 min
DIFFICULTÉ : ★
COÛT : €

- 300 g de saumon frais
- 1 cuill. à soupe d'huile d'arachide
- 800 g de navets en morceaux surgelés
- 3 œufs
- 20 cl de crème fraîche
- Sel et poivre du moulin

Clafoutis aux navets et au saumon

Ces navets « revisités » surprendront vos convives.

1 Préchauffez le four à 200 °C (therm. 6-7). Taillez le saumon en fines lanières.

2 Faites chauffer l'huile d'arachide dans une poêle et faites dorer les navets encore surgelés pendant 5 minutes. Déposez-les dans un plat à gratin. Parsemez de lanières de saumon.

3 Mélangez les œufs et la crème fraîche, salez, poivrez. Versez cette préparation dans le plat à gratin et enfournez.

4 Faites cuire pendant 30 minutes. Testez la cuisson à l'aide d'une lame de couteau : piquez-la dans le clafoutis, elle doit ressortir sèche.

> **À SERVIR** avec une salade d'endives.

> **C'EST AUSSI BON** avec de la crème légère à 8 % de matière grasse et une pincée de noix de muscade râpée.

MON PLUS

Je prépare ce clafoutis dans des petits plats à gratin individuels.

POUR 4 PERSONNES
PRÉPARATION : 10 min
CUISSON : 25 min environ
DIFFICULTÉ : ★
COÛT : €

Sucré-salé de pommes de terre

Cette recette est parfaite pour donner un peu d'originalité à un simple rôti de porc.

- 1 kg de petites pommes de terre rattes
- 3 oignons
- 2 cuill. à soupe d'huile d'olive
- 500 g de dés de jambon
- 12 pruneaux dénoyautés
- 1/2 cuill. à café de gingembre râpé
- Sel et poivre du moulin

1. Épluchez, lavez et épongez les pommes de terre. Pelez et émincez les oignons.
2. Dans une grande poêle, faites chauffer l'huile d'olive. Ajoutez-y les pommes de terre, laissez-les dorer ; mettez les oignons, jusqu'à ce qu'ils blondissent, puis les dés de jambon.
3. Ajoutez les pruneaux dénoyautés, 5 cl d'eau chaude, salez, poivrez ; ajoutez le gingembre et faites cuire à feu doux, en remuant de temps en temps, pendant 20 minutes.
4. Versez dans le plat de service et servez bien chaud.

ULTRA RAPIDE !
Utilisez des oignons émincés surgelés, c'est tellement pratique.

> **À SERVIR** avec du poisson à la vapeur ou de la volaille. Vous pouvez aussi servir ces pommes de terre en plat unique avec une salade verte.

> **C'EST AUSSI BON** avec des allumettes de lardons fumés.

TRUC DE CHEF
Pour s'assurer que les pommes de terre sont cuites, piquez-les avec la pointe d'un couteau, qui doit pénétrer facilement.

POUR 4 PERSONNES
PRÉPARATION : 15 min
CUISSON : 25 min environ
DIFFICULTÉ : ★
COÛT : €

- 4 bulbes de fenouil
- 300 g de comté
- 1 cuill. à soupe d'huile d'olive
- Poivre du moulin

Fenouils gratinés

Union simple — mais délicieuse — du fenouil et du comté, pour cette recette d'automne.

1 Préchauffez le four à 230 °C (therm. 7-8).

2 Lavez les bulbes de fenouil, coupez-les en 2 et faites-les cuire à la vapeur pendant 10 minutes. Pendant ce temps, découpez le comté en fines lamelles.

3 Déposez le fenouil dans un plat à four, recouvrez de comté, arrosez d'huile d'olive, poivrez (mais ne salez pas).

4 Mettez à gratiner au four pendant 15 minutes.

> **À SERVIR** avec du poisson ou du poulet rôti.

> **C'EST AUSSI BON** en ajoutant des noix à la sortie du four.

POUR 4 PERSONNES
PRÉPARATION : 10 min
CUISSON : 10 min
DIFFICULTÉ : ★
COÛT : € €

- 5 tranches de prosciutto
- 3 cuill. à soupe de câpres
- 2 cuill. à soupe d'huile d'olive
- 4 filets de cabillaud de 150 à 180 g chacun
- 1 grosse gousse d'ail
- Poivre du moulin

Cabillaud au prosciutto

Ce mariage inattendu du jambon et du poisson, avec la pointe d'acidité des câpres, est original et savoureux.

1 Détaillez le prosciutto en fines lanières. Rincez les câpres sous l'eau.

2 Faites chauffer 1 cuillerée à soupe d'huile d'olive dans une poêle. Ajoutez les filets de cabillaud et faites-les revenir pendant 3 minutes à feu vif de chaque côté. Réservez.

3 Pelez, dégermez et hachez la gousse d'ail. Versez 1 cuillerée à soupe d'huile d'olive dans une autre poêle, faites dorer les lanières de jambon, l'ail et les câpres.

4 Disposez les lanières de prosciutto aux câpres dans les assiettes, puis déposez dessus les filets de cabillaud. Poivrez.

> **À SERVIR** avec du riz blanc.

> **C'EST AUSSI BON** avec de la lotte, pour changer du cabillaud.

ULTRA RAPIDE !

Si vous n'avez pas le temps de faire des courses, utilisez de l'ail et des filets de cabillaud surgelés que vous ferez décongeler plusieurs heures à l'avance dans le réfrigérateur.

POUR 4 PERSONNES
PRÉPARATION : 10 min
CUISSON : 15 min environ
DIFFICULTÉ : ★
COÛT : € €

- 600 g de dos de cabillaud
- 2 mangues mûres mais fermes
- 2 brins de persil
- 1/2 citron
- 2 cuill. à soupe d'huile d'arachide
- 25 g de beurre
- 2 cuill. à soupe de miel
- Sel et poivre du moulin

Dos de cabillaud à la mangue caramélisée

Mangue et cabillaud : une association très tendance.

1 Coupez le poisson en quatre morceaux, salez ceux-ci sur les 2 faces. Pelez les mangues et coupez la pulpe en gros cubes. Lavez et ciselez le persil. Pressez le demi-citron.

2 Dans une grande poêle antiadhésive, mettez à chauffer l'huile d'arachide et faites-y dorer le poisson pendant 2 ou 3 minutes sur chaque face, selon son épaisseur. Réservez au chaud dans un plat couvert.

3 Jetez l'huile de cuisson du poisson, et essuyez la poêle avec du papier absorbant. Mettez-y le beurre et, dès qu'il est fondu, ajoutez les cubes de mangue et le miel. Faites dorer à feu vif, en faisant sauter les cubes de mangue dans la poêle (sans utiliser de cuillère pour ne pas les écraser).

4 Versez le jus de citron sur la mangue et faites sauter une dernière fois, puis poivrez. Répartissez poisson et mangue dans quatre assiettes, et parsemez de persil ciselé.

⊳ **À SERVIR** avec du riz nature.

⊳ **C'EST AUSSI BON** avec des pavés de saumon, ou de grosses gambas.

POUR 4 PERSONNES
PRÉPARATION : 20 min
CUISSON : 25 min
DIFFICULTÉ : ★
COÛT : €

- 4 grandes feuilles de chou
- 400 g de filets de lotte
- 2 tranches de saumon fumé de 70 g environ chacune
- 50 cl de fumet de poisson
- 10 cl de vin blanc
- 50 g de beurre demi-sel
- Sel et poivre

MON PLUS

Je prépare les roulades à l'avance et je les fais cuire avant le repas.

Roulades de poisson braisé au chou vert

Ces paupiettes étonnantes sont à déguster toute l'année.

1 Préchauffez le four à 210 °C (therm. 7).

2 Rincez les feuilles de chou puis plongez-les pendant 2 minutes dans de l'eau bouillante salée, égouttez-les et posez-les sur un torchon propre.

3 Coupez les filets de lotte en morceaux. Étalez une feuille de chou sur la table de travail. Posez dessus une demi-tranche de saumon fumé, puis un morceau de filet de lotte. Salez, poivrez et roulez la feuille de chou pour envelopper l'ensemble. Répétez l'opération pour obtenir 4 roulades.

4 Disposez les roulades dans un plat allant au four, mouillez avec le fumet de poisson et le vin blanc.

5 Posez une noisette de beurre sur chacune des roulades et enfournez. Laissez cuire pendant 25 minutes en arrosant régulièrement avec le jus de cuisson. Servez ce plat chaud.

> **À SERVIR** avec le reste du chou cuit, des pommes de terre et quelques carottes.

> **C'EST AUSSI BON** avec du cabillaud.

POUR 4 PERSONNES
PRÉPARATION : 5 min
CUISSON : 20 min
DIFFICULTÉ : ★
COÛT : €

- 260 g de sardines à l'huile en conserve
- 200 g de caviar d'aubergine en conserve
- 100 g de caviar de tomate en conserve
- 50 cl de crème fraîche
- 150 g de chèvre frais
- 10 olives noires dénoyautées à la grecque
- 1 cuill. à soupe d'herbes de Provence

MON PLUS

Je sers ce gratin dans des plats individuels.

Gratin de sardines au chèvre frais

Cette association sardine-chèvre vous surprendra très agréablement.

1 Préchauffez le four à 210 °C (therm. 7).

2 Mixez les sardines, sans leur huile, et mélangez-les avec le caviar d'aubergine, le caviar de tomate et la crème fraîche.

3 Versez cette préparation dans un plat allant au four, coupez le chèvre en cubes, répartissez ceux-ci sur la préparation et parsemez le plat d'olives noires et d'herbes de Provence.

4 Faites cuire au four pendant 20 minutes. Servez très chaud.

> **À SERVIR** idéalement en été, avec une salade de tomates, en entrée ou en plat principal.

FAITES-LE VOUS-MÊME !

Préparez un caviar d'aubergine en mixant 2 aubergines pelées et cuites avec 2 gousses d'ail, 10 olives noires, un peu de sel, de poivre, de l'origan et 10 cl d'huile d'olive (environ 7 cuillerées à soupe).

POUR 4 PERSONNES
PRÉPARATION : 10 min
CUISSON : 20 min environ
DIFFICULTÉ : ★★
COÛT : €

Croustillants de sardines aux aubergines

Une véritable surprise pour les papilles… à servir aussi bien en entrée qu'en plat principal.

- 1 aubergine
- 1 cuill. à soupe d'huile d'olive
- 1 cuill. à café de vinaigre de xérès
- 260 g de sardines à l'huile en conserve
- 4 feuilles de brick
- 4 pétales de tomate séchée
- 1 cuill. à café de cumin en poudre
- 2 tomates
- 2 brins de basilic
- Sel et poivre

1 Préchauffez le four à 210 °C (therm. 7).

2 Lavez l'aubergine et coupez-la en quatres tranches de 5 mm d'épaisseur dans le sens de la longueur.

3 Dans une poêle antiadhésive, mettez à chauffer l'huile d'olive et faites-y revenir les tranches d'aubergine pendant 3 minutes sur chaque face, à feu assez vif. Arrosez avec le vinaigre de xérès, laissez évaporer, puis salez et poivrez ; réservez au chaud.

4 Égouttez les sardines, ouvrez-les en deux, retirez l'arête centrale. Posez les feuilles de brick sur le plan de travail. Au centre de chaque feuille, déposez 1 tranche d'aubergine, 2 sardines et 1 pétale de tomate séchée. Saupoudrez de cumin, salez, poivrez et repliez la feuille en un petit paquet rectangulaire.

5 Déposez les paquets sur une plaque huilée, et mettez au four pendant 10 minutes.

6 Pendant ce temps, lavez les tomates, épépinez-les, coupez-les en petits dés ; salez et poivrez. Lavez et ciselez le basilic, ajoutez-le aux tomates. Répartissez les tomates dans les assiettes et déposez les croustillants dessus.

TRUC DE CHEF

Si vous voulez éviter de casser les feuilles de brick en les manipulant, déposez-les sur un torchon humide.

> **À SERVIR** avec une ratatouille.

> **C'EST AUSSI BON** avec du thon au naturel.

POUR 4 PERSONNES
PRÉPARATION : 10 min
CUISSON : 30 min
DIFFICULTÉ : ★
COÛT : € €

- 1 daurade de 1 kg vidée et écaillée
- 3 cuill. à soupe d'huile d'olive
- 4 brins de thym
- 3 feuilles de laurier
- 16 mini-courgettes
- 2 cuill. à soupe de cannelle en poudre
- Sel et poivre du moulin

Daurade royale et courgettes au four à la cannelle

La cannelle relève délicieusement ce plat.

1 Préchauffez le four à 210 °C (therm. 7).

2 Déposez la daurade dans un plat. Arrosez d'un filet d'huile d'olive et recouvrez le poisson des brins de thym et des feuilles de laurier. Salez, poivrez, enfournez et faites cuire pendant 30 minutes.

3 Pendant ce temps, lavez et séchez les mini-courgettes, faites-les cuire à la vapeur avec du sel et du poivre pendant 8 minutes.

4 Saupoudrez les courgettes de cannelle et versez dessus un filet d'huile d'olive, juste avant de les servir avec la daurade cuite au four.

⊳ **À SERVIR** avec du riz sauvage.

TRUC DE CHEF

Vous pouvez ajouter des rondelles d'oignon et un verre de vin blanc autour de la daurade avant de la faire cuire au four.

POUR 4 PERSONNES
PRÉPARATION : 15 min
CUISSON : 15 min
DIFFICULTÉ : ★
COÛT : € €

- 8 figues fraîches
- 1 orange
- 25 g de beurre
- 20 cl de vin cuit
- 20 amandes fraîches décortiquées
- 2 cuill. à soupe d'huile d'olive
- 4 tranches de thon rouge de 150 g chacune
- Fleur de sel et poivre du moulin

Thon rouge mi-cuit aux figues fraîches

La douceur des figues et du vin cuit convient très bien au thon.

1 Lavez et essuyez les figues, coupez-les en deux. Pressez l'orange.

2 Faites fondre le beurre dans une sauteuse, faites rôtir les demi-figues. Arrosez-les avec le jus d'orange et mouillez avec le vin cuit. Portez à ébullition puis retirez les figues et gardez-les au chaud. Faites réduire le jus de cuisson jusqu'à obtenir l'aspect d'un sirop. Ajoutez les amandes au dernier moment.

3 Faites chauffer l'huile d'olive dans une poêle. Faites cuire les tranches de thon à feu vif, pendant 3 minutes de chaque côté.

4 Déposez sur chaque assiette une tranche de thon, les figues, arrosez de sauce, parsemez de fleur de sel et donnez un tour de moulin à poivre.

⊳ **À SERVIR** avec des haricots blancs persillés.

⊳ **C'EST AUSSI BON** avec du porto pour remplacer le vin cuit.

Épicez vos plats !

Pour assaisonner, corser, adoucir ou réveiller vos plats, misez sur les épices.

Le cumin c'est bon avec les boulettes d'agneau

CANNELLE
C'est délicieux avec :

- la pomme
- le pain d'épice
- le chocolat chaud

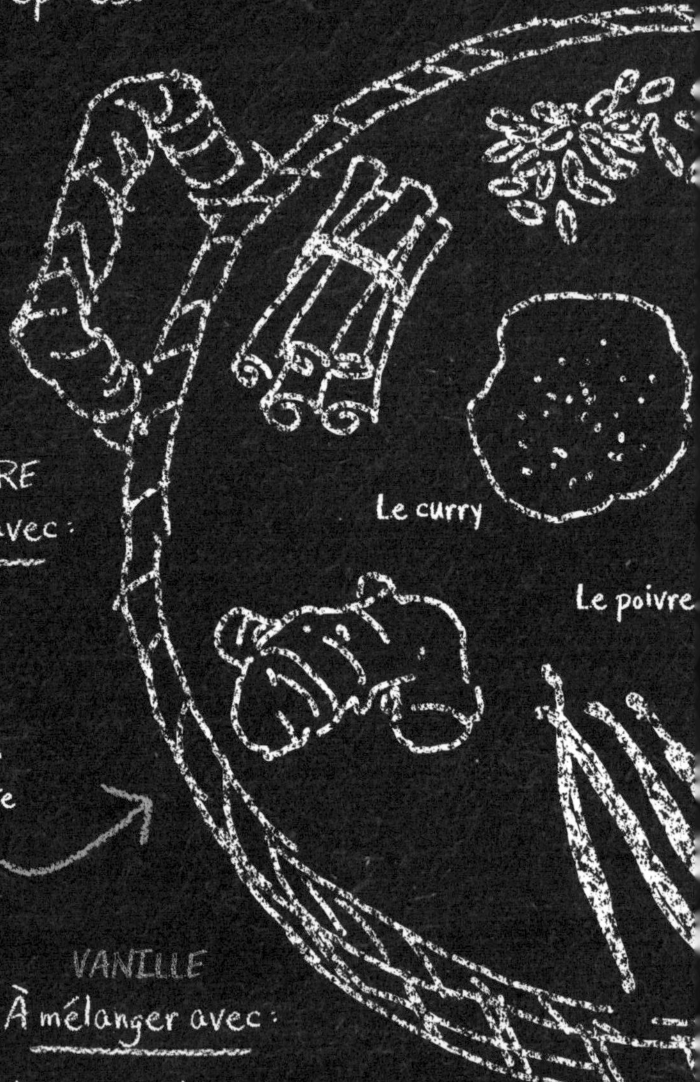

GINGEMBRE
À préparer avec :

- le canard
- le poulet
- le porc
- le poisson
- la courgette

Le curry

Le **curry** est un mélange d'épices dont la recette varie. On y retrouve généralement : du curcuma, du gingembre, du poivre, du cumin, du piment, du girofle, de la cardamome, du tamarin, du fenugrec, de la coriandre...

VANILLE
À mélanger avec :

- les crèmes et les fruits
- certains fruits de mer
- le poisson
- la volaille et la viande blanche

GIROFLE
Mariage réussi avec :

* le bouillon du pot-au-feu, les marinades, les pâtés et les civets
* le pain d'épice
* les tisanes ou les thés parfumés, les jus de fruits et le vin chaud
* la pomme, la poire, l'orange

MUSCADE
Association idéale dans :

* la béchamel
* les purées
* le poisson
* le chou-fleur
* les pâtes
* les compotes de fruits

PIMENT
Il relève :

* les huiles
* les tartes, quiches, potages et soupes
* les garnitures de légumes
* les viandes, volailles, poissons et les œufs

Mettez du poivre...
dans tous les plats salés ! Mais aussi dans des fruits, comme l'ananas ou la figue.

Le cumin se marie bien avec...
* les fromages, comme le munster
* les carottes
* les blettes
* les choux, crus ou cuits
* les boulettes keftas

Essayez le paprika...
* avec les sautés de viande
* les sauces
* le goulash (plat typique en Hongrie)

POUR 4 PERSONNES
PRÉPARATION : 5 min
MARINADE : 1 h
CUISSON : 10 min environ
DIFFICULTÉ : ★
COÛT : € €

- 900 g de pavés de thon rouge
- 1 citron
- 1 gousse de vanille
- 8 cuill. à soupe d'huile d'olive
- 4 cuill. à soupe de vinaigre balsamique
- 2 cuill. à café de sucre
- 10 feuilles de basilic frais
- Sel et poivre du moulin

Thon au vinaigre balsamique et à la vanille

Vanille, citron et vinaigre balsamique : osez les contrastes avec le thon, poisson qui a du caractère.

1 Coupez les pavés de thon en gros dés et mettez-les dans un plat creux. Pressez le citron. Fendez la gousse de vanille en deux, dans le sens de la longueur, et récupérez, avec un couteau, les petites graines noires aromatiques qui sont à l'intérieur. Mélangez-les à l'huile d'olive et au jus de citron. Salez et poivrez. Versez cette marinade sur le thon, remuez bien et couvrez d'un film alimentaire. Réservez au frais pendant 1 heure.

2 Égouttez les morceaux de thon en réservant la marinade. Faites chauffer une poêle antiadhésive et faites revenir les morceaux de thon à feu vif, en remuant souvent mais délicatement, pendant 5 minutes.

3 Ajoutez la marinade, le vinaigre balsamique et le sucre dans la poêle, et faites caraméliser pendant 2 minutes environ à feu vif, en secouant la poêle (évitez de mélanger les morceaux avec une cuillère, pour ne pas les briser). Retirez la poêle du feu.

4 Lavez les feuilles de basilic, ciselez-les finement avec les ciseaux de cuisine, et ajoutez-les sur le poisson. Servez aussitôt ce plat dans les assiettes chaudes.

⊳ **À SERVIR** avec du boulgour ou du couscous.

⊳ **C'EST AUSSI BON** avec du vinaigre de xérès et de l'estragon à la place du vinaigre balsamique et du basilic, le goût sera alors plus acidulé.

POUR 4 PERSONNES
PRÉPARATION : 10 min
CUISSON : 20 min environ
DIFFICULTÉ : ★
COÛT : € €

Lotte à la mangue

Heureux mariage de la lotte, de la mangue et du gingembre, avec un soupçon de piment pour équilibrer les saveurs.

- 2 mangues
- 1 gros oignon
- 1 morceau de gingembre
- 1 citron
- 1 cuill. à soupe d'huile d'olive
- 800 g de tomates concassées en conserve
- 1 piment de Cayenne
- 1,2 kg de lotte découpée en morceaux
- Sel

1 Pelez les mangues puis coupez la chair en dés. Pelez et émincez l'oignon. Épluchez puis râpez le gingembre. Pressez le citron.

2 Dans une grande casserole, faites chauffer l'huile d'olive, ajoutez les tomates concassées et l'oignon émincé, salez et faites revenir à feu moyen en remuant pendant 3 minutes.

3 Ajoutez dans la casserole les dés de mangue, le gingembre, le piment et le jus de citron. Mélangez et ajoutez les morceaux de lotte, couvrez et laissez cuire de 15 à 20 minutes, à feu moyen.

4 Versez dans le plat de service et servez cette lotte à la mangue bien chaude.

ULTRA RAPIDE !

Servez-vous d'oignons émincés et de gingembre surgelés, et de jus de citron en bouteille.

MON PLUS

Je goûte les mets, lorsqu'ils sont épicés, afin d'y ajouter au besoin un peu de piment.

> **À SERVIR** avec du riz blanc ou un mélange de riz blanc et de riz noir.

POUR 4 PERSONNES
PRÉPARATION : 15 min
CUISSON : 25 min environ
DIFFICULTÉ : ★
COÛT : € €

- 2 oignons
- 1 gros morceau de gingembre frais
- 20 g de curcuma en poudre
- 4 cuill. à soupe d'huile d'olive
- 800 g de tomates concassées en conserve
- 50 cl de lait
- 1 kg de lotte découpée en morceaux
- 1/2 bouquet de coriandre
- 1 cuill. à soupe de pastis
- Sel et poivre du moulin

Lotte au gingembre

Bouquet de parfums pour ce plat de lotte dépaysant.

1 Pelez et émincez les oignons. Épluchez et râpez le gingembre. Délayez le curcuma avec 1 cuillerée à soupe d'eau.

2 Dans une sauteuse, mettez à chauffer l'huile d'olive et faites-y revenir les oignons émincés. Quand ils sont translucides, ajoutez le gingembre et le curcuma. Mélangez bien, ajoutez les tomates concassées et laissez cuire pendant 10 minutes, à feu très doux.

3 Versez le lait, puis ajoutez les morceaux de lotte, et laissez cuire à nouveau 15 minutes.

4 Lavez et ciselez la coriandre. En fin de cuisson, ajoutez coriandre et pastis, mélangez pendant 1 minute à feu vif, et versez dans le plat de service.

> **À SERVIR** avec du riz blanc.

> **C'EST AUSSI BON** avec 800 g de tomates fraîches pelées et coupées en dés, pour remplacer les tomates concassées.

POUR 4 PERSONNES
PRÉPARATION : 10 min
CUISSON : 25 min
DIFFICULTÉ : ★
COÛT : €

- 1 kg de choux de Bruxelles
- 250 g de champignons
- 2 échalotes
- 4 brins d'aneth
- 20 cl de vin blanc
- 1 kg de moules cuites décoquillées et surgelées
- 30 g de beurre
- 1 petit bouquet de basilic
- Sel et poivre du moulin

Moules aux choux de Bruxelles et aux champignons

Cette association peut vous paraître osée… Essayez, elle est savoureuse !

1 Épluchez les choux de Bruxelles. Lavez les champignons, puis épongez-les et émincez-les. Pelez et hachez les échalotes. Lavez puis ciselez l'aneth.

2 Mettez les échalotes, l'aneth et le vin blanc dans une casserole, salez, poivrez et ajoutez les moules. Portez à ébullition pour décongeler les moules, pendant 5 minutes. Filtrez le jus et réservez les moules.

3 Dans une autre casserole, faites revenir dans le beurre les champignons, jusqu'à ce qu'ils rendent leur eau de végétation. Ajoutez le jus des moules et les choux de Bruxelles, couvrez et laissez cuire 15 minutes, à feu doux. Ajoutez les moules, prolongez la cuisson de 5 minutes et versez dans le plat de service. Parsemez de feuilles de basilic.

ULTRA RAPIDE !

Utilisez des champignons et des choux de Bruxelles surgelés.

POUR 4 PERSONNES
PRÉPARATION : 15 min
CUISSON : 40 min
DIFFICULTÉ : ★
COÛT : € €

- 1 saucisse de Morteau
- 4 gousses d'ail
- 3 tomates
- 2 cuill. à soupe d'huile d'olive
- 20 g de beurre
- 800 g de queue de lotte
- 2 chipolatas
- 1 pincée de cumin en poudre
- 50 cl de bouillon de volaille
- 1 bouquet garni
- Sel et poivre du moulin

TRUC DE CHEF

Ne piquez pas la saucisse de Morteau avant de la faire cuire, cela lui ferait perdre de son goût fumé.

Ragoût de Morteau aux queues de lotte

Laissez-vous surprendre par ce mariage de la lotte et des saucisses.

1 Mettez la saucisse de Morteau dans une casserole d'eau froide, portez à ébullition et laissez cuire doucement pendant 35 minutes. Égouttez-la et coupez-la en tranches.

2 Pendant la cuisson de la saucisse de Morteau, pelez, dégermez et écrasez l'ail. Pelez et épépinez les tomates. Coupez-les en quartiers.

3 Dans une sauteuse, faites chauffer l'huile d'olive et le beurre, et faites-y revenir la queue de lotte. Ajoutez l'ail écrasé et laissez cuire 5 minutes en remuant souvent.

4 Retirez le poisson de la sauteuse et faites-y revenir les chipolatas. Saupoudrez celles-ci de cumin puis égouttez-les sur du papier absorbant.

5 Placez le poisson dans une cocotte, et mouillez-le avec le bouillon. Ajoutez les tomates et le bouquet garni. Salez un peu et poivrez. Couvrez et laissez cuire pendant 20 minutes.

6 Ajoutez dans la cocotte les tranches de saucisse de Morteau et les chipolatas. Laissez cuire encore 5 minutes avant de servir.

⊳ **À SERVIR** avec des pommes de terre en robe des champs.

POUR 4 PERSONNES
PRÉPARATION : 15 min
CUISSON : 25 min
DIFFICULTÉ : ★
COÛT : € €

- 4 panais
- 4 rutabagas
- 1/2 céleri-rave
- 1 bulbe de fenouil
- 800 g de quasi de veau
- 300 g de haricots verts
- 2 jaunes d'œufs
- 2 cuill. à soupe de crème fraîche épaisse
- Quelques brins de cerfeuil
- Sel et poivre du moulin

TRUC DE CHEF

Vous trouverez ces légumes oubliés dans certaines grandes surfaces et dans les épiceries fines.

Veau aux légumes oubliés

Panais, rutabagas, céleri-rave... redécouvrez ces légumes dans cette succulente recette.

1 Épluchez les panais, les rutabagas et le céleri-rave. Lavez les légumes et coupez-les en petits dés. Mettez-les dans une cocotte et recouvrez-les d'eau salée. Portez à ébullition et laissez cuire 5 minutes.

2 Lavez le fenouil et coupez-le en tout petits morceaux. Détaillez le veau également en petits morceaux. Ajoutez le fenouil et le veau aux légumes, dans la cocotte, et prolongez la cuisson de 20 minutes, à couvert et à feu doux.

3 Pendant ce temps, effilez les haricots et coupez-les en petits tronçons. Faites-les cuire pendant 10 minutes à l'eau bouillante salée, dans une autre casserole.

4 Juste avant de servir, mélangez les jaunes d'œufs avec la crème fraîche et ajoutez ce mélange dans la cocotte. Lavez le cerfeuil. Versez dans le plat de service, saupoudrez de cerfeuil ciselé et servez.

⊳ **C'EST AUSSI BON** en ajoutant des salsifis.

POUR 4 PERSONNES
PRÉPARATION : 15 min
REPOS : 1 h
CUISSON : 30 min
DIFFICULTÉ : ★
COÛT : € €

Magrets de canard et mangues aux épices

Les amateurs de sucré-salé apprécieront ce mariage, teinté d'exotisme, du canard et de la mangue.

- 4 graines de cardamome verte
- 2 magrets de canard
- 1 cuill. à soupe de gros sel
- 1 cuill. à café de poivre de Sechuan
- 1 cuill. à soupe de vinaigre balsamique
- 1 cuill. à soupe de miel d'acacia
- 2 mangues mûres mais fermes
- 1 cuill. à soupe de sucre
- 50 g de beurre

1 Écrasez les graines de cardamome avec un mortier. Parsemez la chair des magrets de gros sel, de poivre de Sechuan et de cardamome. Laissez reposer pendant 1 heure.

2 Faites chauffer une cocotte ovale en fonte sur feu moyen, couchez-y les magrets côté peau et laissez-les cuire en arrosant la chair avec la graisse de cuisson. Au bout de 10 minutes, jetez la graisse. Retournez les magrets côté chair contre le fond de la cocotte et laissez cuire encore 3 minutes. Retirez les magrets de la cocotte et jetez à nouveau la graisse de cuisson.

3 Hors du feu, versez le vinaigre balsamique et le miel dans la cocotte. Remettez les magrets côté peau, couvrez et laissez reposer pendant 10 minutes.

4 Pendant ce temps, rincez les mangues, épongez-les et coupez-les en quartiers de 2 cm d'épaisseur. Mettez-les dans une grande poêle antiadhésive, parsemez-les de sucre et de noisettes de beurre. Laissez cuire 5 minutes à feu moyen, en les retournant plusieurs fois.

5 Émincez les magrets en tranches obliques et disposez-les dans quatre assiettes. Nappez-les de sauce, entourez les quartiers de mangue et servez aussitôt.

ULTRA RAPIDE !
Pour gagner du temps, choisissez des quartiers de mangue surgelés.

TRUC DE CHEF
Commencer la cuisson des magrets par le côté peau permet de les faire cuire dans leur graisse sans les brûler.

> **À SERVIR** avec du riz blanc.

> **C'EST AUSSI BON** avec des figues ou des morceaux d'ananas, à la place des mangues.

POUR 4 PERSONNES

PRÉPARATION : 20 min

CUISSON : 15 min environ

DIFFICULTÉ : ★

COÛT : € €

- 1 morceau de gingembre frais
- 2 cuill. à soupe de vinaigre de xérès
- 1 cuill. à soupe d'huile de tournesol
- 3 filets de canard de 700 g environ
- 1 cuill. à café de sucre en poudre
- 2 cuill. à soupe de vin blanc
- 10 cl de bouillon de volaille
- Sel et poivre du moulin

Filets de canard au gingembre

Le gingembre est l'épice idéale pour accompagner le canard.

1 Pelez et émincez le gingembre, mettez-le dans un bol avec le vinaigre de xérès.

2 Faites chauffer l'huile de tournesol dans une poêle, déposez les filets de canard et saisissez-les à feu vif, pendant 6 à 7 minutes de chaque côté. Réservez-les au chaud.

3 Jetez toute la graisse de la poêle et détachez les sucs de cuisson en grattant le fond avec une cuillère en bois. Posez la poêle sur feu moyen, ajoutez le sucre et le vinaigre au gingembre et faites légèrement caraméliser en remuant constamment. Versez ensuite le vin blanc et le bouillon de volaille. Laissez réduire de moitié. Salez, poivrez et réservez au chaud.

4 Découpez les filets de canard en tranches fines dans le sens de la longueur. Dressez-les sur un plat de service chaud, nappez avec la sauce et servez aussitôt.

⋗ **À SERVIR** avec des petites pommes de terre sautées.

MON PLUS

Je prépare le bouillon en diluant 2 cuillerées à café de fond de volaille déshydraté dans 10 cl d'eau chaude.

TRUC DE CHEF

Pour tenir au chaud les filets de canard, placez-les entre deux assiettes creuses et mettez-les dans le four préchauffé à 70 °C (therm. 2).

ULTRA RAPIDE !

Remplacez les filets de canard par des aiguillettes, plus rapides à cuire.

Dîner chic et raffiné

POUR 4 PERSONNES
PRÉPARATION : 10 min
CUISSON : 25 min
DIFFICULTÉ : ★
COÛT : €

Tarte aux asperges et à l'orange

Une tarte délicate qui peut être servie en entrée d'un dîner raffiné.

- 400 g de petites asperges vertes surgelées
- 2 cuill. à soupe de farine
- 1 rouleau de pâte feuilletée préétalée de 230 g
- 1 orange non traitée
- 2 œufs
- 4 cuill. à soupe de crème fraîche épaisse
- 1 cuill. à soupe d'huile d'olive
- Sel et poivre du moulin

1 Préchauffez le four à 210 °C (therm. 7).

2 Faites blanchir les asperges encore surgelées dans de l'eau bouillante salée. Égouttez-les puis passez-les aussitôt sous l'eau froide pour arrêter la cuisson ; épongez-les avec un torchon.

3 Recouvrez une plaque de four de papier sulfurisé. Farinez une planche ou un plan de travail. Étalez dessus la pâte feuilletée en lui donnant la dimension de la plaque additionnée de 2 cm pour les rebords. Disposez la pâte feuilletée sur la plaque, repliez les bords pour former un bourrelet en le scellant avec les doigts humides.

4 Prélevez le zeste de l'orange, râpez-le. Pressez le fruit. Battez les œufs et la crème dans un bol, salez, poivrez et ajoutez le jus d'orange.

5 Disposez les asperges sur le fond de la tarte, recouvrez de crème aux œufs et parsemez de zestes d'orange râpés. Arrosez avec l'huile d'olive et faites cuire pendant 20 minutes environ.

> **À SERVIR** avec du jambon serrano et une salade de roquette.

> **C'EST AUSSI BON** avec 2 courgettes coupées en cubes et sautées dans un peu d'huile d'olive, à utiliser à la place des asperges.

TRUC DE CHEF

Brossez l'orange sous l'eau chaude avant de prélever le zeste, débarrassé ainsi de ses impuretés. Il est préférable de choisir des oranges non traitées lorsqu'on utilise le zeste, car les pesticides sont concentrés dans la peau.

POUR 4 PERSONNES
PRÉPARATION : 15 min
PAS DE CUISSON
DIFFICULTÉ : ★
COÛT : €

Salade de mâche aux pommes, aux noix et à la bresaola

- 300 g de mâche
- 1 pomme verte
- 50 g de pecorino (fromage de brebis)
- 100 g de cerneaux de noix
- 20 tranches fines de bresaola

Pour la vinaigrette :

- 1 cuill. à soupe de vinaigre balsamique
- 3 cuill. à soupe d'huile d'olive
- Sel et poivre du moulin

Douceur de la mâche, acidité de la pomme, force de la bresaola, légère amertume des noix : cette salade est un véritable bouquet de saveurs !

1 Rincez la mâche puis essorez-la ; mettez-la dans un saladier. Épluchez la pomme, coupez-la en fines lamelles. Coupez le pecorino en dés. Ajoutez la pomme et le pecorino dans le saladier.

2 Préparez la vinaigrette : mélangez le vinaigre balsamique et l'huile d'olive, salez, poivrez.

3 Arrosez la salade de vinaigrette et mélangez. Parsemez de cerneaux de noix et déposez les tranches de bresaola par-dessus la salade.

> **C'EST AUSSI BON** avec de la coppa ou du jambon de pays, des pistaches pour remplacer les noix et du parmesan à la place du pecorino.

TRUC DE CHEF

Si vous coupez les lamelles de pomme quelques minutes avant de les arroser de vinaigrette, citronnez-les afin qu'elles ne noircissent pas.

POUR 4 PERSONNES
PRÉPARATION : 5 min
CUISSON : 2 min
DIFFICULTÉ : ★
COÛT : € € €

Huîtres grillées à la pancetta

Voici une recette inattendue et ultra rapide à réaliser pour un dîner de fête.

- 2 douzaines d'huîtres
- 40 g de pancetta coupée en tout petits dés
- 6 cuill. à soupe de chapelure
- 2 cuill. à soupe de persil plat finement haché
- 20 g de beurre fondu
- 1/2 cuill. à café de sauce au piment
- 1 cuill. à café de sauce Worcestershire
- 2 citrons

1 Faites chauffer le gril du four. Ouvrez les huîtres.

2 Dans un saladier, mélangez soigneusement les dés de pancetta, la chapelure et le persil. Versez ensuite le beurre fondu, la sauce au piment et la sauce Worcestershire. Mélangez bien.

3 Déposez 1 cuillerée à café de la sauce sur chaque huître et placez les huîtres sous le gril pendant 2 minutes (jusqu'à ce qu'elles soient dorées). Pendant ce temps, coupez les citrons en quatre.

4 Retirez du four et servez les huîtres aussitôt, accompagnées des quartiers de citron.

⊳ **C'EST AUSSI BON** avec des moules.

TRUC DE CHEF

Tapissez la plaque du four de gros sel et déposez les huîtres par-dessus afin qu'elles soient en équilibre pendant la cuisson.

POUR 4 PERSONNES
PRÉPARATION : 10 min
CUISSON : 20 min
DIFFICULTÉ : ★★
COÛT : €

- 60 cl de bouillon de volaille
- 2 échalotes
- 80 g de beurre
- 240 g de riz rond
- 350 g de mélange de champignons des bois surgelés (cèpes, girolles, pleurotes…)
- 120 g de beaufort d'été râpé
- 80 g de parmesan râpé
- 2 brins de persil plat
- Sel et poivre du moulin

TRUC DE CHEF

Choisissez de préférence un riz spécial risotto, comme celui de la variété *arborio.*

Risotto de beaufort d'été et fricassée de champignons au persil plat

Tout le parfum des alpages se dégage de cette onctueuse recette, à savourer de préférence en automne ou en hiver.

1 Faites chauffer le bouillon dans une casserole.

2 Pelez et hachez les échalotes, faites fondre 40 g de beurre dans une sauteuse, ajoutez la moitié des échalotes puis le riz. Laissez cuire pendant 2 minutes en mélangeant, juste le temps pour le riz de devenir translucide. Versez une louche de bouillon sur le riz. Remuez sans cesse avec une cuillère en bois et continuez de verser le bouillon par petites quantités chaque fois que le riz a absorbé tout le liquide. Laissez cuire pendant 20 minutes environ. Salez peu, poivrez.

3 Pendant la cuisson du riz, préparez la fricassée de champignons : faites revenir les champignons dans 20 g de beurre avec le reste d'échalotes, pendant 10 minutes. Salez et poivrez.

4 Ajoutez au riz, en fin de cuisson, le beaufort et le parmesan râpés, ainsi que 20 g de beurre afin que le riz soit bien brillant.

5 Présentez le risotto en dômes dans des assiettes creuses, recouvrez de fricassée de champignons, parsemez de persil plat et servez aussitôt.

⊳ **À SERVIR** avec de la charcuterie italienne : des fines tranches de coppa, de bresaola ou de jambon de Parme.

POUR 4 PERSONNES
PRÉPARATION : 10 min
CUISSON : 20 min
DIFFICULTÉ : ★
COÛT : €

- 2 brins de cerfeuil
- 2 filets de cabillaud de 400 g environ chacun
- 8 très fines tranches de jambon de Parme
- 2 cuill. à soupe d'huile d'olive
- Sel et poivre du moulin

TRUC DE CHEF

Choisissez des filets de même longueur pour pouvoir les assembler facilement.

Roulé de cabillaud au jambon de Parme

Simple mais distingué, ce plat peut parfaitement figurer à un menu de fête.

1 Préchauffez le four à 150 °C (therm. 5). Lavez et ciselez le cerfeuil.

2 Salez et poivrez les filets de cabillaud et recouvrez-les de cerfeuil. Posez les filets l'un sur l'autre, entourez-les de jambon de Parme, déposez-les dans un plat à four et arrosez-les d'huile d'olive. Enfournez et laissez cuire pendant 20 minutes.

3 Découpez les filets de cabillaud en quatre parties, disposez-les sur des assiettes chaudes et servez aussitôt.

> **À SERVIR** avec une embeurrée de chou vert (recette page 367).

> **C'EST AUSSI BON** avec du thym à la place du cerfeuil.

POUR 4 PERSONNES
PRÉPARATION : 15 min
CUISSON : 15 min
DIFFICULTÉ : ★
COÛT : € €

- 4 pavés de saumon sans peau ni arêtes de 150 à 180 g chacun
- 12 tranches fines de poitrine fumée
- 1 cuill. à soupe d'huile d'olive
- 1 gousse d'ail
- 10 brins de persil
- 30 g de beurre
- 50 g de graines de tournesol
- 800 g de girolles surgelées
- Poivre

Pavés de saumon et poêlée de girolles

En famille ou pour recevoir, cette recette s'accommode de toutes les situations.

1 Enroulez chaque pavé de saumon avec 3 tranches de poitrine fumée. Faites-les dorer de chaque côté dans une poêle avec l'huile d'olive, pendant 10 minutes.

2 Pendant ce temps, pelez et écrasez l'ail, lavez et ciselez le persil. Faites fondre le beurre dans une autre poêle avec l'ail, le persil et les graines de tournesol. Ajoutez les girolles, poivrez et laissez cuire 10 minutes en remuant régulièrement.

3 Servez les pavés de saumon accompagnés des girolles bien chaudes.

> **À SERVIR** avec une purée de pommes de terre.

> **C'EST AUSSI BON** avec des cubes de lotte et des champignons de Paris, des cèpes ou des pleurotes.

POUR 4 PERSONNES
PRÉPARATION : 15 min
CUISSON : 20 min
DIFFICULTÉ : ★
COÛT : € €

- 4 pavés de saumon sans peau ni arêtes de 150 à 180 g chacun
- 2 cuill. à soupe de moutarde à l'ancienne
- 10 feuilles de menthe
- 1 botte d'asperges vertes
- 500 g de pois gourmands
- 20 cl de crème fraîche liquide
- Sel

Saumon sauce moutarde à la menthe

Avec cette recette élégante et originale, vous étonnerez vos convives.

1 Préchauffez le four à 210 °C (therm. 7).

2 Tartinez les pavés de saumon avec 1 cuillerée à soupe de moutarde, enfermez chaque pavé dans une feuille d'aluminium avec 1 feuille de menthe et mettez au four pendant 10 minutes. Réservez au chaud.

ULTRA RAPIDE !
Utilisez des asperges et des pois gourmands surgelés.

3 Pendant ce temps, épluchez les asperges et faites-les cuire de 5 à 7 minutes dans de l'eau bouillante salée. Égouttez-les puis coupez-les en tronçons de 4 cm, en jetant l'extrémité si elle est trop ferme.

4 Lavez les pois gourmands et faites-les cuire pendant 2 minutes dans de l'eau bouillante salée, puis égouttez.

5 Mettez les asperges et les pois gourmands dans une sauteuse. Mélangez la crème liquide et la seconde cuillerée à soupe de moutarde, ainsi que 6 feuilles de menthe ciselées. Versez ce mélange sur les légumes et laissez mijoter à feu doux pendant 10 minutes.

6 Disposez le saumon sur les assiettes, ajoutez les légumes et nappez de sauce.

⊳ **À SERVIR** avec des pâtes fraîches.

⊳ **C'EST AUSSI BON** avec des poireaux et des courgettes.

POUR 4 PERSONNES
PRÉPARATION : 20 min
CUISSON : 30 min environ
DIFFICULTÉ : ★
COÛT : € €

- 4 pavés de saumon avec la peau de 150 g chacun
- 24 pointes d'asperges vertes surgelées
- 8 gambas décortiquées

Pour le velouté de jeunes oignons :

- 30 g de beurre
- 400 g d'oignons émincés surgelés
- 1 cuill. à soupe de moutarde de Meaux
- 15 cl de crème fraîche
- 4 brins de cerfeuil
- Sel

MON PLUS

Je prépare le velouté à l'avance et je le réchauffe pendant la cuisson du poisson. Je le prépare aussi parfois avec d'autres poissons, et même avec des viandes blanches.

Saumon et gambas en velouté de jeunes oignons

Parions que vous recevrez des félicitations pour cette recette recherchée...

1 Préparez le velouté de jeunes oignons : faites chauffer le beurre dans une casserole, mettez les oignons émincés, salez et laissez cuire à feu doux pendant 5 minutes. Arrosez avec 10 cl d'eau, couvrez et laissez à nouveau cuire 15 minutes. Lavez et ciselez le cerfeuil ; mixez les oignons cuits avec leur jus de cuisson, la moutarde et la crème fraîche. Goûtez pour vérifier l'assaisonnement, ajoutez le cerfeuil ciselé et gardez au chaud.

2 Juste avant de servir, faites cuire à la vapeur les pavés de saumon pendant 7 minutes, les pointes d'asperge pendant 5 minutes et les gambas pendant 3 minutes.

3 Versez un peu de velouté de jeunes oignons au fond de chaque assiette, déposez au centre les pavés de saumon, et, tout autour, les gambas et les asperges. Présentez le reste de velouté en saucière.

> **À SERVIR** avec du riz blanc.

> **C'EST AUSSI BON** avec du poisson blanc.

La smart touch

Mettez les petits plats dans les grands pour ces occasions spéciales.

Idées déco

Osez le **mélange des genres :** une nappe avec un imprimé coloré ou bariolé, ainsi que des verres et couverts dépareillés. Essayez de dénicher de la vaisselle dans des matières comme le bois ou le métal. Et nouez les serviettes avec du raphia.

Servez ce menu avec un Boulaouane ou un Sidi-brahim rouge ou rosé

Dîner rien qu'à deux

Menu

Entrée

* champignons farcis au fromage frais (recette page 58)

Plat

* brochettes de saint-jacques, cèpes et jambon cru (recette page 490)

Dessert

* moelleux aux deux chocolats et aux noisettes (recette page 550)

Soirée ethnique-chic entre amis

Menu

Entrée

* salade de légumes crus (recette page 26)

Plat

* cailles farcies à l'orientale (recette page 538)

Dessert

* rochers coco (recette page 554)

Idées déco

Ne négligez pas **les incontournables :** nappe blanche, bougies, verres à pied... voire argenterie ! Pour une note de couleur, attachez les serviettes avec des rubans...

Le vin idéal pour ce menu romantique : un Menetou-Salon blanc... ou du champagne !

Mettez-vous sur votre 31 !

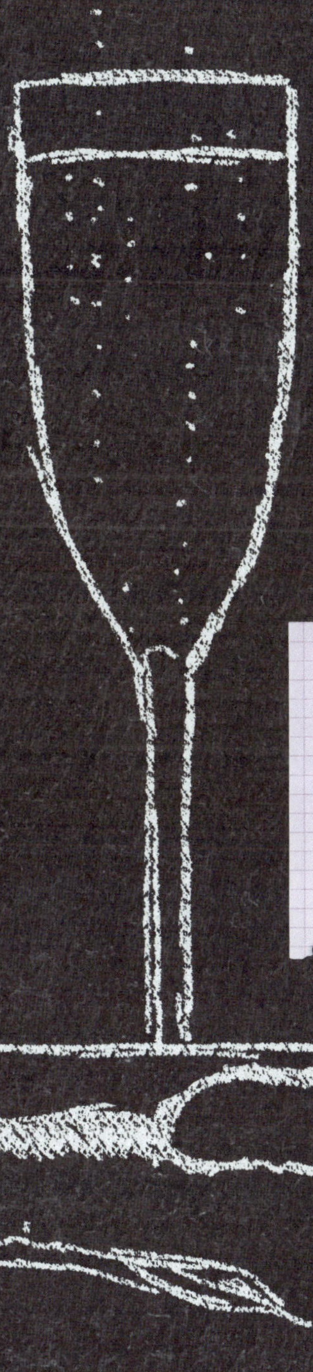

Osez le réveillon magique !

Menu

Entrée

- feuilletés à la pomme et au foie gras (recette page 63)
- huîtres grillées à la pancetta (recette page 473)

Plat

- magrets de canard et mangues aux épices (recette page 466)

Dessert

- mousse au café et nuage de cacao (recette page 569)

Idées déco

C'est le moment de miser sur tout ce qui **brille** : assiettes de présentation dorées, papillons dorés accrochés sur les verres et semis de paillettes sur nappe blanche…

Les vins…

un Saint-Véran ou un Sancerre pour les entrées, un bordeaux rouge (Saint-Estèphe ou Château Margaux) avec le magret et le dessert

POUR 4 PERSONNES
PRÉPARATION : 10 min
CUISSON : 15 min
DIFFICULTÉ : ★
COÛT : €

- 1 1/2 cuill. à café d'huile d'olive
- 4 pavés de saumon sans peau ni arêtes de 150 à 180 g chacun
- 200 g de pousses d'épinards
- 8 feuilles de brick
- Sel et poivre du moulin

TRUC DE CHEF

Faites mariner au préalable le saumon dans du jus de citron vert, pendant 10 minutes.

Bricks de saumon aux épinards

Une façon très « tendance » de déguster le saumon et les épinards.

1 Préchauffez le four à 200 °C (therm. 6-7). Huilez très légèrement un moule à tarte. Coupez les pavés de saumon en fines tranches. Lavez et essorez les épinards.

2 Dans une poêle, faites cuire les épinards 1 minute dans 1 cuillerée à soupe d'huile d'olive, salez.

3 Étalez les feuilles de brick sur le plan de travail. Déposez au centre de chacune un peu d'épinards puis quelques fines tranches de saumon, salez, poivrez, refermez les feuilles de brick pour former des petits paquets, déposez-les dans le moule huilé.

4 Enfournez et laissez cuire pendant 15 minutes jusqu'à ce que les bricks soient bien dorés. Servez aussitôt.

ULTRA RAPIDE !
Utilisez des épinards en branches surgelés.

> **À SERVIR** avec une salade d'endives et de petits morceaux de pomme.

> **C'EST AUSSI BON** avec du thon.

POUR 4 PERSONNES
PRÉPARATION : 10 min
CUISSON : 30 min
DIFFICULTÉ : ★
COÛT : € € €

- 2 filets de bar de 300 g chacun
- 2 cuill. à soupe de graines de coriandre
- 6 cuill. à soupe d'huile d'olive
- 16 oignons grelots surgelés
- 500 g d'asperges vertes surgelées
- 400 g de pois gourmands frais ou surgelés
- 1 cuill. à soupe de cerfeuil haché surgelé
- Fleur de sel

TRUC DE CHEF

Ayez dans votre cuisine un petit moulin réservé pour moudre des épices (graines de coriandre, baies roses...).

Bar à la coriandre et aux asperges

Ce plat très sophistiqué est parfait pour un dîner chic.

1 Préchauffez le four à 150 °C (therm. 5).

2 Disposez les filets de bar dans le plat. Mettez les graines de coriandre dans un moulin à poivre pour les moudre, et parsemez les filets de bar des 2/3 des graines moulues ; arrosez de 2 cuillerées à soupe d'huile d'olive, puis faites cuire au four dans un plat huilé, pendant 30 minutes.

3 Environ 10 minutes avant la fin de la cuisson du bar, versez dans une sauteuse le reste d'huile d'olive. Ajoutez les oignons, les asperges et les pois gourmands. Salez, moulinez le reste de graines de coriandre et faites cuire les légumes pendant 10 minutes environ, pour qu'ils restent croquants, en remuant délicatement de temps de temps.

4 Sortez le poisson du four, entourez-le des légumes et parsemez de cerfeuil haché et de fleur de sel. Servez aussitôt.

⊳ **C'EST AUSSI BON** avec d'autres poissons blancs, en variant le temps de cuisson selon l'épaisseur des filets.

POUR 4 PERSONNES
PRÉPARATION : 20 min
CUISSON : 35 min
DIFFICULTÉ : ★
COÛT : € € €

- 500 g de petites pommes de terre
- 1 queue de lotte pelée de 1,2 kg environ
- 2 oignons
- 2 cuill. à soupe d'huile d'olive
- 8 tranches épaisses de chorizo
- 10 cl de vin blanc sec
- 1 dose de safran
- Quelques brins de ciboulette
- Sel et poivre du moulin

Ragoût de lotte au chorizo

La lotte se marie à merveille avec le chorizo, qui rehausse son goût.

1 Pelez les pommes de terre et lavez-les. Coupez la lotte en tronçons réguliers en retirant éventuellement l'arête centrale. Pelez et émincez les oignons.

2 Faites chauffer l'huile d'olive dans une cocotte et faites dorer les tranches de chorizo. Quand elles sont bien dorées, sortez-les et remplacez-les par les oignons et les tronçons de lotte. Faites dorer ceux-ci sur chaque face.

3 Versez le vin blanc dans la cocotte et complétez jusqu'à mi-hauteur avec de l'eau froide. Salez, poivrez et parfumez avec le safran. Ajoutez les pommes de terre et le chorizo, couvrez et faites cuire à feu doux pendant 30 minutes.

4 Faites réduire la sauce de la cocotte à feu vif, puis versez le ragoût de lotte dans un plat creux et parsemez le plat de ciboulette.

POUR 4 PERSONNES
PRÉPARATION : 15 min
CUISSON : 20 min environ
DIFFICULTÉ : ★
COÛT : € € €

- 800 g de lotte pelée sans arêtes
- 2 oignons
- 2 cuill. à soupe d'huile d'olive
- 1 cuill. à soupe de raisins secs
- 1 cuill. à café de curry en poudre
- 1 yaourt nature (125 g)
- 2 cuill. à soupe de crème fraîche
- 1 dose de safran
- 1 pomme granny-smith
- Sel et poivre du moulin

Curry de lotte

Lotte et safran font très bon ménage. Vous essayez ?

1 Coupez la lotte en gros cubes. Pelez et émincez les oignons.

2 Faites chauffer l'huile d'olive dans une cocotte et faites dorer les oignons avec les raisins. Ajoutez le poisson, saupoudrez de curry et faites dorer. Ajoutez ensuite le yaourt, la crème, le safran, le sel et le poivre. Laissez cuire à feu doux pendant 10 minutes.

3 Juste avant de servir, épluchez et émincez la pomme, servez-la en décoration.

ULTRA RAPIDE !
Utilisez des échalotes émincées surgelées.

> **À SERVIR** avec des tagliatelles ou du riz.

> **C'EST AUSSI BON** avec de la crème à 8 % de matière grasse, et d'autres poissons blancs.

POUR 4 PERSONNES
PRÉPARATION : 20 min
CUISSON : 25 min
DIFFICULTÉ : ★
COÛT : € € €

Filet de turbot au beurre

Agréable à l'œil et délicieux au palais, ce plat sera le bienvenu pour un repas de fête.

- 500 g de pommes de terre
- 250 g de chou-fleur
- 500 g de brocolis
- 600 g de filets de turbot coupés en 12 escalopes
- 100 g de beurre demi-sel + pour le moule
- 4 cuill. à soupe de crème fraîche liquide
- 40 g d'œufs de lump
- 4 brins de cerfeuil
- Fleur de sel et poivre blanc

1 Préchauffez le four à 200 °C (therm 6-7).

2 Pelez les pommes de terre, lavez-les puis coupez-les en morceaux. Faites-les cuire pendant 15 minutes dans le panier d'un cuit-vapeur. Ajoutez le chou-fleur et les brocolis dans le panier et laissez cuire 10 minutes.

ULTRA RAPIDE !
Prenez des légumes surgelés et réduisez le temps de cuisson de moitié.

3 Déposez les escalopes de turbot dans un plat à four beurré. Recouvrez d'une feuille d'aluminium percée de trous et faites cuire pendant 10 minutes au four.

4 Dans une casserole, portez la crème à ébullition, puis, sur feu très doux, incorporez le reste du beurre très froid, tout en fouettant. Faites mousser cette sauce au mixeur plongeant.

5 Écrasez les pommes de terre et le chou-fleur à la fourchette, assaisonnez de fleur de sel et de poivre blanc. Répartissez cette purée dans les assiettes bien chaudes, disposez le poisson dessus. Nappez du beurre mousseux, garnissez de petits bouquets de brocoli, parsemez d'œufs de lump et décorez de pluches de cerfeuil.

> **C'EST AUSSI BON** avec du cabillaud, du merlan ou du flétan.

TRUC DE CHEF

Si vous n'avez pas de cuit-vapeur, utilisez une Cocotte-Minute avec son panier métallique, ou encore un panier en bambou ou une « marguerite » en aluminium, à placer sur des récipients de diamètre inférieur remplis d'eau.

POUR 4 PERSONNES
PRÉPARATION : 20 min
CUISSON : 10 min
DIFFICULTÉ : ★★
COÛT : € € €

- 200 g de cèpes frais
- 6 cuill. à soupe d'huile d'arachide
- 4 tranches fines de jambon cru
- 24 noix de saint-jacques
- 2 cuill. à soupe d'huile de noisette
- 1 sachet de mesclun (ou 150 g de mélange de chicorée, de feuille de chêne, de pissenlit ou 150 g de mâche)
- Sel et poivre du moulin

Brochettes de saint-jacques, cèpes et jambon cru

Un plat d'automne très sélect pour un dîner en tête-à-tête ou entre amis.

1 Découpez les cèpes en gros morceaux et saisissez-les avec 3 cuillerées à soupe d'huile d'arachide, dans une poêle. Lorsqu'ils sont bien dorés, égouttez-les sur une assiette et réservez au chaud. Taillez le jambon cru en petits morceaux.

2 Salez et poivrez les noix de saint-jacques, et poêlez-les avec le reste de l'huile d'arachide, pendant 2 minutes de chaque côté.

3 Composez des petites brochettes en intercalant des morceaux de cèpe, les noix de saint-jacques et les morceaux de jambon. Arrosez-les avec l'huile de noisette, puis disposez-les dans des assiettes sur un lit de mesclun.

> **À SERVIR** avec des tagliatelles fraîches.

> **C'EST AUSSI BON** avec des gambas et des petites tomates cerises, ou sans les cèpes si ce n'est pas la saison.

POUR 4 PERSONNES
PRÉPARATION : 10 min
CUISSON : 15 min
DIFFICULTÉ : ★★
COÛT : € €

- 3 cuill. à soupe d'huile d'olive
- 200 g d'oignons émincés surgelés
- 1 cuill. à café de graines d'anis
- 2 cubes de bouillon de poule
- 800 g de fonds d'artichaut surgelés
- 10 cl de vin blanc sec
- 10 cl de crème fraîche liquide
- 500 g de coquilles Saint-Jacques
- Sel et poivre du moulin

MON PLUS

Je dépose une cuillerée à café de crème au centre des assiettes et je décore avec des brins de ciboulette, pour un effet cappuccino.

Nage de fonds d'artichaut aux saint-jacques

Essayez ce plat raffiné et hivernal : vous en aurez des compliments.

1 Faites chauffer l'huile d'olive dans une casserole et mettez à fondre les oignons émincés avec les graines d'anis, pendant 5 minutes. Diluez les cubes de bouillon dans 50 cl d'eau très chaude.

2 Ajoutez dans la casserole les fonds d'artichaut, le vin blanc et le bouillon. Couvrez et laissez mijoter pendant 5 minutes, puis mixez, reversez dans la casserole et incorporez la crème fraîche, un peu de sel et de poivre, et laissez chauffer 5 minutes à feu doux.

3 Mettez les coquilles Saint-Jacques dans la nage et laissez frémir encore pendant 5 minutes, en évitant l'ébullition. Présentez dans des assiettes creuses.

▷ **À SERVIR** avec 4 belles tranches de pain grillé.

▷ **C'EST AUSSI BON** avec des noix de pétoncle.

POUR 4 PERSONNES
PRÉPARATION : 15 min
CUISSON : 25 min
DIFFICULTÉ : ★
COÛT : € € €

- 1 citron vert non traité
- 3 morceaux de sucre (ou 3 cuill. à soupe de sucre en poudre)
- 2 cuill. à soupe d'huile d'olive
- 20 noix de saint-jacques
- Fleur de sel et poivre du moulin

Noix de saint-jacques au citron vert

Cette recette très délicate sera idéale pour vos soirées festives.

1 Prélevez le zeste du citron vert. Émincez-le en petits filaments et faites-les cuire avec le sucre et 4 cl d'eau, pendant 20 minutes à feu doux. Laissez refroidir les zestes dans le sirop.

2 Environ 10 minutes avant de passer à table, faites chauffer l'huile d'olive dans une grande poêle antiadhésive, et faites dorer les noix de saint-jacques pendant 2 minutes de chaque côté ; salez avec la fleur de sel et donnez un tour de poivre.

3 Disposez les noix de saint-jacques sur les assiettes, parsemez-les de zestes de citron vert et de quelques gouttes du sirop de cuisson.

⪢ **À SERVIR** avec une purée de pommes de terre ou de céleri à la crème fraîche.

⪢ **C'EST AUSSI BON** avec des zestes d'orange.

POUR 4 PERSONNES
PRÉPARATION : 10 min
CUISSON : 18 min
DIFFICULTÉ : ★
COÛT : € € €

- 12 petites pommes de terre grenailles précuites
- 2 cuill. à soupe d'huile d'olive
- 12 gambas crues
- 3 cuill. à soupe de pesto
- Sel et poivre du moulin

Poêlée de gambas au pesto

Servez ce plat de gambas en entrée, ou en plat principal en augmentant les proportions.

1 Coupez les pommes de terre en deux. Faites-les revenir à la poêle avec 1 cuillerée à soupe d'huile d'olive pendant 15 minutes ; salez et poivrez.

2 Pendant ce temps, ôtez la carapace des gambas en conservant la queue, salez et poivrez-les. Faites chauffer le reste d'huile d'olive dans une poêle et mettez les gambas à dorer pendant 3 minutes de chaque côté, puis ajoutez le pesto et mélangez bien.

3 Disposez les gambas et les pommes de terre rôties dans chaque assiette.

> **À SERVIR** avec des épinards braisés.

FAITES-LE VOUS-MÊME !

Préparez du pesto en mixant 4 gousses d'ail épluchées avec 50 g de parmesan râpé, 1 bouquet de basilic, du sel, du poivre et 8 cuillerées à soupe d'huile d'olive. Réservez au réfrigérateur.

POUR 4 PERSONNES
PRÉPARATION : 15 min
CUISSON : 1 h
DIFFICULTÉ : ★
COÛT : € € €

- 1 l de fumet de poisson
- 10 cl de crème fraîche
- 2 courgettes
- 1 botte de petites carottes nouvelles
- 4 petits navets
- 8 petits oignons grelots surgelés
- 2 pavés de saumon sans peau ni arêtes de 150 g chacun
- 2 filets de lotte de 180 g chacun
- 4 coquilles Saint-Jacques
- 2 citrons
- 1 bouquet de cerfeuil
- Sel et poivre du moulin

Blanquette de la mer

Préparez ce plat avec de tendres légumes de printemps.

1 Portez le fumet à ébullition et faites réduire de moitié, puis ajoutez la crème fraîche, salez, poivrez, et laissez réduire encore d'un tiers à feu vif, pendant 5 à 8 minutes.

2 Pendant ce temps, lavez les courgettes, coupez-les en deux dans le sens de la longueur, puis en morceaux d'environ 2 cm, épluchez les carottes et les navets et faites cuire à la vapeur tous ces légumes avec les oignons grelots, pendant 10 minutes.

3 Découpez les pavés de saumon en quatre et la lotte en huit, rincez les coquilles Saint-Jacques. Faites-les cuire pendant 4 minutes à la vapeur.

4 Pressez 1 citron. Découpez l'autre citron en quatre. Ajoutez le jus de citron au fumet, mélangez vivement, rectifiez l'assaisonnement si nécessaire. Déposez dans un plat creux les poissons, les coquilles Saint-Jacques, les légumes et les quartiers de citron. Versez la sauce bien chaude et mélangez délicatement. Décorez de pluches de cerfeuil.

> **C'EST AUSSI BON** avec de la sole, du cabillaud ou du turbot.

MON PLUS

Je prépare le fumet avec un sachet de fumet de poisson déshydraté et 1 l d'eau chaude.

TRUC DE CHEF

Laissez un peu du vert des fanes des carottes et des navets pour une jolie présentation.

ULTRA RAPIDE !
Utilisez des légumes surgelés.

POUR 4 PERSONNES
PRÉPARATION : 15 min
CUISSON : 15 min environ
DIFFICULTÉ : ★
COÛT : € €

- 100 g de haricots verts
- 100 g de pois gourmands
- 100 g de carottes nouvelles
- 100 g de brocoli
- 1 oignon rouge
- 2 cuill. à soupe d'huile d'olive
- 4 pavés de bœuf (dans le filet ou la tranche) de 150 g chacun
- 2 cuill. à soupe de vinaigre balsamique
- 2 brins de persil
- Sel et poivre du moulin

Pavés de bœuf et légumes sautés

Raffiné et léger, ce plat est parfait pour un dîner chic entre amis.

1 Lavez tous les légumes. Effilez les haricots verts et les pois gourmands. Pelez les carottes et coupez-les en bâtonnets. Séparez le brocoli en petits bouquets. Pelez et émincez finement l'oignon rouge.

2 Mettez à chauffer l'huile d'olive dans une sauteuse et faites-y revenir l'oignon pendant 3 minutes en remuant, puis ajoutez les autres légumes, arrosez de 4 cl d'eau, salez, poivrez, couvrez et laissez cuire pendant 10 minutes à feu doux.

3 Pendant ce temps, chauffez une poêle et faites-y cuire les pavés pendant 4 minutes si vous aimez la viande saignante, ou 8 minutes si vous la préférez à point, en retournant les pavés à mi-cuisson.

4 Déposez les pavés sur les assiettes, déglacez la poêle avec le vinaigre balsamique. Versez les légumes dans les assiettes, arrosez de sauce et parsemez de persil ciselé.

⊳ **À SERVIR** avec du blé cuit à la vapeur.

⊳ **C'EST AUSSI BON** avec des mini-épis de maïs, des mini-courgettes et des tomates cerises.

POUR 4 PERSONNES
PRÉPARATION : 20 min
CUISSON : 15 min
DIFFICULTÉ : ★
COÛT : € €

Lamelles de rumsteck et carottes aux épices

- 600 g de rumsteck
- 2 oignons rouges
- 800 g de carottes
- 3 cuill. à soupe d'huile d'olive
- 1 cuill. à soupe de miel liquide
- 1/2 cuill. à café de cannelle en poudre
- 1/2 cuill. à café de cumin en poudre
- 1 cuill. à soupe de graines de sésame
- Sel et poivre du moulin

Voici un bœuf aux carottes « revisité » très parfumé.

1 Découpez la viande en lamelles. Pelez et émincez les oignons.

2 Épluchez les carottes, découpez-les en petits bâtonnets de taille à peu près identique à la viande. Faites-les cuire quelques minutes à la vapeur, avec un peu de sel.

3 Faites chauffer l'huile d'olive dans une sauteuse et faites cuire à l'étouffée (avec le couvercle) les oignons émincés, pendant 5 minutes. Retirez ensuite le couvercle et faites caraméliser 5 minutes à feu vif en remuant sans arrêt.

4 Ajoutez la viande dans la sauteuse. Faites-la revenir pendant 5 minutes en remuant, puis ajoutez le miel, parsemez de cannelle et de cumin, salez, poivrez.

5 Mettez les carottes dans la sauteuse, mélangez bien puis versez dans le plat de service et saupoudrez de graines de sésame.

ULTRA RAPIDE !

Utilisez des oignons émincés surgelés et des carottes en rondelles, également surgelées.

POUR 4 PERSONNES
PRÉPARATION : 15 min
CUISSON : 20 min
DIFFICULTÉ : ★★★
COÛT : €€

- 6 brins de persil
- 2 gousses d'ail
- 4 grosses pommes de terre
- 1 œuf
- 1 carré d'agneau de 12 côtes, désossé et préparé en rôti
- 2 cuill. à soupe d'huile d'olive
- 150 g de chapelure
- Sel et poivre du moulin

MON PLUS

Je prépare la galette de pommes de terre à l'avance.

TRUC DE CHEF

Prolongez la cuisson de 5 minutes si vous aimez l'agneau bien cuit.

Rôti d'agneau et râpée de pommes de terre

Un résultat étonnant qui mérite l'attention que vous porterez à la préparation de ce plat.

1 Préchauffez le four à 180 °C (therm. 6). Lavez et hachez le persil. Pelez et écrasez l'ail. Épluchez, lavez, séchez et râpez les pommes de terre ; mettez-les dans une terrine avec l'œuf, la moitié du persil, du sel et du poivre. Mélangez.

2 Déposez le rôti dans un plat à four, sans matière grasse et mettez-le à cuire au four pendant 10 minutes.

3 Faites chauffer 1 cuillerée d'huile d'olive dans une poêle, déposez les pommes de terre râpées en formant une galette. Laissez colorer à feu moyen en couvrant la poêle pendant 5 minutes, retournez-la pour la faire dorer de l'autre côté pendant 5 minutes. Pendant ce temps, mélangez l'ail écrasé avec le reste de persil, la chapelure et 1 cuillerée d'huile d'olive.

4 Lorsque la galette de pomme de terre est prête, sortez le plat du four, enlevez le rôti pour déposer la galette dans le plat, mettez le rôti par-dessus, salez poivrez et parsemez de chapelure au persil. Prolongez la cuisson au four de 10 minutes.

> **À SERVIR** avec une salade verte.

> **C'EST AUSSI BON** avec une épaule d'agneau roulée.

POUR 4 PERSONNES
PRÉPARATION : 10 min
CUISSON : 20 min
DIFFICULTÉ : ★★★
COÛT : €€

- 1/2 bouquet de menthe fraîche
- 200 g de fromage de chèvre frais
- 1/2 cuill. à café de piment d'Espelette
- 1,2 kg de selle anglaise préparée
- 4 têtes d'ail rose entières
- 2 cuill. à soupe d'huile d'olive
- Sel et poivre du moulin

MON PLUS

Au moment d'enfourner, j'ajoute un poivron long épépiné et coupé en deux dans le sens de la longueur, arrosé d'huile d'olive.

TRUC DE CHEF

Demandez à votre boucher de vous préparer la selle, c'est-à-dire de la désosser totalement puis de la partager en deux dans la longueur en laissant de chaque côté 2 filets.

Selle anglaise au fromage frais et à la menthe

La selle anglaise est formée par l'ensemble des doubles côtelettes de filets d'agneau, ou côtes premières, non séparées. C'est un morceau très prisé, car il est tendre et délicat.

1 Préchauffez le four à 210 °C (therm. 7). Lavez, séchez, puis hachez finement la menthe. Écrasez le fromage de chèvre à la fourchette puis mélangez-le avec la menthe, un peu de sel et le piment d'Espelette. Étalez cette farce sur les deux demi-selles puis roulez-les et maintenez-les en les ficelant comme deux rôtis.

2 Déposez les rôtis entourés des têtes d'ail dans un plat à four, arrosez-les d'huile d'olive, salez, poivrez et enfournez 20 minutes. Laissez reposer la viande 5 minutes, four éteint, porte ouverte.

3 Découpez chacune des selles en quatre pour obtenir des tranches d'agneau rosées, parfumées à la menthe et au fromage frais. Servez avec l'ail confit que vous pouvez écraser et mélanger au jus de cuisson.

⊳ **À SERVIR** avec une purée de pommes de terre ou des flageolets verts.

⊳ **C'EST AUSSI BON** avec une épaule d'agneau roulée que vous farcirez de fromage à la menthe.

POUR 4 PERSONNES
PRÉPARATION : 20 min
CUISSON : 50 min environ
DIFFICULTÉ : ★
COÛT : € €

- 8 endives
- 2 cuill. à soupe d'huile d'olive
- 2 échalotes
- 1 poulet de Bresse de 1,5 kg découpé en morceaux
- 10 cl de vin blanc sec
- 20 cl de crème fraîche liquide
- 60 g de roquefort
- Sel et poivre du moulin

Poulet de Bresse au roquefort

Le roquefort donne force et velouté à la sauce de ce plat.

1 Lavez les endives, coupez-les en deux dans le sens de la longueur. Dans une poêle, mettez à chauffer 1 cuillerée à soupe d'huile d'olive et faites-y dorer les endives pendant 5 minutes à feu moyen ; salez et poivrez. Faites-les cuire ensuite à feu doux pendant 20 minutes en remuant régulièrement.

2 Pendant ce temps, pelez et hachez les échalotes. Dans une cocotte, faites revenir les morceaux de poulet avec le reste d'huile, sans les laisser colorer, puis retirez-les de la cocotte et réservez-les.

3 Ajoutez dans la cocotte l'échalote hachée, laissez-la fondre quelques instants, mouillez avec le vin blanc, laissez réduire du quart, puis incorporez la crème et portez à ébullition. Baissez le feu, remettez les morceaux de poulet dans la cocotte, salez et poivrez, puis laissez cuire de 20 à 25 minutes.

4 Au terme de la cuisson, délayez le roquefort dans un bol avec 1 cuillerée à soupe de sauce, puis versez dans la cocotte et mélangez. Posez les endives sur un plat long, recouvrez-les des morceaux de volaille et nappez de sauce au roquefort.

⊳ **À SERVIR** avec du riz ou du blé.

QUE FAIRE DES RESTES ?

Vous pouvez faire cuire la carcasse du poulet avec un bouquet garni, quelques carottes et un poireau pour réaliser un potage léger et diététique, à servir le lendemain, par exemple.

POUR 4 PERSONNES
PRÉPARATION : 15 min
CUISSON : 30 min
DIFFICULTÉ : ★
COÛT : € €

Magrets de canard aux poires et au saké

Les fruits conviennent bien à ce canard relevé par le saké.

- 2 magrets de canard
- 2 cuill. à soupe de graines de fenouil
- 4 poires fermes
- 50 g de beurre
- 20 cl de saké
- Sel et poivre du moulin

1 Déposez les magrets côté peau dans une poêle sans matière grasse, faites-les cuire pendant 10 minutes à feu modéré, puis jetez la graisse. Retournez-les et continuez la cuisson pendant 10 minutes. Saupoudrez les magrets de graines de fenouil, salez et poivrez. Laissez cuire encore 10 à 15 minutes selon la cuisson désirée.

2 Pendant la cuisson des magrets, épluchez les poires, coupez-les chacune en huit quartiers et faites-les dorer au beurre dans une poêle, poivrez-les. Ôtez les magrets de la poêle, et tenez-les au chaud, versez le saké dans la poêle et laissez réduire à feu vif quelques minutes.

3 Découpez les magrets en tranches obliques, déposez-les sur les assiettes avec les quartiers de poire.

ULTRA RAPIDE !
Prenez des quartiers de poires au sirop, en conserve.

> **À SERVIR** avec une purée de carottes ou de pommes de terre, ou encore des pâtes fraîches.

POUR 4 PERSONNES
PRÉPARATION : 15 min
CUISSON : 25 min
DIFFICULTÉ : ★
COÛT : €

- 80 g de foie gras
- 4 cailles
- 4 cuill. à café de chapelure
- 2 cuill. à soupe d'huile d'olive
- 200 g de semoule parfumée aux herbes
- 50 g de raisins de Corinthe
- 1 pincée de cannelle
- 50 g de beurre
- Sel et poivre du moulin

MON PLUS

Je sers à l'assiette un petit dôme de semoule sur lequel je perche la caille.

TRUC DE CHEF

Arrosez les cailles du jus de cuisson pour qu'elles ne dessèchent pas.

Cailles au foie gras et à la semoule parfumée

Vous serez agréablement surpris par le contraste entre le raffinement du foie gras et la rusticité de la semoule.

1 Partagez le foie gras en quatre parties, répartissez-les dans chaque caille avec 1 cuillerée à café de chapelure. Poivrez.

2 Faites chauffer l'huile d'olive dans une cocotte et faites dorer les cailles sur toutes leurs faces. Lorsqu'elles sont bien dorées, ajoutez 2 cuillerées à soupe d'eau, couvrez et poursuivez la cuisson pendant 20 minutes, en remuant de temps en temps et en ajoutant un peu d'eau si nécessaire.

3 Pendant ce temps, préparez la semoule : versez-la dans le plat de service avec les raisins et la cannelle, ajoutez 30 cl d'eau bouillante salée, couvrez et laissez gonfler 5 minutes. Aérez la semoule avec une fourchette et au moment de servir, réchauffez-la au micro-ondes avec le beurre.

4 Déposez les cailles sur la semoule avant de servir.

Allons voir ailleurs

POUR 4 PERSONNES
PRÉPARATION : 15 min
CUISSON : 15 min environ
DIFFICULTÉ : ★
COÛT : € €

- 4 filets de daurade
- 2 oignons
- 1 petit morceau de gingembre frais
- 2 gousses d'ail
- 1/2 cuill. à café de curcuma
- 1 cuill. à soupe de curry en poudre
- 1 pincée de piment de Cayenne
- 4 cuill. à soupe d'huile d'olive
- 1 brin de thym
- 1 feuille de laurier
- 2 brins de persil
- Sel et poivre du moulin

MON PLUS

J'ajoute quelques crevettes surgelées au curry de poisson.

Curry de poisson

Un plat tout simple pour un authentique dépaysement.

1 Coupez les filets de daurade en dés. Pelez les oignons et hachez-les finement.

2 Préparez une pâte de curry : pelez et râpez le gingembre ; pelez et écrasez les gousses d'ail. Dans un bol, mélangez le gingembre et l'ail avec le curcuma, le curry, le piment, du sel et du poivre, ainsi que 1 ou 2 cuillerées à soupe d'eau pour obtenir une pâte.

3 Dans une cocotte, mettez à chauffer l'huile d'olive et, dès qu'elle est bien chaude, faites-y dorer les morceaux de poisson pendant 3 minutes, puis retirez-les.

4 Mettez les oignons émincés dans la cocotte et faites-les cuire pendant 2 minutes en remuant pour qu'ils blondissent doucement ; ajoutez le thym, le laurier, le persil et la pâte de curry. Versez 15 cl d'eau dans la cocotte. Laissez cuire pendant 5 minutes, puis retirez le thym, le laurier et le persil.

5 Remettez les morceaux de poisson dans la cocotte et laissez cuire encore 5 minutes. Servez le curry de poisson bien chaud.

ULTRA RAPIDE !

Pensez à utiliser de préférence des oignons émincés surgelés pour gagner du temps.

> **À SERVIR** avec du riz.

> **C'EST AUSSI BON** avec de la lotte.

POUR 4 PERSONNES
PRÉPARATION : 10 min
CUISSON : 12 min
DIFFICULTÉ : ★
COÛT : €

Saumon saveurs d'ailleurs

Une recette rapide et originale, pour tous les amateurs de saumon.

- 2 cuill. à soupe d'huile d'olive
- 4 pavés de saumon sans peau ni arêtes de 150 à 180 g chacun
- 4 cuill. à soupe de mayonnaise
- 1 cuill. à café de wasabi

Pour la sauce :

- 2 citrons verts
- 1 petit morceau de gingembre
- 6 cuill. à soupe de sauce soja
- 1 cuill. à soupe de miel liquide

1 Préparez la sauce : pressez les citrons, épluchez et râpez le gingembre. Dans un bol, mélangez le jus de citron, le gingembre, la sauce soja et le miel.

2 Faites chauffer l'huile d'olive dans une poêle. Lorsqu'elle est bien chaude, faites dorer les pavés de saumon pendant 4 ou 5 minutes de chaque côté. Retirez-les de la poêle.

3 Versez la sauce dans la poêle, portez à ébullition et remettez les pavés de saumon. Laissez-les cuire pendant 1 minute de chaque côté.

4 Mélangez la mayonnaise avec le wasabi. Disposez les pavés de saumon sur les assiettes. Nappez de sauce et accompagnez de mayonnaise au wasabi.

> **À SERVIR** avec une purée de pommes de terre et de céleri.

ULTRA RAPIDE !

Prenez du gingembre surgelé et coupé en morceaux.

MON PLUS

Je fais cuire les pavés de saumon à la vapeur ou, s'ils sont surgelés, je les fais cuire dans de l'eau bouillante, pendant 5 minutes.

TRUC DE CHEF

Faites mariner le saumon dans un jus de citron vert pendant 10 minutes.

FAITES-LA VOUS-MÊME !

Réalisez la mayonnaise en battant à la fourchette 1 jaune d'œuf avec un peu de sel et de poivre, et 1 cuillerée à café de moutarde forte. Versez de l'huile de tournesol en filet, en fouettant au batteur électrique jusqu'au volume désiré. Réservez au réfrigérateur.

POUR 4 PERSONNES
PRÉPARATION : 15 min
CUISSON : 30 min
DIFFICULTÉ : ★
COÛT : €

- 200 g de riz thaï
- 3 carottes
- 3 tomates
- 1 bouquet de ciboulette
- 2 œufs
- 30 g de beurre
- 530 g de petits pois en conserve
- 140 g de maïs en conserve
- 200 g de crevettes roses décortiquées
- Sel et poivre du moulin

MON PLUS

J'ajoute des dés de jambon ou des lardons.

Riz cantonais sauté aux crevettes

Du riz cantonais fait maison et, en plus, facile à réaliser !

1 Portez une casserole d'eau salée à ébullition. Faites cuire le riz thaï pendant 10 minutes, puis égouttez-le. Épluchez les carottes et coupez-les en dés. Plongez-les dans une casserole d'eau salée et laissez cuire pendant 5 minutes. Égouttez. Rincez les tomates et coupez-les en dés. Lavez et ciselez la ciboulette.

2 Battez les œufs en omelette. Faites chauffer le beurre dans une poêle et faites cuire l'omelette à feu moyen pendant 5 minutes environ, puis déposez-la dans une assiette. Laissez-la refroidir un peu, puis roulez-la et découpez-la en lanières avec des ciseaux de cuisine.

3 Versez le riz cuit dans la poêle. Ajoutez les dés de carotte, les petits pois et le maïs (préalablement rincés), ainsi que les crevettes. Laissez chauffer à feu vif pendant 5 minutes, tout en remuant. Salez, poivrez. Ajoutez la ciboulette ciselée, les lanières d'omelette et les dés de tomate.

> **À SERVIR** avec une salade de soja et de pousses de bambou.

> **C'EST AUSSI BON** avec des fèves à la place des petits pois.

POUR 4 PERSONNES
PRÉPARATION : 20 min
CUISSON : 55 min
DIFFICULTÉ : ★
COÛT : €

- 2 blancs de poulet
- 2 cuisses de lapin désossées
- 4 gousses d'ail
- 2 poivrons (vert et rouge)
- 2 cuill. à soupe d'huile d'olive
- 300 g de calamars surgelés
- 400 g de tomates concassées en conserve
- 8 tranches de chorizo
- 150 g de riz
- 3 doses de safran
- 150 g de petits pois cuits surgelés ou en conserve
- 300 g de moules surgelées
- 8 crevettes entières cuites
- Sel et poivre du moulin

TRUC DE CHEF

La paella se réchauffe mal. Il vaut mieux la préparer au dernier moment.

Paella

Un classique de la cuisine espagnole, toujours très attendu en été.

1 Coupez le poulet et le lapin en lamelles. Pelez et écrasez l'ail ; lavez, épépinez et coupez les poivrons en dés. Dans une grande sauteuse (ou une poêle spéciale pour paella), faites revenir les lamelles de poulet et de lapin et les poivrons dans l'huile d'olive à feu assez vif, en les retournant souvent.

2 Lorsque tout est doré, ajoutez les calamars (sans les faire décongeler au préalable), les tomates concassées, les tranches de chorizo et l'ail écrasé. Mélangez bien et laissez cuire à feu doux, en remuant, pendant 10 minutes.

3 Versez 50 cl d'eau, salez et poivrez, puis ajoutez le riz et le safran. Mélangez encore et laissez cuire pendant 15 minutes. Ajoutez les petits pois, les moules (et de l'eau si nécessaire) et poursuivez la cuisson encore 5 minutes.

5 Au moment de servir, déposez les crevettes entières sur le plat.

POUR 4 PERSONNES
PRÉPARATION : 10 min
CUISSON : 18 min
DIFFICULTÉ : ★
COÛT : € €

- 1/2 bouquet de coriandre
- 1 citron vert
- 2 oignons frais
- 1 cuill. à soupe d'huile d'olive
- 1,2 kg de crevettes roses cuites
- 1 cuill. à café de curry en poudre
- 50 cl de lait de coco
- Sel et poivre blanc du moulin

MON PLUS

Je sers les crevettes dans des bols, sur un lit de riz thaï.

Crevettes sautées au lait de coco

Ce plat exotique, aux saveurs indiennes, est très rapide à faire. Servez-le en entrée ou en plat principal, été comme hiver.

1 Lavez, séchez et ciselez les feuilles de coriandre. Pressez le citron vert. Pelez les oignons et hachez-les.

2 Faites revenir les oignons hachés dans une poêle avec un filet d'huile d'olive, pendant 3 minutes. Ajoutez les crevettes cuites, le curry, du sel, du poivre, la coriandre ciselée et le jus de citron. Laissez cuire pendant 5 minutes sur feu assez vif, puis versez le lait de coco.

3 Laissez mijoter pendant 10 minutes. Versez dans un plat et dégustez les crevettes bien chaudes.

> **À SERVIR** avec des petites asperges vertes ou de jeunes poireaux.

POUR 4 PERSONNES
PRÉPARATION : 15 min
CUISSON : 20 min
DIFFICULTÉ : ★
COÛT : € €

Crevettes à l'asiatique

Un plat idéal à savourer lors des chaudes soirées d'été.

- 1 citron vert non traité
- 2 oignons
- 1 kg de tomates bien mûres
- 2 gousses d'ail
- 2 cuill. à soupe d'huile d'olive
- 1 feuille de laurier
- 30 g de gingembre
- 1 cuill. à soupe de sauce soja
- 1 kg de crevettes entières décortiquées (soit 500 g)
- 1 petit bouquet de coriandre
- Sel et poivre du moulin

1 Lavez le citron vert, râpez le zeste, pressez le fruit. Pelez et émincez les oignons. Lavez les tomates et coupez-les en dés. Pelez et écrasez l'ail.

2 Dans une sauteuse, mettez à chauffer l'huile d'olive et faites-y blondir les oignons émincés. Ajoutez les dés de tomate, l'ail, le laurier, le gingembre et le zeste de citron. Salez, poivrez.

3 Laissez mijoter pendant 15 minutes jusqu'à ce que l'eau des tomates soit évaporée, puis ajoutez la sauce soja, les crevettes décortiquées et le jus de citron. Mélangez pour bien enrober les crevettes, et laissez cuire 5 minutes à feu doux.

4 Versez dans le plat de service et parsemez de coriandre ciselée.

⊳ **À SERVIR** avec du riz nature.

MON PLUS

Je prépare la sauce un peu à l'avance, et je la fais réchauffer juste avant d'y ajouter les crevettes.

POUR 4 PERSONNES
PRÉPARATION : 15 min
MARINADE : 1 h
CUISSON : 5 min
DIFFICULTÉ : ★
COÛT : € €

Émincé de bœuf mariné au sésame

Parfum d'Orient pour cette recette qui vous vaudra bien des compliments.

- 4 pavés de bœuf de 150 g chacun dans le filet ou dans la tranche
- 2 échalotes
- 1 bouquet de coriandre
- 1 cuill. à soupe de poivre concassé
- 4 cuill. à soupe de sauce soja
- 4 cuill. à soupe d'huile de sésame
- 2 cuill. à soupe de graines de sésame

1 Découpez les pavés de bœuf en lanières de 5 mm d'épaisseur. Pelez et hachez les échalotes. Lavez la coriandre et ciselez-la finement.

2 Mettez les lanières de viande dans un plat creux, ajoutez les échalotes hachées, le poivre concassé, la sauce soja et l'huile de sésame. Recouvrez de film alimentaire et laissez mariner pendant 1 heure.

3 Dans une poêle antiadhésive, faites cuire les lanières de viande avec leur marinade pendant 5 minutes à feu vif sans cesser de mélanger.

4 Versez dans le plat de service. Parsemez de graines de sésame et de coriandre ciselée. Servez aussitôt.

> **À SERVIR** avec des légumes verts à la vapeur, ou une salade de germes de soja.

> **C'EST AUSSI BON** avec du porc, du poulet ou du canard, en augmentant le temps de cuisson.

TRUC DE CHEF

Faites griller les graines de sésame à sec dans une poêle pendant quelques secondes avant de les disposer sur la viande.

POUR 4 PERSONNES
PRÉPARATION : 10 min
CUISSON : 15 min
DIFFICULTÉ : ★
COÛT : €

- 400 g de riz basmati
- 3 cuill. à soupe d'huile d'olive
- 350 g de bœuf haché
- 350 g d'agneau dégraissé haché
- 50 g de pignons de pin
- 2 cuill. à soupe de quatre-épices
- Sel et poivre du moulin

Pour la sauce :

- 6 gousses d'ail
- 3 brins de menthe
- 6 yaourts nature
- 2 cuill. à soupe de quatre-épices
- Sel

Tabdilé libanais

Un air de Méditerranée pour ce plat très frais, à servir été comme hiver.

1 Faites cuire le riz basmati dans une grande quantité d'eau bouillante salée pendant environ 10 minutes.

2 Préparez la sauce : pelez et écrasez les gousses d'ail, lavez et ciselez les feuilles de menthe. Mélangez dans un grand bol les yaourts, les gousses d'ail, 2 cuillerées à soupe de quatre-épices, les feuilles de menthe ciselées et un peu de sel. Réservez la sauce au réfrigérateur.

3 Dans une grande poêle, faites revenir à feu vif dans l'huile d'olive le bœuf et l'agneau pendant 3 minutes, en les émiettant avec une cuillère en bois pendant toute la cuisson. Ajoutez les pignons, un peu de sel et de poivre et saupoudrez de quatre-épices. Poursuivez la cuisson pendant 2 minutes.

4 Mélangez le riz et la viande dans le plat de service. Servez la sauce froide à part.

> **À SERVIR** avec une salade verte bien croquante.

POUR 4 PERSONNES
PRÉPARATION : 10 min
CUISSON : 20 min
DIFFICULTÉ : ★
COÛT : €

Riz à l'orientale

Un régal pour toute la famille, à déguster de préférence les soirs d'été.

- 50 g de raisins de Corinthe
- 250 g de riz
- 8 merguez
- 190 g de sauce aux poivrons en conserve
- 300 g de pois chiches en conserve
- 1 cuill. à soupe de persil haché

1 Faites tremper les raisins de Corinthe dans de l'eau chaude. Pendant ce temps, faites cuire le riz dans une casserole d'eau bouillante pendant environ 20 minutes.

2 Environ 5 minutes avant la fin de la cuisson du riz, faites cuire les merguez à la poêle.

3 Faites réchauffer la sauce aux poivrons dans une grande casserole, ajoutez les pois chiches et les raisins égouttés. Mettez la moitié du persil haché dans la sauce aux poivrons et mélangez.

4 Égouttez le riz. Mettez-le dans la sauce et mélangez. Déposez-le dans le plat de service, puis ajoutez les merguez grillées par-dessus, et saupoudrez du reste de persil haché.

ULTRA RAPIDE !
Prenez du riz à cuisson rapide, vous gagnerez 10 minutes.

> **C'EST AUSSI BON** avec des chipolatas à la place des merguez.

POUR 4 PERSONNES
PRÉPARATION : 15 min
CUISSON : 5 min
DIFFICULTÉ : ★
COÛT : € €

- 1/2 bouquet de menthe
- 1/2 bouquet de coriandre
- 60 g de cacahuètes non salées
- 1 botte de cives
- 1 morceau de gingembre frais
- 5 cuill. à soupe d'huile d'olive
- 2 cuill. à soupe de sauce soja
- 1 cuill. à café de piment en poudre
- 2 tranches épaisses de faux-filet

MON PLUS

Je prépare la sauce à l'avance et je la garde au réfrigérateur dans un bocal en verre fermé.

Faux-filet à la thaïe

La cuisine thaïlandaise est très parfumée et figure parmi les plus épicées.

1 Lavez, séchez et hachez grossièrement les herbes. Concassez les cacahuètes et faites-les griller à sec dans une petite poêle.

2 Lavez et épongez les cives, coupez-les en fines rondelles. Pelez et hachez finement le gingembre. Mélangez le gingembre, les cives, l'huile d'olive, la sauce soja et le piment.

3 Saisissez la viande sur un gril (ou dans une poêle très chaude) et faites-la cuire pendant 2 minutes de chaque côté. Laissez-la reposer 5 minutes puis tranchez-la finement, et posez-la sur un plat.

4 Arrosez avec la sauce à l'huile d'olive, parsemez de cacahuètes grillées et couvrez d'herbes. Dégustez ce plat tiède.

> **À SERVIR** avec des ravioles fraîches cuites pendant 2 minutes dans un bouillon de volaille, ou avec des nouilles chinoises.

> **C'EST AUSSI BON** avec des lanières de poulet, en prolongeant la cuisson de 10 minutes.

Produits d'ici et d'ailleurs

Découvrez (ou redécouvrez) les parfums et les saveurs de ces produits.

Essayez les tacos aux crevettes (Mexique) page 276

Amérique du Nord

Amérique du Nord

Versez du sirop d'érable sur vos pancakes.

Amérique du Sud

N'oubliez pas le quinoa, une céréale remplie de protéines.

Europe

Chorizo
Saucisse sèche épicée espagnole (voir recettes pages 324, 486, 512…)

Gremolata
Assaisonnement italien à base d'ail, de citron et de persil (voir recette page 252)

Haddock
Du poisson fumé, que l'on peut trouver au menu du breakfast écossais (voir recettes pages 23, 45, 145…)

Mozzarella
Fromage italien au lait de bufflonne (mozzarella di buffala) ou de vache (voir recettes pages 264, 336…)

Prosciutto
« Jambon » en italien, le terme désigne les jambons crus (Parme, San Daniele…) (voir recettes pages 286, 447, 476…)

Ricotta
Fromage frais italien (voir recettes pages 30, 310, 350…)

Pancetta
Charcuterie italienne (voir recettes pages 302, 429…)

Parmesan
Parmiggiano, c'est le roi des fromages italiens ! (voir recettes pages 12, 204, 304…)

Porto
Vin produit au Portugal (voir recette page 96)

Worcestershire Sauce
Sauce anglaise composée de vinaigre de malt, de mélasse, de sucre, d'échalote, d'ail, de tamarin, de girofle, d'essences d'anchois et d'épices (voir recettes pages 96, 213…)

Asie

Lait de coco
Pour adoucir les recettes épicées… (voir recette page 514)

Garam masala
Littéralement « épice brûlante »… (voir recettes pages 534, 537)

Riz
Céréale aux très nombreuses variétés (voir recettes pages 511, 512, 518…)

Safran
Épice renommée, parfumée et colorante (voir recettes pages 82, 166, 512…)

Sauce soja
Condiment à base de soja, blé, sel et eau (voir recettes pages 178, 288, 516…)

Wasabi
Condiment de la cuisine japonaise (voir recette page 510)

Avez-vous déjà essayé la viande d'autruche, tendre et goûteuse ?

Orient et pays du Maghreb

Couscous
Plat traditionnel du Maghreb, à base de semoule (voir recettes pages 397, 538…)

Ras el-hanout
Mélange d'épices (voir recette page 542)

Sumac
La poudre de sumac s'emploie comme du jus de citron (voir recette page 530)

Et en Antarctique, on mange quoi ?

POUR 4 PERSONNES
PRÉPARATION : 10 min
CUISSON : 10 min
DIFFICULTÉ : ★
COÛT : €

- 4 tranches épaisses de jambon cuit
- 2 cuill. à soupe d'huile d'olive
- 8 tranches d'ananas
- 4 cuill. à café de fromage blanc à 20 % de M. G.
- 1 cuill. à soupe de ketchup
- Poivre du moulin

Jambon à l'ananas

Une recette indémodable de la cuisine nord-américaine.

1 Faites griller les tranches de jambon dans une grande poêle antiadhésive, avec 1 cuillerée à soupe d'huile d'olive, pendant 1 minute de chaque côté ; réservez au chaud.

2 Dans une autre poêle, faites chauffer l'huile d'olive restante et mettez les tranches d'ananas à dorer.

3 Pendant ce temps, dans la poêle du jambon, ajoutez le fromage blanc et le ketchup, remuez bien pour récupérer les sucs de cuisson ; poivrez et mélangez.

4 Servez dans chaque assiette : 1 tranche de jambon, 2 tranches d'ananas, et arrosez avec la sauce.

ULTRA RAPIDE !
Utilisez de l'ananas au sirop plutôt qu'un ananas frais.

> **À SERVIR** avec des pommes de terre vapeur et une salade verte.

POUR 4 PERSONNES
PRÉPARATION : 10 min
CUISSON : 10 min
DIFFICULTÉ : ★
COÛT : € €

- 4 côtes de veau
- 4 tranches de fromage à raclette
- 2 œufs
- 90 g de chapelure
- 2 cuill. à soupe d'huile d'olive
- Sel et poivre du moulin

Côtes de veau à la valdôtaine

Cette recette toute simple est originaire du Val d'Aoste, une région d'Italie.

1 Fendez les côtes de veau dans l'épaisseur en les traversant jusqu'à l'os afin de les farcir. Glissez une tranche de fromage à raclette dans chaque fente et refermez.

2 Battez les œufs avec du sel et du poivre dans une assiette creuse. Versez la chapelure dans une autre assiette. Trempez chaque côte de veau sur les deux faces dans les œufs battus, puis enrobez-la de chapelure.

3 Faites chauffer l'huile d'olive dans une poêle, et faites dorer les côtes de veau 5 minutes de chaque côté. Égouttez-les sur du papier absorbant. Servez les côtes de veau bien chaudes.

ULTRA RAPIDE !
Faites fendre les côtes de veau par le boucher.

> **À SERVIR** avec une salade d'endives et des spaghettis nature.

> **C'EST AUSSI BON** avec des côtes de porc ou des filets de poulet.

POUR 4 PERSONNES
PRÉPARATION : 15 min
CUISSON : 50 min
DIFFICULTÉ : ★
COÛT : € €

- 2 citrons non traités
- 2 gousses d'ail
- 50 g de gingembre
- 1 botte d'oignons blancs de 150 g environ
- 3 cuill. à soupe d'huile d'olive
- 600 g de jarret de veau désossé et découpé en morceaux
- 150 g de pois gourmands surgelés
- 400 g de fèves surgelées
- Sel et poivre du moulin

MON PLUS

Je saupoudre le plat de coriandre ciselée au moment de servir.

TRUC DE CHEF

Utilisez pour la cuisson un plat à tajine, et faites cuire sur une plaque chauffante, car le tajine ne supporte pas la flamme directe.

Tajine de veau au citron, fèves et gingembre

Avec ce plat, tout le Maroc sera dans votre assiette !

1 Lavez les citrons, prélevez le zeste de l'un d'eux, puis pressez le fruit. Coupez le second en quartiers. Pelez les gousses d'ail, le gingembre et les oignons. Laissez les oignons entiers, mais hachez grossièrement l'ail, et détaillez le gingembre en fins bâtonnets.

2 Faites chauffer l'huile d'olive dans une cocotte en fonte. Faites revenir rapidement les morceaux de veau avec les oignons, les quartiers de citron, le zeste et le jus de citron, ainsi que l'ail et le gingembre. Salez et poivrez.

3 Baissez le feu, couvrez et laissez mijoter pendant 30 minutes. Surveillez la cuisson et ajoutez un peu d'eau si nécessaire.

4 Ajoutez les pois gourmands et les fèves, couvrez et prolongez la cuisson de 15 minutes. Vérifiez l'assaisonnement et servez.

> **À SERVIR** avec de la semoule.

> **C'EST AUSSI BON** avec des morceaux d'agneau.

POUR 4 PERSONNES
PRÉPARATION : 5 min
CUISSON : 15 min
DIFFICULTÉ : ★
COÛT : € €

Grenadins à la florentine

Ces tendres grenadins vite prêts vous rappelleront le soleil de la Toscane.

- 3 oignons
- 1 carotte
- 1 cube de bouillon de poule
- 100 g de lardons nature
- 4 grenadins de veau
- 1 bouquet garni
- 1 kg d'épinards en branches surgelés
- 50 g de beurre
- Sel et poivre du moulin

1 Préchauffez le four à 250 °C (therm. 8-9). Pelez et émincez les oignons. Épluchez la carotte, coupez-la en bâtonnets. Reconstituez le bouillon en versant 50 cl d'eau très chaude sur le cube.

2 Dans un plat à four, mettez les lardons, les bâtonnets de carotte, les oignons émincés et les grenadins de veau. Arrosez avec le bouillon et ajoutez le bouquet garni. Salez, poivrez et mettez au four. Laissez cuire pendant 15 minutes en arrosant plusieurs fois en cours de cuisson.

3 Pendant ce temps, faites cuire les épinards dans le beurre jusqu'à ce que l'eau soit évaporée.

4 Déposez dans chaque assiette un lit d'épinards et un grenadin, puis arrosez de jus de cuisson.

ULTRA RAPIDE !
Utilisez des oignons et des carottes surgelés prêts à l'emploi.

> **À SERVIR** avec des pommes dauphines.

> **C'EST AUSSI BON** avec des côtes de veau ou un rôti.

POUR 4 PERSONNES
PRÉPARATION : 15 min
CUISSON : 15 min environ
DIFFICULTÉ : ★
COÛT : **€ €**

- 4 à 6 oignons
- 60 g de beurre
- 10 cl de vin blanc sec
- 4 tranches de foie de veau
- Sel et poivre du moulin

TRUC DE CHEF

La réussite de ce plat tout simple réside dans la tendreté du foie et dans la brièveté de la cuisson, qui doit être menée à feu vif afin d'éviter le dessèchement.

Foie de veau à la vénitienne

Ce plat est typique de la gastronomie italienne.

1 Pelez et émincez les oignons. Faites fondre la moitié du beurre dans une sauteuse, mettez les oignons émincés et laissez-les dorer pendant 5 minutes.

2 Ajoutez dans la sauteuse le vin, un peu de sel et de poivre, puis couvrez. Laissez braiser à feu doux, jusqu'à ce que les oignons soient bien tendres.

3 Pendant ce temps, taillez les tranches de foie de veau en lanières de taille moyenne.

4 Retirez les oignons de la sauteuse et réservez-les au chaud. Faites-y fondre le reste du beurre à feu vif. Ajoutez le foie et faites-le sauter en remuant la sauteuse pendant 5 à 8 minutes, selon la cuisson désirée. Salez, poivrez, puis remettez les oignons. Servez aussitôt.

⊳ **À SERVIR** avec de la polenta.

POUR 4 PERSONNES
PRÉPARATION : 30 min
CUISSON : 10 min environ
DIFFICULTÉ : ★★★
COÛT : € €

Pour les brochettes :

- 600 g d'épaule d'agneau désossée
- 1 gousse d'ail
- 2 oignons
- 5 brins de persil plat
- 2 cuill. à café de sumac
- 2 cuill. à café de paprika doux

Pour les salades :

- 2 bottes de persil plat
- 10 feuilles de menthe
- 4 à 6 oignons nouveaux
- 4 cuill. à soupe de jus de grenade
- 4 cuill. à soupe d'huile d'olive
- 5 tomates mûres et fermes
- Sel et poivre du moulin

TRUC DE CHEF

Le sumac est une baie moulue très utilisée au Moyen-Orient, que l'on trouve, ainsi que le jus de grenade, dans les épiceries exotiques ou orientales.

Kebabs d'agneau aux deux salades

Ces brochettes cuisent aussi bien sous le gril du four qu'au barbecue.

1 Préparez les brochettes : détaillez la viande en morceaux, pelez l'ail et les oignons. Hachez très finement la viande avec les oignons, l'ail et le persil dans un hachoir électrique. Ajoutez le sumac et le paprika, mélangez bien. Partagez la viande en quatre portions et, avec les mains humides, moulez celles-ci en petites boulettes de la taille d'une prune autour de piques à brochette. Réservez au réfrigérateur.

2 Allumez le gril du four.

3 Préparez la salade de persil : lavez, séchez et effeuillez le persil et la menthe. Hachez la moitié des oignons et mélangez-les avec le persil et la menthe. Assaisonnez : sel, poivre, 2 cuillerées à soupe de jus de grenade et 2 cuillerées à soupe d'huile d'olive.

4 Préparez la salade de tomates : lavez les tomates, coupez-les en cubes. Hachez les oignons restants. Mélangez oignons hachés et tomates en cubes, salez et poivrez. Assaisonnez avec le reste du jus de grenade et d'huile d'olive.

5 Faites cuire les brochettes sous le gril du four, de 3 à 6 minutes de chaque côté. Servez-les accompagnées des deux salades.

POUR 4 PERSONNES
PRÉPARATION : 10 min
CUISSON : 1 h
DIFFICULTÉ : ★
COÛT : € €

- 1 kg de collier d'agneau découpé en morceaux
- 3 cuill. à soupe d'huile d'olive
- 1 cuill. à café de curcuma
- 1 bouquet de menthe fraîche
- 3 gousses d'ail
- 600 g de petits pois surgelés
- Sel et poivre du moulin

Tajine d'agneau aux petits pois à la menthe

Agneau, menthe, petits pois : une harmonie de saveurs sans défaut.

1 Dans une cocotte, faites dorer les morceaux d'agneau à feu vif pendant 5 minutes, avec l'huile d'olive et en les saupoudrant de curcuma.

2 Lavez, séchez et effeuillez la menthe. Réservez quelques belles feuilles et ciselez grossièrement les autres avec des ciseaux de cuisine. Épluchez l'ail et émincez-le.

3 Lorsque la viande est dorée, salez, poivrez, ajoutez la menthe ciselée et l'ail. Couvrez et laissez mijoter pendant 30 minutes.

4 Ajoutez les petits pois dans la cocotte. Couvrez et poursuivez la cuisson 20 minutes, en vérifiant que la viande n'attache pas (arrosez avec un peu d'eau si nécessaire).

5 Versez dans le plat de service et décorez avec les feuilles de menthe fraîches réservées.

> **À SERVIR** avec de la semoule.

> **C'EST AUSSI BON** avec de l'épaule d'agneau découpée en cubes.

POUR 4 PERSONNES
PRÉPARATION : 15 min
CUISSON : 20 min
DIFFICULTÉ : ★
COÛT : €

- 4 blancs de poulet
- 2 oignons
- 1 gousse d'ail
- 2 cuill. à soupe d'huile d'olive
- 1 bâton de cannelle
- 2 clous de girofle
- Le jus de 1 citron vert
- 50 cl de bouillon de volaille
- 300 g de riz basmati
- 4 cuill. à soupe de noix de cajou
- 3 brins de coriandre fraîche
- Sel et poivre du moulin

TRUC DE CHEF

Avant de les concasser, faites griller les noix de cajou à sec dans une poêle afin de les rendre plus croquantes et plus parfumées.

Pilaf de poulet parfumé

Ce plat est parfait pour les grands gourmands et les amateurs d'exotisme.

1 Détaillez les blancs de poulet en morceaux. Épluchez et émincez les oignons et l'ail.

2 Faites chauffer l'huile d'olive dans une poêle et faites dorer les blancs de poulet à feu vif pendant 5 minutes.

3 Retirez le poulet de la poêle et mettez à la place les oignons et l'ail émincés, le bâton de cannelle, les clous de girofle et le jus de citron vert. Salez, poivrez, mélangez. Remettez les blancs de poulet, arrosez de bouillon de volaille et ajoutez le riz.

4 Couvrez et laissez mijoter à feu doux pendant 15 minutes. Le liquide doit être complètement absorbé.

5 Mélangez le contenu de la cocotte et versez dans le plat de service. Saupoudrez de noix de cajou concassées et de coriandre ciselée.

ULTRA RAPIDE !
Prenez de l'ail et de l'oignon émincés surgelés.

> **C'EST AUSSI BON** avec des pignons grillés à la place des noix de cajou.

POUR 4 PERSONNES
PRÉPARATION : 15 min
CUISSON : 1 h
DIFFICULTÉ : ★
COÛT : €

- 2 ou 3 oignons
- 3 gousses d'ail
- 2 cuill. à soupe d'huile d'olive
- 4 cuisses de poulet
- 2 yaourts au lait entier
- 2 cuill. à soupe de sucre
- 3 cuill. à soupe de crème fraîche épaisse
- 1 cuill. à café de garam masala (voir page 537)
- 12 brins de coriandre

Pour la sauce :

- 1 cube de bouillon de volaille
- 1 cuill. à café de gingembre haché surgelé
- 2 piments verts
- 1 cuill. à café de cumin en poudre
- 1/2 cuill. à café de curcuma

TRUC DE CHEF

Ajoutez un peu d'eau en cours de cuisson si la sauce devient trop épaisse.

Curry de poulet au yaourt

Ne vous laissez pas impressionner par la liste des ingrédients : cette recette est très facile !

1 Épluchez et hachez les oignons et l'ail. Dans une sauteuse, faites chauffer l'huile. Faites dorer le poulet avec l'oignon et l'ail hachés pendant 5 minutes. Réservez.

2 Préparez la sauce : dans une casserole, mouillez le cube de bouillon avec 15 cl d'eau et ajoutez le gingembre, les piments, le cumin et le curcuma. Faites cuire pendant 5 minutes.

3 Versez la sauce aux épices dans la sauteuse. Ajoutez les yaourts et le sucre. Laissez cuire tout doucement à couvert pendant 30 minutes, en remuant de temps en temps.

4 Ajoutez la crème fraîche et le garam masala. Laissez mijoter encore 20 minutes en remuant souvent.

5 Versez le curry de poulet au yaourt dans le plat de service et parsemez de coriandre ciselée.

> **À SERVIR** avec une salade de concombre au yaourt.

> **C'EST AUSSI BON** avec du porc coupé en cubes.

POUR 4 PERSONNES
PRÉPARATION : 15 min
CUISSON : 50 min environ
DIFFICULTÉ : ★
COÛT : €

- 1 poulet de 1,5 kg environ découpé en morceaux
- 1 pomme
- 2 ou 3 oignons
- 1 cuill. à soupe d'huile d'olive
- 1 petit bâton de cannelle
- 1/2 cuill. à café de gingembre en poudre
- 1 cuill. à soupe de curry en poudre
- 1 yaourt
- 300 g d'ananas au sirop en conserve
- Quelques brins de coriandre
- Sel

Poulet au curry et à l'ananas

Ce poulet enchantera vos dîners d'été ou mettra du soleil dans vos soirées d'hiver.

1 Retirez la peau des morceaux de poulet. Épluchez la pomme et coupez-la en petits cubes. Pelez et émincez les oignons.

2 Faites chauffer l'huile dans une cocotte. Faites-y dorer le poulet quelques minutes, puis retirez-le. Mettez dans la cocotte les oignons, la cannelle et le gingembre et faites revenir 4 minutes en remuant souvent.

3 Dans un bol, mélangez le curry et le yaourt. Remettez le poulet dans la cocotte, ajoutez les cubes de pomme et le yaourt au curry ; salez et mélangez. Couvrez et laissez cuire 30 minutes en mélangeant de temps en temps, puis retirez le couvercle et laissez cuire encore 10 minutes.

4 Découpez les tranches d'ananas en morceaux, faites-les réchauffer dans une petite casserole avec un peu de sirop.

5 Disposez les morceaux de poulet avec la sauce dans le plat de service. Parsemez de coriandre ciselée et répartissez l'ananas.

⊳ **À SERVIR** avec du riz blanc et une salade de concombre au yaourt.

⊳ **C'EST AUSSI BON** avec de la dinde ou du porc.

POUR 4 PERSONNES
PRÉPARATION : 15 min
CUISSON : 30 min
DIFFICULTÉ : ★★
COÛT : €

- 800 g de pommes de terre
- 600 g de blancs de poulet cuit
- 1 tomate
- 2 oignons
- 2 gousses d'ail
- 2 cuill. à soupe de garam masala
- 40 cl de lait de coco non sucré en conserve
- 200 g de petits pois surgelés
- 4 brins de coriandre
- Sel et poivre du moulin

Masala de poulet et de pommes de terre

Adaptation moderne d'un plat traditionnel indien, cette recette est idéale pour utiliser des restes de poulet froid.

1 Pelez les pommes de terre ; faites-les cuire pendant 20 minutes dans de l'eau salée. Découpez-les en cubes.

2 Détaillez le poulet en dés. Lavez la tomate puis découpez-la en dés, en enlevant les graines. Épluchez et hachez les oignons et les gousses d'ail.

3 Délayez le garam masala avec le lait de coco. Ajoutez les oignons et l'ail hachés, ainsi que les dés de tomate. Faites chauffer dans une cocotte, puis ajoutez les petits pois surgelés, le poulet et les cubes de pommes de terre. Salez, poivrez. Poursuivez la cuisson pendant 5 minutes.

4 Versez dans le plat et parsemez de feuilles de coriandre ciselées.

> **À SERVIR** avec une salade d'endives aux noix.

ULTRA RAPIDE !

Utilisez des sachets de cubes de pommes de terre précuits sous vide, de l'ail et de l'oignon surgelés.

FAITES-LE VOUS-MÊME !

Pour faire le garam masala, mixez 2 cuillerées à soupe d'huile d'arachide avec 3 cm de gingembre frais pelé et râpé, 2 cuillerées à café de graines de fenouil, 2 clous de girofle, 1 cuillerée à café de curcuma, 1/2 piment vert épépiné, 1 cuillerée à café de graines de coriandre, 1 cuillerée à soupe de cannelle moulue, les graines de 2 gousses de cardamome et les feuilles de 6 branches de coriandre fraîche. Conservez dans un bocal au réfrigérateur.

POUR 4 PERSONNES
PRÉPARATION : 15 min
CUISSON : 35 min environ
DIFFICULTÉ : ★★
COÛT : €

- 8 dattes
- 4 brins de menthe fraîche
- 4 verts de poireau
- 100 g de pignons de pin
- 4 cuill. à soupe de semoule moyenne
- 40 g de raisins secs
- 1 pincée de cannelle
- 2 cuill. à soupe d'huile d'olive
- 4 cailles
- 80 g de beurre
- Sel et poivre du moulin

Cailles farcies à l'orientale

Parfumées et moelleuses, ces cailles sont un régal, à essayer d'urgence !

1 Coupez les dattes en petits morceaux. Lavez et ciselez les feuilles de menthe.

2 Faites bouillir de l'eau salée dans une casserole et faites blanchir les verts de poireau pendant 1 minute. Égouttez-les et passez-les sous l'eau froide.

3 Préchauffez le four à 180 °C (therm. 6).

4 Préparez la farce : mélangez dans un bol les pignons, la semoule, les morceaux de datte, 4 feuilles de menthe ciselées, les raisins, la cannelle et l'huile d'olive. Salez, poivrez et garnissez l'intérieur des cailles avec cette préparation.

5 Entourez chacune des cailles de vert de poireau et placez celles-ci dans un plat à four. Arrosez de 6 cl d'eau chaude. Posez une noix de beurre sur chaque caille et enfournez. Laissez cuire pendant 35 minutes en les arrosant régulièrement.

6 Disposez les cailles farcies à l'orientale sur le plat de service, et parsemez-les avec le restant de feuilles de menthe ciselées.

> **À SERVIR** avec de la semoule et des fèves.

MON PLUS

Je farcis les cailles à l'avance, et je les fais cuire au moment du repas.

POUR 4 PERSONNES
PRÉPARATION : 20 min
CUISSON : 50 min
DIFFICULTÉ : ★
COÛT : € €

- 1 oignon
- 1 chou vert
- 1 pintade de 1 kg découpée en morceaux
- 4 cuill. à soupe d'huile d'arachide
- 200 g de lardons nature
- 1 brin de thym
- 1 feuille de laurier
- 10 baies de genièvre
- 20 cl de bière blonde
- 20 cl de bouillon de volaille
- Sel et poivre du moulin

Pintade flamande

Voici un plat traditionnel de la cuisine des Flandres, bien réconfortant en hiver.

1 Préchauffez le four à 210 °C (therm. 7). Lavez les légumes ; épluchez et découpez l'oignon en rondelles ; retirez quelques grosses feuilles du chou, coupez-le en quatre puis en lamelles.

2 Dans une cocotte, faites dorer la pintade sur toutes ses faces, avec 2 cuillerées d'huile, pendant 5 minutes, puis retirez-la.

3 Ajoutez le reste d'huile, faites dorer les oignons les lardons et le chou dans la même cocotte. Mélangez pendant 5 minutes pour que les légumes deviennent translucides.

ULTRA RAPIDE !
Utilisez des carottes et des oignons surgelés émincés.

4 Posez la pintade sur les légumes. Salez, poivrez, ajoutez le thym, le laurier et les baies. Versez la bière et le bouillon de volaille. Couvrez et enfournez pendant 40 minutes. Découpez la pintade et présentez-la entourée des légumes.

⊳ **À SERVIR** avec quelques pommes de terre à l'eau.

⊳ **C'EST AUSSI BON** en ajoutant une saucisse de Morteau cuite à l'eau et découpée en rondelles.

POUR 4 PERSONNES
PRÉPARATION : 15 min
CUISSON : 30 min
DIFFICULTÉ : ★★
COÛT : € €

- 2 coquelets coupés en deux dans la longueur
- 3 cuill. à soupe d'huile d'olive
- 2 citrons confits au miel coupés en quartiers
- 4 gousses d'ail
- 1 brin de thym
- 1/2 branche de romarin
- 3 brins d'origan
- 4 cuill. à soupe de vin blanc
- 15 cl de bouillon de volaille
- 24 oignons grelots surgelés
- Sel et poivre du moulin

Coquelets aux citrons confits au miel

Tendres et acidulés, ces coquelets sont un régal.

1 Salez et poivrez les demi-coquelets. Faites chauffer à feu vif l'huile d'olive dans une cocotte et faites dorer les demi-coquelets pendant 3 ou 4 minutes. Recouvrez-les avec les quartiers de citrons confits, ajoutez les gousses d'ail non épluchées et tous les aromates. Couvrez et laissez cuire pendant 20 minutes.

2 Au terme de la cuisson, sortez les demi-coquelets et les citrons confits, réservez-les au chaud. Jetez l'huile de cuisson, versez le vin blanc dans la cocotte et laissez réduire presque à sec.

3 Ajoutez alors le bouillon de volaille et les oignons. Rectifiez l'assaisonnement et faites cuire 3 ou 4 minutes jusqu'à l'obtention d'une sauce sirupeuse.

4 Dressez les demi-coquelets dans un plat de service. Disposez autour les quartiers de citrons confits et les oignons, nappez de sauce, donnez quelques tours de moulin à poivre.

⊳ **À SERVIR** avec de la semoule, du boulgour ou de l'épeautre.

⊳ **C'EST AUSSI BON** avec des cuisses de poulet ou de canard.

FAITES-LES VOUS-MÊME !

Les citrons confits au miel sont faciles à préparer : préchauffez le four à 160 °C (therm. 5-6), brossez les citrons, mettez-les dans une petite cocotte avec 50 g de miel, puis versez de l'eau à mi-hauteur. Ajoutez 1 branche de romarin, couvrez et glissez au four 40 minutes. Laissez tiédir et coupez en quartiers.

POUR 4 PERSONNES
PRÉPARATION : 20 min
CUISSON : 35 min
DIFFICULTÉ : ★
COÛT : € €

- 75 g de beurre
- 2 cuill. à soupe d'huile d'olive
- 20 petits oignons blancs surgelés
- 2 cuill. à soupe de miel
- 1 grappe de raisin blanc
- 4 pigeons
- 1 cuill. à café de ras el-hanout
- 1 branche de romarin
- 4 cl de porto (soit 1 petit verre)
- Sel et poivre du moulin

MON PLUS

Sortez les pigeons du réfrigérateur 1 heure avant de les cuisiner.

TRUC DE CHEF

Si vous aimez les pigeons bien cuits, prolongez la cuisson de 10 minutes.

Pigeons aux oignons et aux raisins frais

Goûtez aux parfums de l'Orient avec ce mariage réussi du sucré et du pimenté.

1 Dans une casserole, faites fondre la moitié du beurre avec 1 cuillerée à soupe d'huile d'olive, et mettez-y à dorer les oignons, sur feu moyen. Ajoutez 1 cuillerée à soupe de miel diluée dans 4 cl d'eau chaude. Salez, couvrez et laissez cuire à feu doux pendant 10 minutes, en remuant de temps en temps. Ajoutez le raisin, et continuez la cuisson 3 minutes.

2 Pendant ce temps, dans une cocotte, faites dorer doucement les pigeons de tous les côtés, avec le restant de beurre et d'huile d'olive. Quand ils sont dorés, saupoudrez-les de ras el-hanout, ajoutez le romarin, et arrosez-les avec 1 cuillerée à soupe de miel. Salez, poivrez et ajoutez le porto.

3 Couvrez et laissez mijoter pendant 20 minutes, en retournant les pigeons deux ou trois fois.

4 Déposez 1 pigeon sur chaque assiette, entourez-le d'oignons et de raisins.

⊳ **À SERVIR** avec de la semoule.

⊳ **C'EST AUSSI BON** avec des cailles, et du raisin noir pour remplacer le raisin blanc.

Desserts

POUR 4 PERSONNES
PRÉPARATION : 10 min
CUISSON : de 10 à 15 min
DIFFICULTÉ : ★
COÛT : €

- 1 pot de yaourt de beurre fondu
- 1 yaourt nature
- 2 pots de yaourt de sucre en poudre
- 2 pots de yaourt de farine
- 2 cuill. à café de levure chimique (soit 11 g)
- 3 œufs
- 1 pot de yaourt de noisettes en poudre

Pour la compote de cerises :
- 500 g de cerises burlats
- 50 g de sucre en poudre

MON PLUS

Ces petits gâteaux sont encore meilleurs le lendemain. Je préfère les préparer la veille.

Mini-gâteaux au yaourt et compote de cerises

Les enfants seront ravis de préparer avec vous ces petits gâteaux pour lesquels tout se mesure facilement, à l'aide d'un pot de yaourt.

1 Préchauffez le four à 180 °C (therm. 6). Faites fondre le beurre. Badigeonnez quatre ramequins profonds (ou des moules à brioche) avec un peu de beurre fondu. Réservez le reste.

2 Dans un grand saladier, mélangez le yaourt, le sucre, la farine et la levure. Incorporez ensuite les œufs entiers, le reste de beurre fondu et les noisettes en poudre.

3 Versez la pâte dans les moules et faites cuire pendant 10 à 15 minutes.

4 Pendant ce temps, préparez la compote de cerises : mettez les cerises et le sucre dans une casserole, mouillez avec 8 cl d'eau (soit l'équivalent de 1 tasse à café) et portez à ébullition tout en mélangeant. Baissez le feu et laissez cuire pendant 5 minutes.

5 Laissez tiédir les gâteaux, démoulez-les et servez-les avec la compote de cerises tiède.

> **C'EST AUSSI BON** avec une compote de fraises, de framboises ou de rhubarbe.

POUR 4 PERSONNES
PRÉPARATION : 15 min
CUISSON : de 20 à 25 min
DIFFICULTÉ : ★
COÛT : €

- 1/4 de plaque de beurre de 250 g (soit 65 g) + un peu pour le moule
- 10 cuill. à soupe de sucre de canne + un peu pour le fond du moule
- 500 g de fraises
- 10 cuill. à soupe de farine
- 5 g de levure chimique (soit 1 cuill. à café)
- 1 pincée de sel
- 6 œufs

MON PLUS

Je fais un glaçage avec 4 cuillerées à soupe de gelée de framboise portée à ébullition avec 2 cuillerées à soupe de jus de citron et 4 cuillerées à soupe d'eau.

Gâteau aux fraises sans balance

Pas de balance pour peser les ingrédients ? Ce n'est pas un problème avec cette recette toute simple à doser.

1 Préchauffez le four à 180 °C (therm. 6). Beurrez un moule à manqué et saupoudrez-le de sucre (qui va caraméliser lors de la cuisson). Lavez les fraises, séchez-les, équeutez-les et coupez-les en morceaux.

2 Faites fondre le beurre à feu doux. Dans un saladier, mélangez au batteur électrique la farine, la levure, le sucre, 1 pincée de sel, le beurre fondu et les œufs, jusqu'à ce que la préparation devienne homogène. Ajoutez les fraises, mélangez délicatement.

3 Versez la préparation dans le moule. Mettez au four et laissez cuire de 20 à 25 minutes. Vérifiez la cuisson en enfonçant la lame d'un couteau : elle doit ressortir sèche.

4 Laissez refroidir avant de démouler.

⊳ **C'EST AUSSI BON** avec des pommes et de la cannelle, des poires et de la vanille, de la rhubarbe ou des framboises.

POUR 4 PERSONNES
PRÉPARATION : 10 min
CUISSON : 25 min
DIFFICULTÉ : ★
COÛT : €

- 150 g de beurre + un peu pour le moule
- 70 g d'amandes effilées
- 70 g de farine
- 100 g d'amandes en poudre
- 100 g de sucre glace
- 4 blancs d'œufs

Pour le coulis :

- 200 g de fruits rouges surgelés (framboises, fraises, groseilles, myrtilles)

TRUC DE CHEF

Vous pouvez glacer le gâteau en le badigeonnant avec de la confiture tiède, dès la sortie du four. Dans ce cas, parsemez-le d'amandes effilées après la cuisson, par-dessus la confiture, au lieu de les mettre avant.

Gâteau aux amandes et coulis de fruits rouges

Bien nourrissant, ce gâteau se sert aussi bien au brunch qu'au goûter.

1 Préchauffez le four à 210 °C (therm. 7). Beurrez un moule à cake, parsemez le fond d'amandes effilées.

2 Faites fondre le beurre dans une casserole. Dans une terrine, mélangez la farine, les amandes en poudre et le sucre glace. Incorporez le beurre fondu, puis les blancs d'œufs.

3 Versez la pâte dans le moule et faites cuire au four pendant 25 minutes.

4 Pendant ce temps, préparez le coulis : mixez les fruits rouges.

5 Démoulez le gâteau. Servez-le tiède avec le coulis froid.

> **C'EST AUSSI BON** avec de la gelée de mûre ou de groseille.

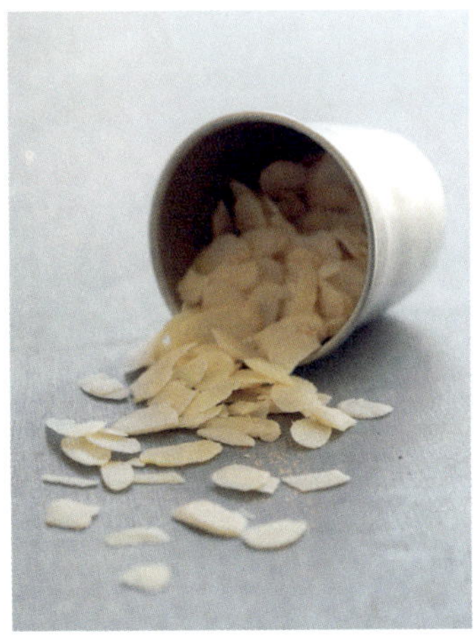

POUR 4 PERSONNES
PRÉPARATION : 10 min
CUISSON : de 10 à 15 min
DIFFICULTÉ : ★
COÛT : €

- 80 g de beurre + un peu pour le moule
- 100 g de chocolat noir
- 3 œufs
- 40 g de sucre en poudre
- 50 g de farine
- 4 carrés de chocolat blanc (soit 50 g environ)
- 4 noisettes

Moelleux aux deux chocolats et aux noisettes

Craquez pour ces moelleux, enrichis dans cette recette de noisettes et de chocolat blanc.

1 Préchauffez le four à 180 °C (therm. 6). Beurrez quatre moules individuels.

2 Cassez le chocolat noir en petits morceaux, faites-le fondre avec le beurre dans une casserole à feu très doux.

3 Battez les œufs entiers avec le sucre, incorporez la farine et le chocolat noir fondu. Mélangez et répartissez la pâte dans les moules. Enfoncez au centre de la pâte 1 carré de chocolat blanc et 1 noisette.

4 Mettez au four et laissez cuire pendant 10 à 15 minutes. Démoulez et dégustez tiède.

> **À SERVIR** avec une crème anglaise.

> **C'EST AUSSI BON** avec des carrés de chocolat noir et des amandes dans le cœur des moelleux.

MON PLUS

Je prépare la pâte à l'avance et je la fais cuire au début du repas.

TRUC DE CHEF

Adaptez le temps de cuisson à la puissance de votre four. Le chocolat blanc doit être coulant. Un conseil : piquez délicatement le centre du moelleux avec une aiguille fine. Elle doit ressortir enduite de chocolat blanc fondu, mais pas de chocolat noir.

POUR 4 PERSONNES
PRÉPARATION : 10 min
CUISSON : 30 min
DIFFICULTÉ : ★
COÛT : €

Gâteau de pommes aux raisins secs

Ce gâteau réconfortant est un authentique dessert de grand-mère.

- 50 g de raisins secs
- 5 cl de jus d'orange
- 60 g de beurre + un peu pour le plat
- 2 œufs
- 40 g de sucre en poudre
- 25 cl de lait
- 3 gouttes d'extrait de vanille
- 1 pincée de sel
- 4 pommes
- 4 grosses tranches de brioche

1 Mettez les raisins secs dans un bol, recouvrez-les de jus d'orange et laissez-les gonfler.

2 Préchauffez le four à 180 °C (therm. 6). Beurrez un plat à four.

3 Dans un saladier, fouettez les œufs avec le sucre, le lait, la vanille et une pincée de sel.

4 Pelez et épépinez les pommes, coupez-les en lamelles. Coupez les tranches de brioche en deux.

5 Mettez dans le plat à four les tranches de brioche, puis quelques raisins, et des noisettes de beurre. Terminez par les pommes, puis versez la crème aux œufs et parsemez à nouveau de noisettes de beurre.

6 Laissez cuire pendant 30 minutes. Servez ce gâteau tiède.

⊳ **À SERVIR** avec de la crème fraîche épaisse.

⊳ **C'EST AUSSI BON** avec du pain de mie à la place de la brioche.

TRUC DE CHEF

Pour des adultes, vous pouvez remplacer le jus d'orange par un peu de calvados pour faire gonfler les raisins.

POUR 4 PERSONNES
PRÉPARATION : 10 min
CUISSON : de 35 à 40 min
DIFFICULTÉ : ★
COÛT : €

- 10 cl d'huile de tournesol + un peu pour le moule
- 150 g de farine
- 5 g de levure chimique (soit 1 cuill. à café)
- 150 g de sucre en poudre
- 1 pincée de sel
- 3 œufs
- 150 g de cerneaux de noix
- 4 cuill. à soupe de sucre glace

TRUC DE CHEF

Si vous achetez des cerneaux de noix en sachet, vérifiez la date de péremption car elles deviennent vite rances.

Gâteau de noix

Un bon dessert d'automne, que vous dégusterez aussi avec plaisir au petit déjeuner… s'il en reste !

1 Préchauffez le four à 180 °C (therm. 6). Huilez un moule à manqué.

2 Mélangez dans un saladier la farine, la levure, le sucre, une pincée de sel, le reste d'huile de tournesol et les œufs entiers. Lorsque la pâte est homogène, incorporez les cerneaux de noix.

3 Versez la pâte dans le moule, faites cuire pendant 35 à 40 minutes.

4 Laissez refroidir le gâteau avant de démouler et saupoudrez-le de sucre glace au moment de servir.

> **À SERVIR** avec une crème anglaise à la vanille ou au café.

> **C'EST AUSSI BON** avec des noisettes.

POUR 4 PERSONNES
PRÉPARATION : 5 min
CUISSON : 25 min
DIFFICULTÉ : ★
COÛT : €

- 1 citron vert non traité
- 100 g de sucre en poudre
- 1 pincée de sel
- 2 blancs d'œufs
- 120 g de noix de coco râpée

TRUC DE CHEF

Ne prolongez pas la cuisson, même si les rochers paraissent mous, ils durciront en refroidissant.

Rochers coco

Dégustez ces délicieux petits-fours en dessert, mais aussi au goûter ou en cas de petite faim. Bref… à toute heure de la journée !

1 Préchauffez le four à 210 °C (therm. 7). Recouvrez la plaque du four de papier sulfurisé.

2 Lavez le citron vert, prélevez le zeste puis râpez-le. Mettez-le dans une casserole avec le sucre, une pincée de sel et les blancs d'œufs. Fouettez et laissez épaissir à feu doux pendant 5 minutes, jusqu'à l'obtention d'une crème.

3 Retirez la casserole du feu, ajoutez la noix de coco et mélangez. Façonnez des petites boulettes dans le creux des mains. Déposez-les sur la plaque du four.

4 Faites cuire les rochers pendant 20 minutes au four, puis laissez-les refroidir avant dégustation.

> **À SERVIR** avec une glace à la noix de coco ou un sorbet au citron.

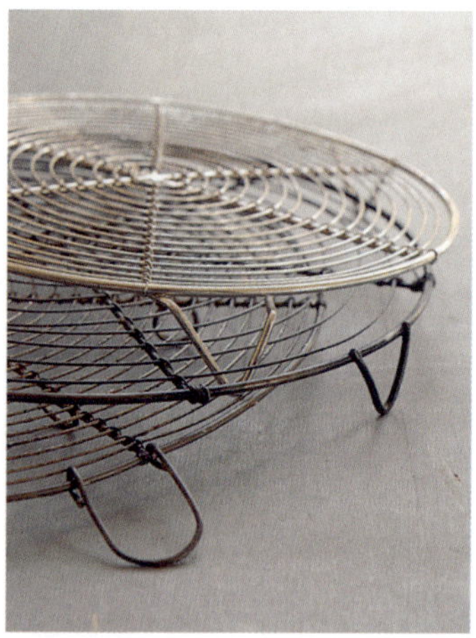

POUR 4 PERSONNES
PRÉPARATION : 10 min
CUISSON : 25 min
DIFFICULTÉ : ★
COÛT : €

- 1 rouleau de pâte sablée préétalée de 230 g
- 2 citrons non traités
- 2 œufs
- 80 g de beurre
- 200 g de sucre en poudre

MON PLUS

Je saupoudre la tarte de sucre glace au moment de servir.

Tarte au citron

Ce dessert est ultra classique, mais on ne s'en lasse pas.

1. Préchauffez le four à 220 °C (therm. 7-8) Déposez la pâte sablée dans un moule à tarte en laissant le papier sulfurisé.

2. Lavez les citrons, prélevez les zestes puis râpez-les ; pressez les fruits. Battez les œufs dans un bol, réservez.

3. Dans une casserole, faites fondre le beurre et mélangez-le avec le sucre, le jus et le zeste des citrons. Hors du feu, ajoutez dans la casserole les œufs battus, puis mélangez. Remettez à feu doux pour faire épaissir la crème. Versez celle-ci sur la pâte sablée.

4. Faites cuire au four pendant 25 minutes. Laissez refroidir avant de servir.

ULTRA RAPIDE !

Faites cuire la pâte à blanc au four, recouverte d'un papier sulfurisé et de légumes secs (pour lester), pendant 20 minutes, et tartinez-la de crème au citron en pot.

POUR 4 PERSONNES
PRÉPARATION : 10 min
CUISSON : 20 min
DIFFICULTÉ : ★
COÛT : €

- 1 rouleau de pâte sablée préétalée de 230 g
- 250 g de chocolat noir
- 3 cuill. à soupe de crème fraîche épaisse
- 800 g de poires au sirop en conserve

Tarte aux poires et au chocolat

Cette tarte vite prête est vraiment trop bonne.

1 Préchauffez le four à 210 °C (therm. 7).

2 Garnissez un moule à tarte de pâte sablée, piquez le fond avec une fourchette, garnissez la pâte d'une feuille de papier sulfurisé et de billes de cuisson (ou de légumes secs), et faites cuire à blanc pendant 20 minutes.

3 Pendant ce temps, faites fondre le chocolat à feu doux avec la crème fraîche, en remuant sans arrêt. Égouttez les poires.

4 Lorsque la pâte est cuite, sortez-la du four, mettez-la sur un plat de service.

5 Versez le chocolat chaud sur le fond de tarte. Coupez chaque poire en lamelles et posez celles-ci sur le dessus en formant une fleur. Laissez refroidir avant de servir.

FAITES-LES VOUS-MÊME !

Préparez des poires au sirop : faites cuire des poires épluchées et coupées en lamelles dans un sirop composé de 50 cl d'eau, de 4 cuillerées à soupe de sucre et du jus de 1/2 citron, pendant 20 minutes.

POUR 4 PERSONNES
PRÉPARATION : 15 min
CUISSON : 30 min
DIFFICULTÉ : ★
COÛT : €

- 1 kg de pommes reinettes
- 50 g de beurre doux
- 100 g de sucre en poudre
- 1 rouleau de pâte feuilletée préétalée de 230 g
- 25 cl de crème fraîche épaisse
- 5 cl de calvados

TRUC DE CHEF

Si vous ne trouvez pas de reinettes, utilisez des pommes belles de Boskoop.

Tarte aux pommes à l'envers et crème au calvados

On retrouve toute la Normandie dans cette succulente tarte.

1 Préchauffez le four à 210 °C (therm. 7). Pelez les pommes, découpez-les en quartiers.

2 Dans un moule à tarte antiadhésif, faites blondir le beurre et le sucre (posez le moule sur le feu et retirez-le dès que le mélange blondit). Rangez les quartiers de pomme par-dessus. Recouvrez les pommes avec la pâte feuilletée, en rabattant les bords de la pâte entre les pommes et l'intérieur du moule.

3 Mettez au four et faites cuire pendant 30 minutes. Sortez la tarte du four dès que la pâte est bien dorée.

4 Pendant ce temps, dans un bol, mélangez la crème fraîche avec le calvados, et réservez au réfrigérateur.

5 Démoulez la tarte pendant qu'elle est encore chaude en la retournant sur un plat de service. Servez-la avec le bol de crème.

> **C'EST AUSSI BON** avec des poires.

POUR 4 PERSONNES
PRÉPARATION : 10 min
CUISSON : 15 min
DIFFICULTÉ : ★
COÛT : €

Brioche perdue à la confiture et aux amandes

- 2 œufs
- 10 cl de lait
- 8 tranches de brioche
- 60 g de beurre
- 2 cuill. à soupe d'amandes effilées
- 4 cuill. à soupe de confiture de fraises (ou d'autre fruit)

Voici une version raffinée du pain perdu.

1 Battez les œufs avec le lait dans une assiette. Trempez les tranches de brioche dans le mélange.

2 Faites chauffer le beurre dans une poêle, mettez-y les tranches de brioche et faites dorer celles-ci à feu vif. Disposez-les sur du papier absorbant, puis répartissez-les sur quatre assiettes.

3 Faites griller les amandes à sec dans une poêle antiadhésive. Tartinez la brioche de confiture et parsemez d'amandes. Servez tiède.

POUR 4 PERSONNES
PRÉPARATION : 5 min
CUISSON : 20 min
DIFFICULTÉ : ★
COÛT : €

Bruschettas de pommes

- 4 pommes reinettes
- 50 g de beurre
- 2 cuill. à café de cannelle en poudre
- 4 tranches de brioche
- 4 cuill. à soupe de sucre cristallisé

Ce dessert économique et rapidement prêt est très apprécié des enfants.

1 Pelez les pommes, découpez-les en fines lamelles. Faites fondre la moitié du beurre dans une casserole, mettez les pommes, saupoudrez-les de cannelle et faites-les cuire à feu doux pendant 15 minutes en mélangeant souvent.

2 Allumez le gril du four. Toastez les tranches de brioche, déposez-les dans un plat à gratin. Recouvrez-les des lamelles de pommes cuites, saupoudrez de sucre et du reste de beurre découpé en petits morceaux. Faites dorer sous le gril pendant 5 minutes. Servez tiède.

POUR 4 PERSONNES
PRÉPARATION : 5 min
CUISSON : 5 min
DIFFICULTÉ : ★
COÛT : €

- 40 g de beurre salé
- 8 petites crêpes
- 40 g de cassonade
- 4 cuill. à soupe de confiture de lait
- De la crème Chantilly en bombe

Crêpes croustillantes à la confiture de lait

Ces crêpes ne sont pas vraiment « light », mais elles sont tellement savoureuses !

1 Recouvrez la plaque du four de papier sulfurisé. Allumez le gril du four.

2 Faites fondre doucement le beurre salé dans une casserole. Posez les crêpes sur la plaque du four. Arrosez-les de beurre fondu, puis saupoudrez-les de cassonade.

3 Posez la plaque à mi-hauteur, sous le gril, et faites dorer les crêpes pendant 2 minutes. Laissez-les refroidir.

4 Sur chaque assiette à dessert, déposez une crêpe, étalez par-dessus 1 cuillerée à soupe de confiture de lait, recouvrez d'une autre crêpe et couronnez de crème Chantilly.

> **À SERVIR** avec des fruits rouges.

> **C'EST AUSSI BON** avec de la confiture de fruits rouges.

TRUC DE CHEF

C'est en refroidissant que les crêpes vont devenir croustillantes.

FAITES-LA VOUS-MÊME !

Préparez de la confiture de lait en faisant cuire à très petit feu 1 l de lait avec 400 g de sucre pendant 2 heures.

Mon gâteau au yaourt

Demande à un adulte de préchauffer le four à 180 degrés (therm. 6).

Avec l'aide d'un « grand », tous les enfants pourront préparer ce délicieux gâteau. Une bonne occupation pour un dimanche après-midi !

Attention aux grumeaux !

Casse 3 œufs

+

Mélange bien !

Beurre les mini-moules + verse la pâte + demande à un adulte de les mettre dans le four, pendant 10 à 15 minutes

Mmmmmmh !!! C'est prêt ! Demande à un adulte de sortir les mini-gâteaux et laisse-les refroidir avant de les manger.

Il ne reste plus qu'à les décorer pour en faire des mini-gâteaux d'anniversaire !

POUR 4 PERSONNES
PRÉPARATION : 5 min
CUISSON : 10 min
DIFFICULTÉ : ★
COÛT : €

- 1 l de lait
- 200 g de chocolat noir
- 4 cuill. à soupe de café soluble
- 1 pincée de noix de muscade en poudre
- 1 cuill. à café de cannelle en poudre
- De la crème Chantilly en bombe

MON PLUS

Je prépare le chocolat avant le repas et je le garde au chaud dans une bouteille isotherme.

Chocolat chaud épicé

Ce chocolat chaud est à réserver pour vos longues après-midi d'hiver. Essayez, c'est un délice !

1 Portez le lait à ébullition dans une grande casserole.

2 Découpez le chocolat en petits morceaux. Hors du feu, ajoutez dans la casserole le café soluble, la muscade, la cannelle et le chocolat en morceaux. Laissez fondre en remuant.

3 Réchauffez sans cuire et versez dans quatre tasses. Couronnez de crème Chantilly et servez aussitôt.

> **À SERVIR** avec des tranches de brioche.

POUR 4 PERSONNES
PRÉPARATION : 10 min
PAS DE CUISSON
DIFFICULTÉ : ★
COÛT : €

- 250 g de crème de marron
- 10 cl de crème fraîche liquide
- 4 cuill. à soupe de pâte à tartiner au chocolat
- 4 cuill. à soupe de crème Chantilly
- 4 cuill. à café de vermicelles multicolores

Crème de marron au chocolat

Les enfants adorent ces verrines gourmandes.

1 Fouettez dans une terrine la crème de marron avec la crème fraîche liquide.

2 Déposez dans quatre grands verres une cuillerée à soupe de pâte à tartiner, recouvrez de crème de marron, puis couronnez de chantilly.

3 Parsemez de vermicelles multicolores et servez très frais.

⊳ **À SERVIR** avec des cigarettes russes.

FAITES-LA VOUS-MÊME !

Préparez de la crème Chantilly en battant au fouet électrique 20 cl de crème liquide très froide.

POUR 4 PERSONNES
PRÉPARATION : 5 min
CUISSON : 5 min
DIFFICULTÉ : ★
COÛT : €

- 8 tranches de pain d'épice
- 8 cuill. à soupe de marmelade d'oranges
- 4 boules de glace à la vanille

TRUC DE CHEF

Préparez ce dessert au dernier moment pour préserver le contraste du chaud et du froid.

Chaud-froid de pain d'épice

Un dessert ultra rapide à concocter pour les petits affamés avec les richesses du placard et du congélateur.

1 Toastez les tranches de pain d'épice au grille-pain.

2 Tartinez le pain d'épice de marmelade d'oranges.

3 Mettez dans chaque assiette 1 tranche de pain d'épice, recouvrez avec 1 autre tranche de pain d'épice, côté tartiné de marmelade sur le dessus. Déposez 1 boule de glace vanille et servez aussitôt.

> **C'EST AUSSI BON** avec de la confiture de fraises ou du miel.

POUR 4 PERSONNES
PRÉPARATION : 5 min
CUISSON : 20 min
DIFFICULTÉ : ★
COÛT : €

- 20 g de beurre
- 3 œufs
- 80 g de sucre en poudre
- 75 g de noix de coco râpée
- 20 cl de lait de coco

MON PLUS

Je prépare les flans avant de passer à table et je les laisse tiédir pendant le repas.

Flans à la noix de coco

Et si on retombait en enfance, le temps de déguster ce délicieux dessert ?

1 Préchauffez le four à 180 °C (therm. 6). Beurrez quatre ramequins.

2 Fouettez les œufs dans une terrine avec le sucre, puis ajoutez la noix de coco et le lait de coco.

3 Versez dans les ramequins et faites cuire au bain-marie pendant 20 minutes. Laissez tiédir avant de servir. Vous pouvez aussi déguster ces flans froids.

BAIN-MARIE

Pour réaliser ce bain-marie, remplissez un plat d'eau bouillante aux 3/4 de sa hauteur. Surveillez le niveau de l'eau au cours de la cuisson, et ajoutez-en si besoin est.

POUR 4 PERSONNES
PRÉPARATION : 10 min
PAS DE CUISSON
DIFFICULTÉ : ★
COÛT : €

- 60 cl de crème fraîche liquide
- 3 cuill. à soupe de café soluble corsé
- 3 cuill. à soupe de sucre glace
- 4 cuill. à café de cacao non sucré

Mousse au café et nuage de cacao

Corsé, sucré et cacaoté : ce dessert sera le point d'orgue de vos repas en famille ou entre amis.

1 Fouettez la crème liquide bien froide au batteur électrique, dans un saladier bien froid également. Quand elle commence à prendre, incorporez le café soluble, puis le sucre.

2 Répartissez dans quatre coupes, saupoudrez de cacao et placez au réfrigérateur en attendant de servir.

> **À SERVIR** avec des langues-de-chat.

> **C'EST AUSSI BON** avec un peu de crème Chantilly nature disposée dans les coupes avant le saupoudrage du cacao.

MON PLUS

J'incorpore à la mousse des grains de café en chocolat, que l'on trouve dans les confiseries.

TRUC DE CHEF

Le secret d'une belle crème fouettée réside dans le froid, celui de la crème, du saladier et même des batteurs.

POUR 4 PERSONNES
PRÉPARATION : 10 min
PAS DE CUISSON
DIFFICULTÉ : ★
COÛT : €

- 1 citron vert
- 4 bananes
- 100 g de sucre en poudre
- 2 pincées de cardamome moulue
- 4 blancs d'œufs
- 1 pincée de sel

MON PLUS

Je décore les mousses avec le zeste râpé du citron vert.

Mousse de banane au citron vert

Cette mousse relevée de cardamome est un dessert parfait pour l'hiver.

1 Pressez le citron vert. Pelez les bananes. Mixez les bananes avec le jus de citron, la moitié du sucre et la cardamome.

2 Battez les blancs en neige avec une pincée de sel, et en versant petit à petit le reste de sucre.

3 Incorporez très délicatement les blancs en neige à la crème de banane. Répartissez la mousse dans quatre coupes et placez celles-ci au réfrigérateur en attendant de servir.

ULTRA RAPIDE !
Utilisez du jus de citron vert prêt à l'emploi, vendu en petite bouteille.

> **À SERVIR** avec des biscuits au gingembre.

POUR 4 PERSONNES
PRÉPARATION : 15 min
CUISSON : 2 min
DIFFICULTÉ : ★
COÛT : €

- 5 citrons verts
- 2 citrons jaunes
- 2 œufs
- 5 cuill. à soupe de sucre en poudre
- 2 cuill. à soupe de fécule de pomme de terre

Mousse de citron

Toute douce, cette mousse peut se servir d'un bout à l'autre de l'année.

1 Pressez les citrons et portez le jus à ébullition. Cassez les œufs en séparant les blancs des jaunes. Fouettez ensemble les 2 jaunes d'œufs et le sucre. Quand le mélange a blanchi et doublé de volume, ajoutez, tout en continuant de fouetter, la fécule et le jus chaud des citrons. Mettez à chauffer de nouveau à feu doux, et laissez épaissir sans cesser de remuer.

2 Fouettez les blancs en neige très ferme et incorporez-les à la préparation chaude.

3 Versez dans des coupes, laissez refroidir puis placez au réfrigérateur. Servez très frais.

> **À SERVIR** avec des langues-de-chat.

> **C'EST AUSSI BON** en remplaçant les citrons par 6 oranges… pour obtenir une mousse à l'orange.

POUR 4 PERSONNES
PRÉPARATION : 15 min
PAS DE CUISSON
CONGÉLATION : 10 min
DIFFICULTÉ : ★
COÛT : €

- 250 g de mascarpone
- 50 g de sucre glace
- 250 g de framboises
- 175 g de biscuits à la cuillère

MON PLUS

Je réalise ce tiramisu dans quatre ramequins individuels.

TRUC DE CHEF

Hors saison, utilisez des framboises surgelées.

Tiramisu express aux framboises

Un nouveau classique à essayer et à savourer en été.

1 Mélangez à la fourchette le mascarpone avec le sucre et les framboises.

2 Tapissez de film alimentaire un petit moule rectangulaire. Déposez quelques biscuits à la cuillère dans le fond, recouvrez d'une couche de crème aux framboises, ajoutez une couche de biscuits puis à nouveau de la crème ; terminez par des biscuits. Rabattez le film et placez au congélateur pendant 10 minutes.

3 Démoulez le tiramisu sur un plat et servez-le bien froid.

> **À SERVIR** avec un coulis de framboises.

> **C'EST AUSSI BON** avec des fraises.

POUR 4 PERSONNES
PRÉPARATION : 10 min
PAS DE CUISSON
DIFFICULTÉ : ★
COÛT : €

- 4 meringues nature
- 1/2 l de glace au chocolat noir
- 4 cuill. à soupe d'amandes effilées

Vacherin minute au chocolat

Prêt en quelques minutes, ce dessert fait beaucoup d'effet.

1 Brisez les meringues entre vos doigts.

2 Déposez un lit de brisures de meringue dans quatre verres larges, recouvrez de glace au chocolat, ajoutez à nouveau des morceaux de meringue.

3 Faites griller à sec les amandes effilées dans une poêle. Parsemez-en les verres et servez aussitôt.

> **C'EST AUSSI BON** avec de la glace au café, aux marrons, ou encore avec un sorbet aux fraises ou aux framboises accompagné d'un coulis de fruits rouges.

MON PLUS

Pour une note encore plus gourmande, je verse du chocolat fondu chaud juste avant de servir.

TRUC DE CHEF

Vous pouvez aussi décorer les vacherins avec des copeaux de chocolat : passez un couteau Économe sur la tranche d'une tablette de chocolat. Gardez les copeaux au réfrigérateur en attendant de les utiliser.

POUR 4 PERSONNES
PRÉPARATION : 15 min
CUISSON : 20 min
DIFFICULTÉ : ★
COÛT : €

- 1/2 citron non traité
- 2 pommes belles de Boskoop
- 2 pommes reines des reinettes
- 3 pommes granny-smith
- 1 morceau de gingembre frais de 2 cm
- 2 gousses de vanille
- 4 cuill. à soupe de miel
- 15 cl de jus de pomme bio

TRUC DE CHEF

Retirez les graines de vanille de leur gousse avec la pointe d'un couteau, afin d'en libérer leur saveur.

Compote aux trois pommes, au gingembre et à la vanille

Cette compote est un grand classique, qui est ici « réveillé » avec un peu de gingembre.

1 Lavez le demi-citron, prélevez-en le zeste et pressez le fruit. Pelez et épépinez les pommes. Coupez-les en lamelles et arrosez celles-ci de jus de citron au fur et à mesure, pour éviter qu'elles ne noircissent. Pelez le gingembre, émincez-le en lamelles.

2 Mettez les pommes dans une casserole, ajoutez les gousses de vanille fendues, le miel, le zeste de citron, les lamelles de gingembre et le jus de pomme.

3 Couvrez et laissez cuire à feu doux pendant 20 minutes. Au bout de 15 minutes, découvrez et laissez réduire légèrement le jus de cuisson. Retirez les gousses de vanille puis servez la compote chaude, tiède ou froide.

> **À SERVIR** avec des biscuits au gingembre.

> **C'EST AUSSI BON** avec de la cannelle à la place du gingembre.

POUR 4 PERSONNES
PRÉPARATION : 10 min
CUISSON : 20 min
DIFFICULTÉ : ★
COÛT : €

- 1 gros ananas
- 1 gousse de vanille
- 50 g de beurre
- 50 g de sucre roux

MON PLUS

Je parfume la compote avec quelques gouttes de rhum.

Compote d'ananas

Tout le parfum des Antilles est dans cette belle compote dorée.

1 Pelez l'ananas, coupez-le en tronçons, retirez le cœur et détaillez la pulpe en cubes. Fendez la gousse de vanille en deux, dans le sens de la longueur.

2 Dans une casserole, faites fondre le beurre, puis ajoutez le sucre. Quand ce dernier commence à dorer, ajoutez les cubes d'ananas et la gousse de vanille. Laissez cuire à feu doux pendant 20 minutes.

3 Retirez du feu et laissez tiédir. Retirez la gousse de vanille puis écrasez les cubes d'ananas à la fourchette. Mettez la compote dans quatre coupes et servez-la tiède ou froide.

> **À SERVIR** avec des madeleines.

POUR 4 PERSONNES
PRÉPARATION : 10 min
PAS DE CUISSON
DIFFICULTÉ : ★
COÛT : €

- 6 oranges
- 6 feuilles de menthe
- 8 dattes
- 30 g d'amandes effilées
- 30 g de pistaches concassées
- 3 cuill. à soupe d'eau de fleur d'oranger

MON PLUS

Au moment de servir, je saupoudre la salade de sucre glace.

Salade d'oranges à la marocaine

Voici un dessert plein de fraîcheur à déguster en été comme en hiver.

1 Lavez les oranges, séchez-les et pelez-les à vif. Découpez-les en fines rondelles en enlevant la partie blanche centrale, disposez-les dans un saladier.

2 Lavez la menthe et ciselez-la. Dénoyautez les dattes et coupez-les en petits morceaux. Dans le saladier, ajoutez aux oranges les amandes, les pistaches et les dattes.

3 Arrosez d'eau de fleur d'oranger et parsemez de feuilles de menthe ciselées.

> **C'EST AUSSI BON** avec des pignons de pin à la place des amandes.

POUR 4 PERSONNES
PRÉPARATION : 25 min
CUISSON : 35 min
DIFFICULTÉ : ★
COÛT : €

Crumble de prunes aux épices

Explosion de parfums et d'épices pour ce crumble d'automne.

Pour la compote de fruits :

- 1 kg de prunes rouges
- 250 g de pruneaux
- 1 orange
- 1/2 cuill. à soupe de gingembre en poudre
- 2 clous de girofle
- 1 bâton de cannelle

Pour la pâte à crumble :

- 150 g de farine
- 100 g de sucre en poudre
- 100 g d'amandes en poudre
- 1 pincée de sel
- 125 g de beurre

1 Préchauffez le four à 180 °C (therm. 6). Dénoyautez les prunes et les pruneaux. Lavez et essuyez l'orange. Prélevez avec un couteau Économe un ruban de zeste, pressez le fruit.

2 Préparez la compote de fruits : mettez tous les fruits, les épices et le jus d'orange dans une casserole. Ajoutez 3 cuillerées à soupe d'eau et laissez cuire à feu doux pendant 15 minutes.

3 Pendant ce temps, préparez la pâte à crumble : mélangez dans une terrine la farine, le sucre, les amandes en poudre et une pincée de sel. Incorporez le beurre découpé en petits morceaux, et pétrissez le tout du bout des doigts.

4 Retirez le bâton de cannelle de la compote et versez celle-ci dans un moule à manqué. Répartissez la pâte à crumble par-dessus et faites cuire 20 minutes. Servez chaud ou tiède.

ULTRA RAPIDE !
Utilisez de la compote de fruits prête à l'emploi.

MON PLUS
Je prépare la compote et la pâte à crumble à l'avance, et je fais cuire le gâteau pendant le repas.

TRUC DE CHEF
Vous pouvez remplacer le bâton de cannelle par 1/2 cuillerée à soupe de cannelle moulue.

> **À SERVIR** avec un yaourt brassé ou du fromage blanc en faisselle.

> **C'EST AUSSI BON** avec de la rhubarbe mélangée avec des pommes ou des fraises.

POUR 4 PERSONNES
PRÉPARATION : 10 min
CUISSON : 15 min environ
DIFFICULTÉ : ★
COÛT : € €

- 8 grosses figues
- 4 cuill. à soupe de muscat
- 4 cuill. à soupe de cassonade

TRUC DE CHEF

Surveillez la cuisson des figues afin qu'elles ne soient pas réduites en purée.

Figues caramélisées au muscat

Voici un dessert d'été tout simple à réaliser.

1 Préchauffez le four à 210 °C (therm. 7).

2 Lavez et essuyez les figues, coupez-les en lamelles pas trop fines.

3 Répartissez les lamelles de figue dans des plats individuels, arrosez d'un peu de muscat et enfournez. Laissez cuire pendant 10 minutes.

4 Sortez les plats du four, saupoudrez les figues de cassonade et remettez les plats au four pendant 5 minutes environ, pour les faire caraméliser. Servez tiède.

> **À SERVIR** avec une boule de glace à la vanille déposée sur les figues au moment de servir.

> **C'EST AUSSI BON** avec des figues surgelées.

POUR 4 PERSONNES
PRÉPARATION : 10 min
CUISSON : 10 min environ
DIFFICULTÉ : ★
COÛT : €

- 2 belles mangues
- 20 g de beurre
- 2 cuill. à soupe de cassonade
- 60 g de sucre en poudre
- 20 cl de crème fraîche liquide

MON PLUS

Je conserve ce dessert dans un bocal et je le sers froid.

Mangues rôties sauce caramel

Fruité et gourmand, ce dessert est parfait pour clore un repas de fête.

1. Épluchez les mangues et découpez-les en tranches assez fines.

2. Dans une poêle, faites fondre le beurre et ajoutez-y les mangues. Saupoudrez celles-ci de cassonade et faites-les caraméliser des 2 côtés pendant 5 à 7 minutes.

3. Dans une autre poêle, faites fondre le sucre, ajoutez la crème liquide et remuez pendant 2 minutes.

4. Répartissez les tranches de mangue sur quatre petites assiettes, nappez de sauce et servez tiède.

ULTRA RAPIDE !
Pensez à prendre des mangues surgelées déjà découpées en tranches.

> **À SERVIR** avec de la brioche.

> **C'EST AUSSI BON** avec d'autres fruits : pêches, mirabelles, ananas…

POUR 4 PERSONNES
PRÉPARATION : 10 min
CUISSON : 10 min environ
DIFFICULTÉ : ★
COÛT : €

- 3 mangues mûres
- 1 citron non traité
- 50 g de sucre de canne
- 25 g de sucre en poudre
- 4 pincées de noix de muscade
- 100 g de raisins secs

Compote de mangues

Voici une compote légèrement acidulée à servir après un repas riche.

1 Pelez les mangues, découpez-les en lamelles de 1 cm.

2 Lavez et séchez le citron. Découpez-le en quatre dans la longueur, puis en fines lamelles.

3 Dans une grande casserole antiadhésive, mettez les sucres, la muscade et 2 cuillerées à soupe d'eau, portez à ébullition et ajoutez les raisins secs et les lamelles de mangue et de citron.

4 Dès la reprise de l'ébullition, laissez cuire 10 minutes environ, jusqu'à ce que les mangues soient fondantes et enrobées d'un sirop épais.

5 Servez cette compote chaude ou tiède.

ULTRA RAPIDE !
Utilisez des quartiers de mangue surgelés.

> **À SERVIR** avec une boule de glace à la vanille ou une crème anglaise bien froide.

> **C'EST AUSSI BON** avec des poires.

POUR 4 PERSONNES
PRÉPARATION : 10 min
CUISSON : 10 min
DIFFICULTÉ : ★
COÛT : €

- 1/2 citron
- 2 bananes
- 4 kiwis
- 2 poires
- 2 mandarines
- 200 g de chocolat noir
- 10 cl de crème fraîche liquide

MON PLUS

Je prépare les fruits avant le repas et je couvre les assiettes de film alimentaire jusqu'au moment du dessert.

Fondue de fruits au chocolat

C'est l'un des desserts préférés des enfants et des ados.

1 Pressez le demi-citron. Pelez les bananes, coupez-les en rondelles, citronnez-les. Pelez les kiwis, taillez-les en rondelles. Pelez les poires, retirez-en le trognon et découpez-les en morceaux. Épluchez les mandarines, séparez les quartiers. Répartissez les fruits sur quatre assiettes à dessert.

2 Cassez le chocolat en morceaux. Versez la crème dans une casserole, portez-la à ébullition, puis retirez la casserole du feu et incorporez le chocolat en mélangeant jusqu'à ce qu'il soit fondu. Servez le chocolat au centre de la table, disposez les assiettes de fruits devant les convives.

3 Trempez les morceaux de fruits dans le chocolat, à l'aide de piques à brochettes.

> **À SERVIR** avec des tranches de brioche, des noisettes grillées concassées ou des amandes effilées grillées.

> **C'EST AUSSI BON** avec des pommes, des figues et des mangues.

POUR 4 PERSONNES
PRÉPARATION : 5 min
CUISSON : 5 min
DIFFICULTÉ : ★
COÛT : €

- 500 g de fraises
- 2 cuill. à soupe d'huile d'olive
- 2 cuill. à soupe de sucre roux
- Quelques feuilles de basilic

TRUC DE CHEF

Vous pouvez parsemer ce dessert de noix de coco râpée et grillée à sec dans une poêle.

Fraises poêlées à l'huile d'olive

Originale, cette recette de fraises chaudes est toute simple, mais très parfumée.

1 Lavez et séchez délicatement les fraises, équeutez-les et coupez-les en deux.

2 Faites chauffer l'huile d'olive dans une poêle, déposez-y les demi-fraises et faites cuire celles-ci rapidement en les saupoudrant de sucre.

3 Remuez délicatement en secouant doucement la poêle. Répartissez les fraises dans quatre assiettes et décorez celles-ci avec les feuilles de basilic.

> **À SERVIR** avec de la glace à la noix de coco.

> **C'EST AUSSI BON** avec de la menthe à la place du basilic.

POUR 4 PERSONNES
PRÉPARATION : 10 min
CONGÉLATION : 2 h
PAS DE CUISSON
DIFFICULTÉ : ★
COÛT : €

Soupe de fraises aux framboises et sucettes glacées

- 4 petits-suisses nature
- 1/2 citron
- 500 g de fraises
- 2 cuill. à soupe de miel
- 125 g de framboises

Les enfants vont apprécier !

1 Au moins 2 heures avant de servir, placez au congélateur les petits-suisses dans lesquels vous aurez enfoncé 4 bâtonnets.

2 Préparez le coulis de fraises : pressez le demi-citron ; lavez, séchez et équeutez les fraises. Mixez-les avec le jus de citron et la moitié du miel. Réservez au frais.

3 Lavez les framboises. Au moment de servir, répartissez le coulis de fraises dans quatre coupes, ajoutez les framboises, plongez un petit-suisse glacé dans chaque coupe et versez le miel restant en filet.

ULTRA RAPIDE !
Utilisez du coulis de fraises surgelé.

POUR 4 PERSONNES
PRÉPARATION : 10 min
PAS DE CUISSON
DIFFICULTÉ : ★
COÛT : €

Petits-suisses aux fruits

- 1 pamplemousse rose
- 200 g de fraises
- 4 petits-suisses nature
- 1 cuill. à soupe d'eau de fleur d'oranger
- 1 cuill. à café de sucre vanillé

Ne passez pas à côté de ce dessert santé, plein de calcium et de vitamines.

1 Pelez le pamplemousse, séparez les quartiers, enlevez la peau blanche de chacun et récupérez le jus. Lavez les fraises, séchez-les, équeutez-les puis découpez-les en dés.

2 Mélangez les fruits et le jus de pamplemousse avec l'eau de fleur d'oranger.

3 Fouettez les petits-suisses avec le sucre vanillé, mettez le mélange dans des verrines ou dans des coupes à dessert, surmontez de fruits et réservez au réfrigérateur avant de déguster.

POUR 4 PERSONNES
PRÉPARATION : 5 min
CUISSON : 7 min environ
RÉFRIGÉRATION : 1 h
DIFFICULTÉ : ★
COÛT : €

- 700 g de mélange de fruits rouges surgelés (framboises, fraises, groseilles, myrtilles…)
- 100 g de sucre en poudre
- 60 g de fécule de maïs

Soupe de fruits rouges

Voici le dessert de l'été par excellence.

1 Versez les fruits rouges dans une casserole avec le sucre, laissez cuire pendant 5 minutes pour obtenir une compote.

2 Diluez la fécule dans un peu d'eau froide, ajoutez-la à la compote de fruits, remuez bien et laissez épaissir à feu doux pendant 2 minutes.

3 Laissez refroidir puis mettez au réfrigérateur pendant au moins 1 heure. Versez dans quatre coupes.

> **À SERVIR** avec de la crème Chantilly.

POUR 4 PERSONNES
PRÉPARATION : 5 min
CUISSON : 20 min
DIFFICULTÉ : ★
COÛT : €

- 1 morceau de gingembre frais (5 cm)
- 800 g d'oreillons d'abricot au sirop en conserve
- 20 g de beurre

Poêlée d'abricots au gingembre

Improvisez en quelques minutes cette poêlée avec les trésors de vos placards…

1 Pelez et émincez le gingembre. Égouttez les abricots et versez le sirop dans une casserole, avec le gingembre. Laissez réduire à feu moyen pendant 10 minutes.

2 Faites fondre le beurre dans une grande poêle et faites rôtir les oreillons d'abricot pendant 10 minutes, en les retournant régulièrement.

3 Répartissez les abricots dans 4 coupes, arrosez de sirop au gingembre. Dégustez chaud, tiède ou froid.

> **À SERVIR** avec de la glace à la vanille.

> **C'EST AUSSI BON** avec des tranches d'ananas au sirop.

POUR 4 PERSONNES
PRÉPARATION : 20 min
CUISSON : 3 min
DIFFICULTÉ : ★
COÛT : € €

- 4 pêches jaunes
- 500 g de fraises
- 2 cuill. à soupe de sucre en poudre
- 4 branches de groseilles
- 4 boules de glace à la vanille
- 4 feuilles de basilic

Melba de pêches aux fruits rouges

Version modernisée de la classique pêche Melba, créée à la fin du XIXe siècle.

1 Faites chauffer de l'eau dans une casserole, ébouillantez les pêches pendant 3 minutes, égouttez-les et laissez-les refroidir avant de les peler.

2 Préparez le coulis de fraises : lavez les fraises, mixez-les et réservez-les.

3 Versez le sucre dans une assiette creuse. Rincez les branches de groseilles, égouttez-les un peu, plongez-les dans le sucre pour les enrober.

4 Répartissez le coulis de fraises au fond de quatre verres larges, déposez 1 pêche et 1 boule de glace à la vanille. Coiffez la glace avec 1 feuille de basilic et accrochez une branche de groseilles au bord de chaque verre. Servez aussitôt.

> **À SERVIR** avec des tuiles aux amandes ou des macarons à la vanille.

> **C'EST AUSSI BON** avec des amandes effilées grillées, à la place du basilic.

POUR 4 PERSONNES
PRÉPARATION : 10 min
CUISSON : 15 min
DIFFICULTÉ : ★
COÛT : €

- 25 cl de muscat de Beaumes de Venise
- 2 cuill. à soupe de sucre roux
- 4 grains de poivre concassés
- 1 brin de romarin
- 1/2 citron
- 2 poires pas trop mûres
- 2 pêches

Pêches et poires pochées au muscat et au romarin

Saveur très parfumée pour ce dessert de début d'automne.

1 Versez le vin dans une grande casserole, ajoutez 50 cl d'eau, le sucre, les grains de poivre et le romarin. Portez à ébullition.

2 Pressez le demi-citron. Après les avoir pelées, épépinez les poires et dénoyautez les pêches, en les arrosant de jus de citron au fur et à mesure.

3 Plongez les morceaux de fruits dans le sirop bouillant et laissez-les cuire dans le liquide frémissant pendant 15 minutes, en couvrant la casserole.

4 Laissez refroidir les fruits dans le jus de cuisson puis mettez-les au réfrigérateur. Répartissez dans quatre coupes et servez très frais.

⩥ **À SERVIR** avec une boule de sorbet à la pêche ou à la poire.

⩥ **C'EST AUSSI BON** avec du porto blanc ou rouge.

POUR 4 PERSONNES
PRÉPARATION : 5 min
CUISSON : de 5 à 8 min
DIFFICULTÉ : ★
COÛT : €

- 2 pamplemousses roses
- 50 g de beurre
- 4 cuill. à soupe de cassonade
- 2 cuill. à soupe de romarin effeuillé

Pamplemousses rôtis au romarin

Ce dessert acidulé est idéal après un repas copieux.

1. Allumez le gril du four.
2. Lavez et essuyez les pamplemousses, coupez-les en deux, déposez-les dans un plat à four.
3. Mélangez le beurre ramolli, la cassonade et le romarin, tartinez les demi-pamplemousses avec ce mélange.
4. Passez les pamplemousses sous le gril pendant 5 à 8 minutes. Servez tiède.

⊳ **À SERVIR** avec des tuiles aux amandes.

⊳ **C'EST AUSSI BON** avec du thym à la place du romarin, ou avec des oranges et de la cannelle.

POUR 4 PERSONNES
PRÉPARATION : 15 min
CUISSON : 25 min environ
DIFFICULTÉ : ★
COÛT : €

Pommes meringuées et pistaches caramélisées

- 6 pommes belles de Boskoop
- 5 cuill. à soupe de sucre en poudre
- 1 cuill. à café de vanille en poudre
- 6 cuill. à soupe de pistaches non salées

Pour la meringue :

- 1/2 citron non traité
- 3 blancs d'œufs
- 1 cuill. à soupe de sucre en poudre

Découvrez cette version sophistiquée de la compote de pommes.

1 Pelez et coupez les pommes en quartiers. Mettez-les dans une casserole avec 10 cl d'eau, 4 cuillerées à soupe de sucre et la vanille, couvrez et faites cuire de 10 à 15 minutes.

2 Préchauffez le four à 180 °C (therm. 6).

3 Pendant ce temps, préparez une meringue : râpez le zeste du demi-citron ; montez les blancs d'œufs en neige en versant petit à petit le sucre ; lorsqu'ils sont bien fermes, ajoutez le zeste du demi-citron.

4 Dès que les pommes sont cuites, écrasez-les grossièrement à la fourchette et déposez-les dans quatre ramequins. Étalez la meringue sur la compote de pommes et passez au four 10 minutes environ, la meringue doit être dorée.

5 Mettez la dernière cuillerée à soupe de sucre dans une poêle et faites-y caraméliser les pistaches pendant 3 minutes à feu vif. Servez la compote tiède parsemée de pistaches.

ULTRA RAPIDE !
Utilisez de la compote en conserve.

> **C'EST AUSSI BON** avec un mélange de pommes et de rhubarbe.

Index des recettes selon leurs ingrédients

Index des recettes de A à Z

Q-R

S

T

V-W

TABLE DES ÉQUIVALENCES FRANCE-CANADA

POIDS

55 g	2 onces	200 g	7 onces	500 g	18 onces
100 g	3,5 onces	250 g	9 onces	750 g	27 onces
150 g	5 onces	300 g	11 onces	1 kg	36 onces

Ces équivalences permettent de calculer le poids, à quelques grammes près (en réalité, 1 once = 28 g).

CAPACITÉS

25 cl	9 onces	75 cl	26 onces
50 cl	17 onces	1 l	35 onces

Pour faciliter la mesure des capacités, 25 cl équivalent ici à 9 onces (en réalité, 23 cl = 8 onces = 1 tasse).

Direction éditoriale
Véronique de Finance-Cordonnier

Édition
Mathilde Piton avec la collaboration d'Ewa Lochet

Direction artistique
Emmanuel Chaspoul, assisté de Sylvie Sénéchal

Mise en page
Black & White

Illustrations
Alain Boyer

Photographies
Olivier Ploton

Stylisme des recettes
Bérengère Abraham

Lecture-correction
Chantal Pagès assistée de Madeleine Biaujeaud, Henri Goldszal et Joëlle Narjollet

Couverture
Véronique Laporte

Fabrication
Annie Botrel

L'auteur remercie Isabelle, Ghislaine, Véronique, Mathilde, Olivier et tous ceux qui ont participé à cette belle aventure gourmande.

L'éditeur remercie Magali Marquet pour son aide.

ISBN 978-2-03-584133-9

Photogravure Turquoise, Émerainville. Imprimé en Espagne par Graficas Estella, Estella
Dépôt légal : septembre 2009 - 301995/04 – 11017458 janvier 2012